- 湖北省高等学校省级教学教研项目资助出版
- 湖北文理学院特色教材基金资助出版

# 几何画板5.06中学数学课件制作实用教程

主编 ○ 游学民　庄常陵
主审 ○ 谷　琼

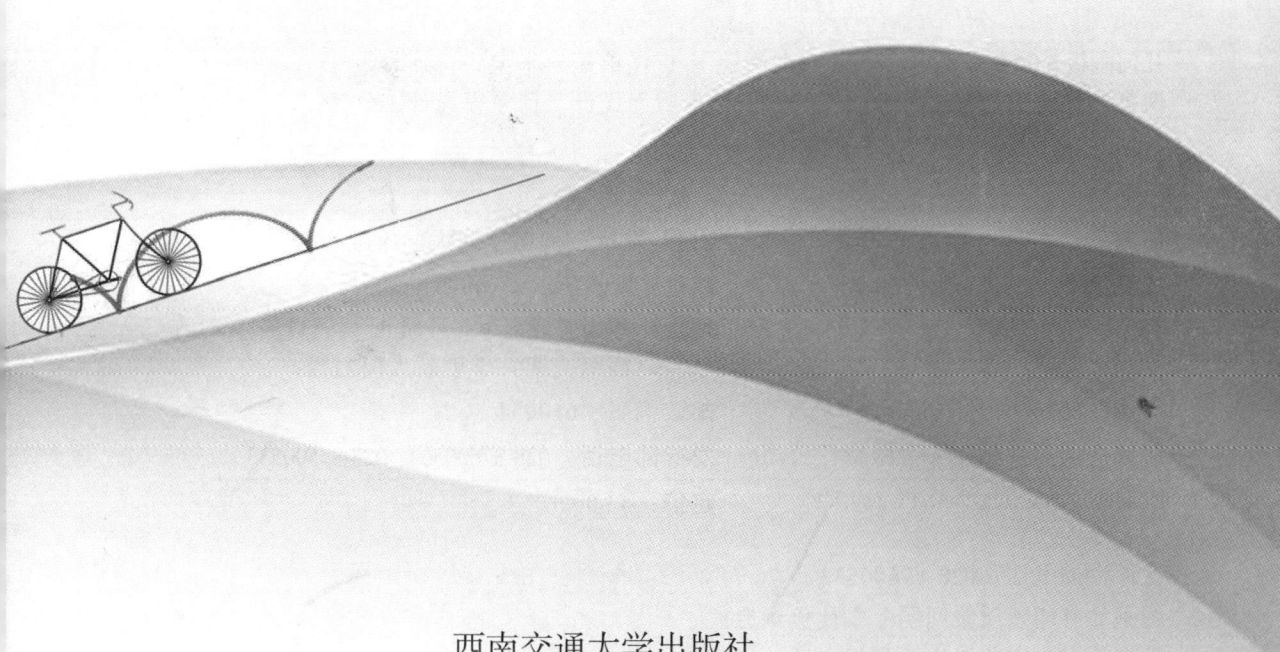

西南交通大学出版社
·成都·

## 内容摘要

本书系统地介绍了几何画板 5.06 版中各操作菜单和工具的使用方法与技巧,并结合实例列举了中学数学课件制作的技巧和思想,内容图文并茂. 它能帮助读者掌握利用几何画板制作中学数学课件的基本方法和技巧.

本书共 12 章,涵盖了几何画板 5.06 版中全部菜单和工具的使用方法的内容,主要有几何画板简介,几何画板基本操作,几何画板图形绘制、度量与计算,操作按钮制作,几何画板左侧工具的使用方法与技巧,自定义工具的使用方法与技巧,参数的使用方法与技巧,中学代数课件的几何画板制作,中学平面几何课件的几何画板制作,中学立体几何课件的几何画板制作,中学解析几何课件的几何画板制作等.

本书适用于使用几何画板制作数学课件的初学者,也可以作为高等师范院校数学师范专业几何画板教材和中学数学教育一线数学教师几何画板的参考书.

---

图书在版编目(CIP)数据

几何画板 5.06 中学数学课件制作实用教程/游学民,庄常陵主编. —成都:西南交通大学出版社,2015.12(2024.7 重印)

ISBN 978-7-5643-4428-3

Ⅰ.①几… Ⅱ.①游… ②庄… Ⅲ.①中学数学课–多媒体课件–制作 Ⅳ.①G633.602

中国版本图书馆 CIP 数据核字(2015)第 291874 号

---

| 几何画板 5.06 中学数学课件制作实用教程 | 主编 | 游学民 庄常陵 | 责任编辑 | 张宝华 |
|---|---|---|---|---|
| | | | 封面设计 | 何东琳设计工作室 |

| | | | |
|---|---|---|---|
| 印张 | 14.25　字数　353千 | 出版 发行 | 西南交通大学出版社 |
| 成品尺寸 | 185 mm × 260 mm | 网址 | http://www.xnjdcbs.com |
| 版本 | 2015年12月第1版 | 地址 | 四川省成都市二环路北一段111号 西南交通大学创新大厦21楼 |
| 印次 | 2024年7月第6次 | 邮政编码 | 610031 |
| 印刷 | 四川森林印务有限责任公司 | 发行部电话 | 028-87600564　028-87600533 |
| 书号 | ISBN 978-7-5643-4428-3 | 定价:42.00元 | |

课件咨询电话:028-87600533

图书如有印装质量问题　本社负责退换

版权所有　盗版必究　举报电话:028-87600562

# 前　言

"几何画板"软件已经成为中学数学教师进行课件制作和数学教学的首选工具软件．其主要特点是无需编程，易学易操作，课件制作用时少，课件体积小，便于携带，交互性强，能让课本中"死"的文字动起来，利用"几何画板"软件制作的课件全部以动画的形式展示出来．只要能操作 Windows 界面就能操作几何画板界面，只要有一定的数学基础就能利用"几何画板"制作出高水平的数学课件．利用"几何画板"制作数学课件更能体现数学思想和方法．

本书编写的目的是帮助数学专业学生在校期间学习"几何画板"基本操作，并学会利用"几何画板"进行中学数学教学内容课件制作的基本方法和技巧；同时又适用于对"几何画板"软件有兴趣却没有基础的在职人员自学．通过"几何画板"的学习可以帮助人们掌握中学数学范围内的数学思想和数学方法，从而培养学生的数学能力．

本书的主要特点是利用"几何画板"软件本身提供的工具，用动画形式展示中学数学中的基本定理、基本原理、基本思想和基本方法．其主要表现在：

（1）利用"几何画板"的动态教学实现"数形结合"的数学思想；

（2）利用"几何画板"的动态教学培养学生分析问题和解决问题的能力；

（3）利用"几何画板"的动态教学培养学生的空间想象能力；

（4）利用"几何画板"的动态教学展示中学数学中的数学内容；

（5）利用"几何画板"的动态教学展示中学数学中的平面几何内容；

（6）利用"几何画板"的动态教学展示中学数学中的立体几何内容；

（7）利用"几何画板"的动态教学展示中学数学中的解析几何内容．

本书由游学民、庄常陵任主编，谷琼任主审，参加本书编写和资料整理的人员还有王成勇、肖氏武、彭平安、吕黎明．特别感谢郑明淮老师、徐新文老师无私地提供课件．由于编者水平有限，书中难免有不妥之处，在这里我们衷心地希望读者对本书提出宝贵意见和建议．

编　者

2015 年 5 月

# 目 录

第1章 几何画板简介 ··········································································· 1
   1.1 几何画板的历史与发展 ······························································· 1
   1.2 几何画板 5.06 的获得与安装 ······················································· 1
   1.3 几何画板 5.06 基本特点 ······························································ 7
   1.4 几何画板 5.06 基本组成 ······························································ 8

第2章 几何画板 5.06 基本操作 ························································· 15
   2.1 鼠标操作约定 ············································································ 15
   2.2 文件操作工具使用 ····································································· 15
   2.3 对象操作 ··················································································· 16
   2.4 标签操作 ··················································································· 17
   2.5 标记工具的操作 ········································································ 18
   2.6 文本工具的使用 ········································································ 19
   2.7 几何画板文件在 WORD 中的使用 ············································· 19
   2.8 几何画板文件在 PPT 中的使用 ················································· 20

第3章 用"构造"工具作图 ································································ 21
   3.1 绘制点 ······················································································ 21
   3.2 绘制线 ······················································································ 24
   3.3 绘制圆 ······················································································ 26
   3.4 绘制圆上的弧 ············································································ 30
   3.5 绘制图形内部 ············································································ 32
   3.6 轨迹的构造 ··············································································· 35

第4章 用"变换"工具作图 ································································ 38
   4.1 使用"平移"工具作图 ······························································ 38
   4.2 使用"旋转"工具作图 ······························································ 44
   4.3 使用"缩放"工具作图 ······························································ 47
   4.4 使用"反射"工具作图 ······························································ 50
   4.5 使用"迭代"工具作图 ······························································ 54
   4.6 利用"自定义工具"绘制图像 ···················································· 64

第5章 操作类按钮制作 ····································································· 68
   5.1 "隐藏/显示"按钮制作 ······························································ 68
   5.2 "动画"按钮制作 ······································································ 69

5.3 "移动"按钮制作 ······ 71
5.4 "系列"按钮制作 ······ 75
5.5 "链接"按钮制作 ······ 78
5.6 "滚动"按钮制作 ······ 82

## 第6章 "显示"菜单 ······ 83
6.1 几何对象的外观显示 ······ 83
6.2 对象的显示与隐藏 ······ 85
6.3 标签显示 ······ 89
6.4 轨迹追踪 ······ 90
6.5 动画显示 ······ 92
6.6 文本与控制的显示 ······ 94

## 第7章 度量与计算 ······ 97
7.1 长度度量 ······ 97
7.2 角度度量 ······ 99
7.3 面积度量 ······ 100
7.4 度量弓形角 ······ 103
7.5 度量弧长 ······ 104
7.6 度量"比" ······ 104
7.7 度量点的值 ······ 105
7.8 坐 标 ······ 108
7.9 斜 率 ······ 109
7.10 方程的度量 ······ 110
7.11 简单计算 ······ 111
7.12 复杂计算 ······ 112

## 第8章 参数的使用 ······ 113
8.1 新建参数 ······ 113
8.2 参数的选项与设置 ······ 118
8.3 用参数作指数函数图像 ······ 121

## 第9章 初等代数课件制作 ······ 126
9.1 初等函数性质研究 ······ 126
9.2 方程求解 ······ 147
9.3 数列图像 ······ 148
9.4 分段函数 ······ 150
9.5 二次函数的图像和性质 ······ 153
9.6 二元一次不等式组的解 ······ 155

9.7　一元二次不等式的解 ·············································· 156

# 第 10 章　平面几何课件制作 ············································ 158
10.1　三角形 ························································ 158
10.2　四边形 ························································ 179
10.3　圆 ···························································· 186

# 第 11 章　立体几何课件制作 ············································ 197
11.1　立体图形制作 ···················································· 197
11.2　立体图形切割 ···················································· 198
11.3　立体图形展开 ···················································· 199
11.4　立体图形旋转 ···················································· 201
11.5　3D 几何画板 ····················································· 203

# 第 12 章　解析几何课件制作 ············································ 209
12.1　椭　圆 ·························································· 209
12.2　双曲线 ························································ 210
12.3　抛物线 ························································ 211
12.4　圆锥曲线的统一定义 ·············································· 211
12.5　圆锥曲线的截面图 ················································ 213
12.6　圆锥曲线的自定义法 ·············································· 217

**参考文献** ···························································· 219

# 第1章 几何画板简介

## 1.1 几何画板的历史与发展

"几何画板"（The Geometer's Sketchpad）是由美国 Key Curriculum Press 公司制作并出版的一款优秀教学软件．其最大优点是能动态地展示几何对象的位置关系以及运动变化规律，对中学数学或物理学的教与学都有很好的帮助．"几何画板"作图的基本思想是初等几何中的尺规作图，作图方法是中学数学的基本理论和基本定理．因此，拥有良好的中学数学功底能为"几何画板"学习打下基础，相反"几何画板"动态作图也能为中学数学学习提供帮助．

"几何画板"软件 1.0 版本于 1991 年面世，2.0 版本于 1992 年面世，3.0 版本于 1993 年面世．1996 年，全国中小学计算机教育研究中心开始在我国推广"几何画板"3.0 版．如今，"几何画板"已发展到 5.06 最强中文完整版．

## 1.2 几何画板 5.06 的获得与安装

### 1.2.1 几何画板 5.06 的获得

下载地址：http://www.liangchan.net/liangchan/4826.html

（1）点击"几何画板 5.06 最强中文完整版"方框右边的"开始下载"（图 1.2-1），进入下载地址．

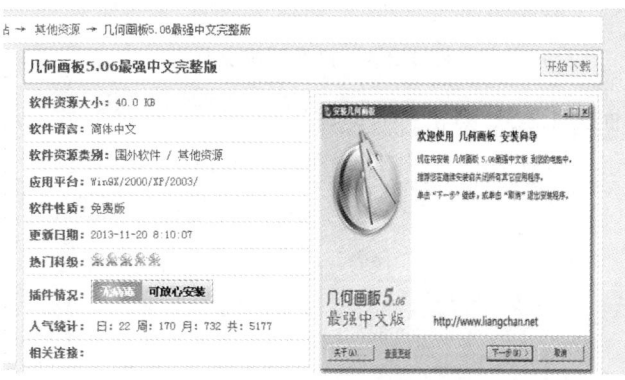

图 1.2-1 开始下载界面

（2）再点击"本地下载地址"（图1.2-2），进入下载界面.

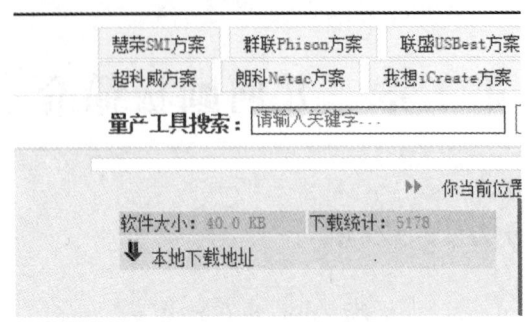

图1.2-2　本地下载地址

（3）若要改变下载软件放置位置，可点击"下载到"右边的"浏览"，可改变下载软件放置的位置，如"E\工具箱"（图1.2-3）.

图1.2-3　下载放置位置

### 1.2.2　软件的安装

（1）下载完后在出现的下载界面点击"打开"（图1.2-4）.

图1.2-4　打开压缩文件

（2）之后进入界面图1.2-5，点击"立即解压".

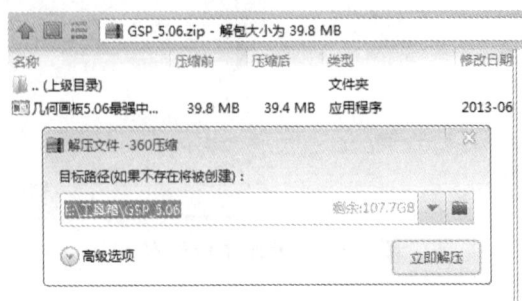

图1.2-5　解压文件

（3）双击带有图标的"几何画板 5.06 最强中文版"（图 1.2-6）.

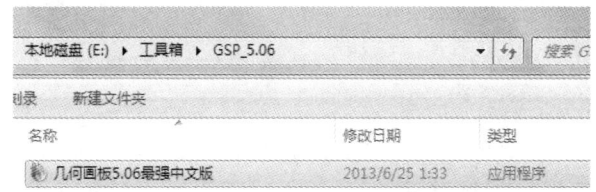

图 1.2-6　软件安装界面

（4）在界面图 1.2-7 中点击"下一步"进入安装界面.

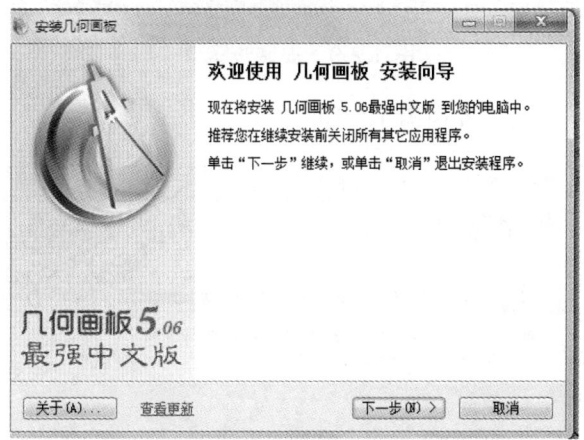

图 1.2-7　安装步骤 1

（5）点击下一步，进入界面图 1.2-8. 可点击"浏览"改变安装地址.

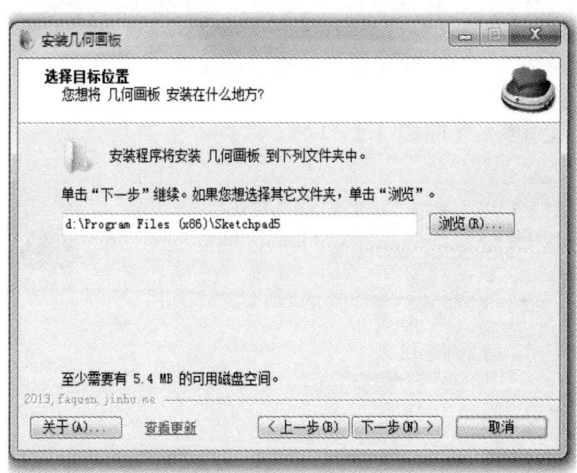

图 1.2-8　安装步骤 2

（6）点击"下一步"，进入界面图 1.2-9. 在此可在要安装的内容前打"√"，在不需要的内容前取消"√".

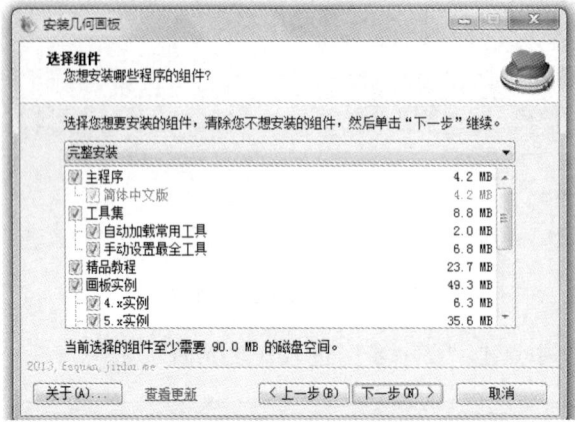

图 1.2-9　安装步骤 3

（7）点击"下一步"，进入界面图 1.2-10.

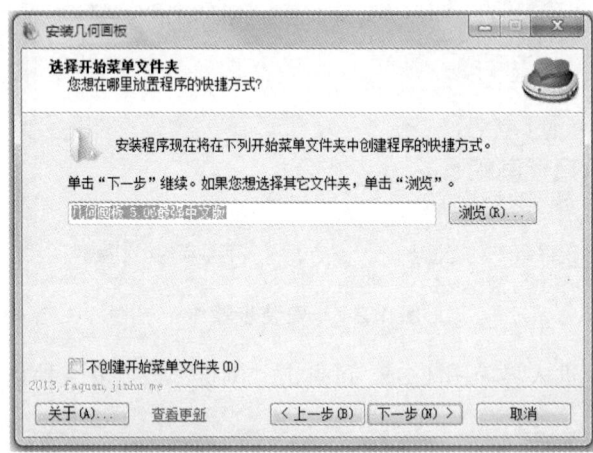

图 1.2-10　安装步骤 4

（8）点击"下一步"，进入界面图 1.2-11.

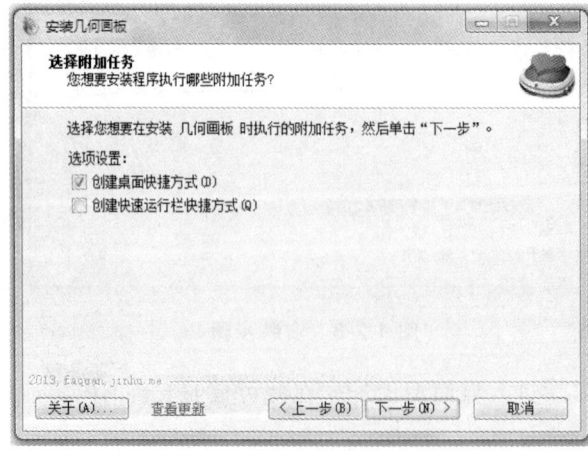

图 1.2-11　安装步骤 5

（9）点击"下一步",进入界面图 1.2-12.

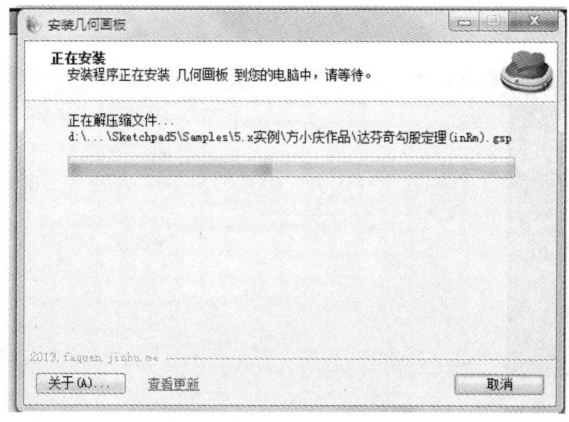

图 1.2-12　安装步骤 6

（10）安装完成后出现界面图 1.2-13.

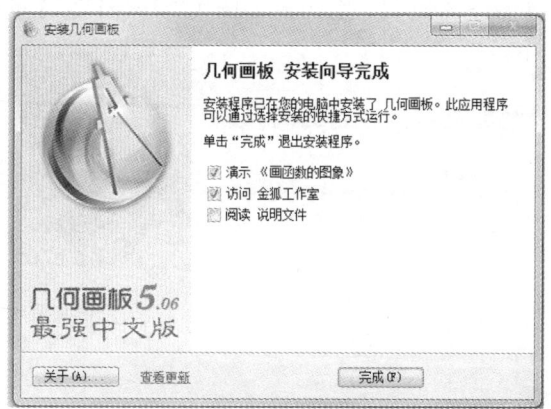

图 1.2-13　安装步骤 7

（11）点击"完成",完成安装.

说明：

① "演示《画函数的图像》"有几个选项：分辨率、绘图、清除（图 1.2-14），可根据自己的计算机情况选择相应的分辨率，可点击"绘图"观看动画效果.

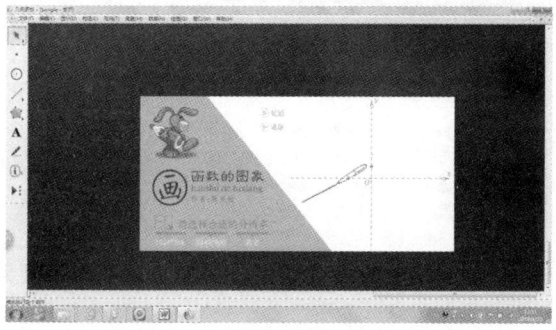

图 1.2-14　函数的图像演示界面

② 访问金狐工作室界面：进入界面了解网站内容（图 1.2-15）.

图 1.2-15　访问金狐工作室

特别说明：
① 如果系统是 Windows7 家庭版，会出现如图 1.2-16～1.2-17 的提示.

图 1.2-16　安装错误

② 当点击"确定"后出现图 1.2-17.

图 1.2-17　错误写入注册表键

③ 点击"忽略",出现界面图 1.2-18～1.2-19.

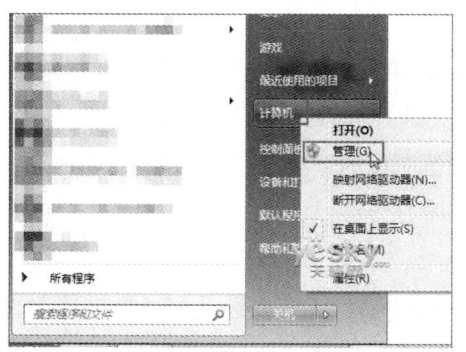 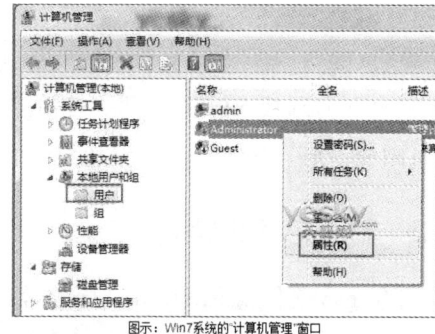

图 1.2-18 计算机管理

图 1.2-19

（12）软件的启动.
方法 1. 安装完成后点击"完成"即可启动；
方法 2. 在桌面上双击图标" "即可启动.

## 1.3 几何画板 5.06 基本特点

### 1.3.1 几何画板 5.06 基本特点

（1）主程序完美汉化；
（2）自动安装，免系统设置；
（3）无需手动设置，自动防乱码；
（4）无需手动设置，自动加载工具集，并做了分类，用起来很方便；
（5）整合 5 份几何画板详细图文教程，助您从入门到精通；
（6）整合精心收集整理的 1432 个几何画板课件实例，让您直接与画板高手接触；

（7）可选安装新版几何画板 5 控件，安装后可将画板无缝嵌入到 PPT、WORD 和网页（含教程）；

（8）整合 3D 工具集（需手动选择工具目录），用于解决立体几何问题，含详细使用教程；

（9）整合几何画板 5.06 打包机，GSP 画板文档打包后无需安装几何画板即可运行；

（10）画板手册、实例目录、打包机、官方帮助等的链接可从帮助菜单或开始菜单打开．

### 1.3.2　新版打包机特色

（1）打包 gsp 文件为 exe 格式，防修改，高压缩率，无需安装几何画板直接运行；

（2）高度可自定义模式，满足用户各类需求；

（3）全屏模式效果同幻灯片，鼠标移至顶部下滑控制菜单，效果前所未有；

（4）显示菜单模式，点左上角标题边的程序图标可"隐藏或显示"画板菜单；

（5）去除自动写注册表关联文件功能，运行后不影响原几何画板的关联；

（6）可同时运行多个打包后的课件；

（7）打包时支持以拖动方式把 gsp 文档拖到打包对象框；

（8）支持热键显示和隐藏菜单栏（Ctrl+Alt+F4）及工具条（Ctrl+Alt+F5），可进行页面切换（PgUp、PgDn）；

（9）支持自定义选择打包后的 exe 文件图标；

（10）在打包课件中使用工具集的简便方法：打包后的 exe 文件、工具文件夹 Tool Folder 放在同一目录．

打包机使用方法详解请浏览 http://www.gspggb.com/2012.6/24/1623152614.html

## 1.4　几何画板 5.06 基本组成

几何画板 5.06 由工具箱、标题栏、菜单栏、文本框、状态栏、绘图区组成（图 1.4-1）．

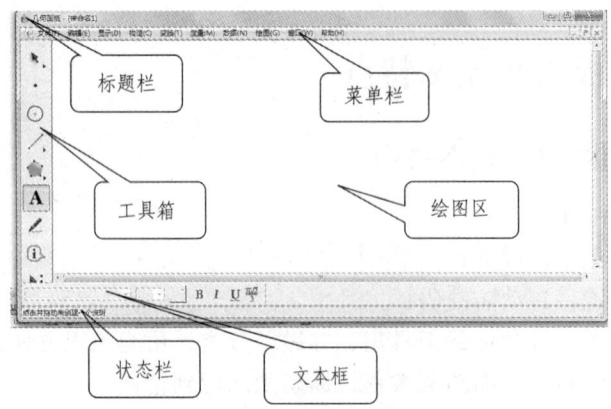

图 1.4-1　几何画板 5.06 基本组成

## 1.4.1 工具箱（图1.4-2、表1.4-1）

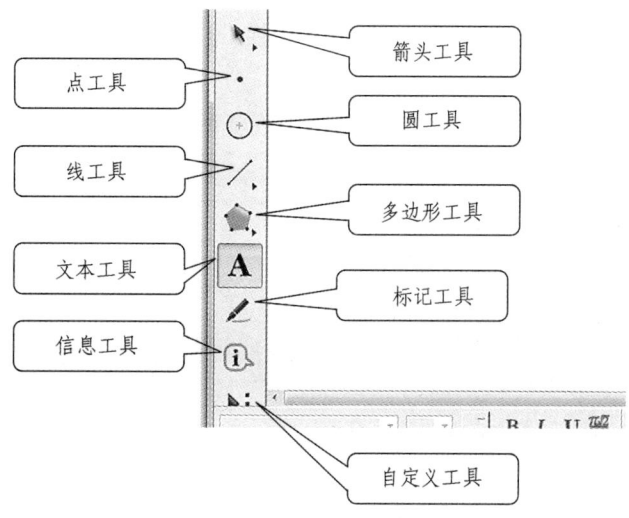

图 1.4-2 工具箱

表 1.4-1 "工具箱"工具说明

| 菜单名 | 具体功能 |
| --- | --- |
| "箭头" | 包括移动箭头、缩放箭头和旋转箭头三个工具．使用不同的"箭头"工具可以移动、缩放和旋转对象 |
| "点" | 可以在绘图区任意空白地方或"路径"上构造点．在空白区域构造的点，可以被"移动箭头工具"拖动到绘图区域中的任意位置，也称自由点．路径上绘制的点只能在路径上移动，故称为半自由点．在"路径"上构造点时，点和路径被高亮和粗线显示 |
| "圆" | 以圆心和半径另一个端点构造正圆，此时圆周上的点为半径另一个端点．移动圆心可改变圆的位置，拖动圆上的点可改变圆的大小 |
| "文本" | 用以输入文本、加标注或给对象加标签 |
| "线" | 可构造线段、射线和直线．绘制线段：单击"线段工具"，将光标移动到绘图区域中按住左键（或单击），拖动鼠标到另一位置松开鼠标，就会出现一条线段（画直线或射线时先点击"线段"工具 2~3 s，在出现的三种选项中选"射线"或"直线"，重复上述操作即可） |
| "多边形" | 可以构造有芯无边框、有芯有边框和无芯有边框三种多边形．需要双击（或者在多边形的第一个点上再点击一下）才能完成构造并释放多边形工具 |
| "标记" | 给绘制对象（包括轨迹和图像）加标注或者直接在绘图区写画．给角标记"角"的符号 |
| "信息" | 用来查看对象的属性和关系 |
| "自定义" | 按 3 s 后出现许多自带工具 |

## 1.4.2 标题栏

用于说明当前工作的文件名．当没有命名时，系统自动以"几何画板.[未命名 1]，几何画板.[未命名 2]"等表示．

### 1.4.3 菜单栏

菜单栏包括：文件、编辑、显示、构造、变换、度量、数据、绘图、窗口、帮助.

（1）文件（表1.4-2）.

**表 1.4-2 "文件"菜单命令**

| 菜单命令 | 具体功能 | 快捷键 |
|---|---|---|
| 新建文件 | 新建一个空白画板文件，默认文件名"未命名1" | Ctrl+N |
| 打开 | 打开一个已存在的画板文件 | Ctrl+O |
| 画板课堂链接 | 链接到一个指定的链接地址 | |
| 画板空间交换 | 一个交换密钥标识一个发表在画板交换空间的文本收藏 | |
| 保存 | 保存当前文档 | Ctrl+S |
| 另存为 | 将当前文件以另一名称保存 | |
| 关闭 | 关闭当前文件窗口 | Ctrl+W |
| 文档选项 | 在当前画板上增加或移去页、查看当前文档包含的工具 | |
| 页面设置 | 设置当前文件的打印 | |
| 打印预览 | 当前文件打印预览 | |
| 打印 | 打印当前文件 | |
| 退出 | 关闭程序 | Ctrl+Q |

（2）编辑（表1.4-3）.

**表 1.4-3 "编辑"菜单命令**

| 菜单命令 | 具体功能 | 快捷键 |
|---|---|---|
| 撤销 | 撤销当前画板的最近一次操作 | Ctrl+Z |
| 重作 | 恢复当前画板刚撤销的最近一次操作 | Ctrl+R |
| 剪切 | 把选择对象剪切到剪贴板上 | Ctrl+X |
| 复制 | 把选择对象复制到剪贴板上 | Ctrl+C |
| 粘贴图片 | 把复制到剪贴板上的图片粘贴到选定的矩形框内 | |
| 清除 | 清除被选择的目标 | Delete |
| 操作类按钮 | 包含子菜单隐藏和显示、动画、移动、系列、链接、滚动等，可设相应的按钮 | |
| 全选 | 选择当前画板所有对象 | Ctrl+A |
| 选择父对象 | 选择当前对象的父目录 | Ctrl+U |
| 选择子对象 | 选择当前对象的子目录 | Ctrl+D |
| 剪切图片到多边形 | 剪切图片到多边形 | |
| 分离/合并 | 分离/合并选择的对象 | |
| 编辑定义 | 对事先选定的计算数值、函数及绘制的点进行编辑 | Ctrl+E |
| 属性 | 查看或改变选定对象的属性 | Ctrl+? |
| 参数选项 | 设置单位、精度、颜色、文本等对数 | |

(3)显示(表1.4-4).

**表1.4-4 "显示"菜单命令**

| 菜单命令 | 具体功能 | 快捷键 |
|---|---|---|
| 点型 | 设置当前选定点的大小为最小、稍小、中等、最大 | |
| 线型 | 设置当前选定线型为极细、细线、中等、粗线、实线、虚线、点线 | |
| 颜色 | 设置当前选定图形的颜色 | |
| 文本 | 设置当前选定文本的粗细等,结合界面下方的文本框改变大小 | |
| 隐藏对象/说明 | 隐藏当前选定对象或显示刚隐藏的对象 | Ctrl+H |
| 显示所有隐藏 | 显示所有隐藏的对象 | Shift+Ctrl+H |
| 显示标签 | 显示或隐藏被选定对象的标签 | Ctrl+K |
| 标签 | 给选定的点、线、圆等对象以标签 | Alt+/ |
| 追踪 | 追踪选定的点、线、圆等以形成其运动路径 | Ctrl+T |
| 擦除追踪痕迹 | 擦除画板中所有的追踪痕迹 | Shift+Ctrl+E |
| 动画 | 设置被选定的点、线、圆等的动画参数 | Alt+、 |
| 加速 | 加大当前运动对象的速度 | Alt+] |
| 减速 | 降低当前运动对象的速度 | Alt+[ |
| 停止动画 | 停止当前所有对象的动画 | |
| 显示文本工具栏 | 显示或隐藏文本控制栏 | Shift+Ctrl+T |
| 显示运动控制台 | 显示或隐藏运动控制台 | |
| 隐藏工具箱 | 显示或隐藏工具箱 | |

(4)构造(表1.4-5).

**表1.4-5 "构造"菜单命令**

| 菜单命令 | 具体功能 | 快捷键 |
|---|---|---|
| 线段上的点 | 在选定线上任取一点 | |
| 中点 | 作若干线段上的中点 | Ctrl+M |
| 交点 | 构造选中对象的交点 | Ctrl+I |
| 线段 | 构造选中两点间的线段 | Ctrl+L |
| 射线 | 构造选中两点间的射线,第一个点为端点 | |
| 直线 | 构造选中两点间的直线 | |
| 平行线 | 过一点作直线的平行线 | |
| 垂线 | 过选定的点作选定直线的垂线 | |
| 角平分线 | 依次选定三个点,其中角的顶点在中间,构造角的平分线 | |
| 以圆心和圆周上点绘圆 | 以一点为圆心,作圆经过另一点 | |
| 以圆心和半径绘圆 | 构造一圆,以选定的点为圆心,选定的线段为半径 | |
| 圆上的弧 | 依次选取第一点、圆、第二点,构造第一点到第二点的弧 | |
| 过三点的弧 | 作一弧,依次经过第一点、第二点、第三点 | |
| 内部 | 构造选定图形的内部 | Ctrl+P |
| 轨迹 | 构造选定的对象按指定路径移动轨迹 | |

(5) 变换 (表1.4-6).

表1.4-6 "变换"菜单命令

| 菜单命令 | 具体功能 | 快捷键 |
| --- | --- | --- |
| 标记中心 | 把一点设置为旋转、缩放中心 | Shift+Ctrl+P |
| 标记镜面 | 把一直线设置为反射的对称轴——镜面 | |
| 标记角度 | 以选中的三点或角的度量值标记为旋转角度 | |
| 标记比 | 依次选中两条线段作为缩放的比 | |
| 标记向量 | 依次选中两个点,标记第一个到第二个点的向量 | |
| 标记距离 | 把一条线段或两条线段的度量值标记为距离 | |
| 平移 | 按某一向量或固定的长度平移对象 | |
| 旋转 | 先选定旋转中心,按某一角度或标记的角度旋转对象 | |
| 缩放 | 先设定缩放中心,设置缩放比、缩放对象 | |
| 反射 | 先标记镜面、反射对象 | |
| 迭代 | 构造一选择对象的迭代图 | |

(6) 度量 (表1.4-7).

表1.4-7 "度量"菜单命令

| 菜单命令 | 具体功能 | 快捷键 |
| --- | --- | --- |
| 长度 | 度量线段的长度 | |
| 距离 | 度量两点及点到直线的距离 | |
| 周长 | 度量多边形的周长 | |
| 圆周长 | 度量圆的周长 | |
| 角度 | 度量三个点组成的角的度数,第二个点为角的顶点 | |
| 面积 | 度量多边形、圆、扇形、弓形的面积 | |
| 弧度角 | 度量一段弧的弧度数 | |
| 弧长 | 度量一段弧的弧长 | |
| 半径 | 度量圆、弧的半径 | |
| 比 | 两条线段长度的比值 | |
| 点的值 | 比如点 $C$ 在 $AB$ 上的值为 $AC/AB$ | |
| 坐标 | 度量点的坐标 | |
| 横坐标 | 度量点的横坐标 | |
| 纵坐标 | 度量点的纵坐标 | |
| 坐标距离 | 度量坐标系中两点间的距离 | |
| 斜率 | 度量选取直线的斜率 | |
| 方程 | 度量选中对象的方程 | |

（7）数据（表 1.4-8）.

表 1.4-8 "数据"菜单命令

| 菜单命令 | 具体功能 | 快捷键 |
|---|---|---|
| 新建参数 | 创建一个新的参数 | Shft+Ctrl+P |
| 计算 | 计算表达式的值 | Alt+= |
| 制表 | 选中度量值，产生列表 | |
| 添加表中数据 | 对产生的列表下加数据 | |
| 删除表中数据 | 对产生的列表删除数据 | |
| 新建函数 | 创建一个新的函数 | Ctrl+F |
| 定义导函数 | 求所选函数的导数 | |
| 定义绘图函数 | | |

（8）绘图（表 1.4-9）.

表 1.4-9 "绘图"菜单命令

| 菜单命令 | 具体功能 | 快捷键 |
|---|---|---|
| 定义坐标系 | 在绘图区建立坐标系 | |
| 标记坐标系 | 以选定的坐标系为绘图和度量的标准 | |
| 网格样式 | 以极坐标网格、方形网格、矩形网格、三角坐标轴三种形建立网格 | |
| 隐藏网格 | 取消网格 | |
| 格点 | 网格以格点形式展现 | |
| 自动吸附网格 | 开启网格吸附功能 | |
| 在轴上绘制点 | 在选定的数轴上绘制给定参数值的点 | |
| 绘制点 | 按给定的坐标或选定的坐标绘制点 | |
| 绘制表中数据 | | |
| 绘制新函数 | 绘制一个新函数的图像 | |
| 绘制参数曲线 | 绘制一个参数函数的图像 | |

（9）窗口（表 1.4-10）.

表 1.4-10 "窗口"菜单命令

| 菜单命令 | 具体功能 | 快捷键 |
|---|---|---|
| 层叠窗口 | 将多个窗口按层叠方式展示 | |
| 平铺窗口 | 将多个窗口按平铺方式展示 | |
| 1 未命名 1 | 指明当前有一个工作窗口，其名称未命名 | |

（10）帮助（表 1.4-11）.

表 1.4-11 "帮助"菜单命令

| 菜单命令 | 具体功能 | 快捷键 |
|---|---|---|
| 学习中心 | 点击后，可进行"迭代""手册"等的学习 | |
| 画板实例 | 点击后，可进入"4.X"和"5.X"系列作品的查看或学习 | |
| 在线资源 | 点击后，可进行在线资源查找 | |
| 打包机 | 将几何画板文件打包成 exe 文件 | |
| 关于几何画板 | 几何画板的有关说明 | |

### 1.4.4 文本框

在文本框内可改变文字的大小、粗细以及添加或取消下划线等.

### 1.4.5 状态栏

说明文本的工作状态.

### 1.4.6 绘图区

绘图区是几何画板进行绘图、作动画、作按钮等工作的工作区.

# 第 2 章  几何画板 5.06 基本操作

## 2.1  鼠标操作约定

箭头工具一共有三种形式：将鼠标指向箭头工具按左键稍长时间，就出现 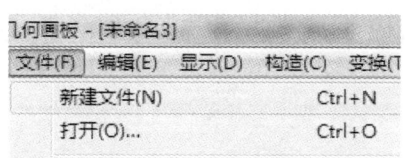，其中，形状 用于选择对象，形状 为旋转对象，形状 为放缩对象.

当使用除箭头工具外的工具图形做好图形后不再用该工具时，应在原地双击鼠标方可结束；亦可将鼠标移到箭头工具上，点击箭头工具.

## 2.2  文件操作工具使用

### 2.2.1  新建文件

新建文件有两种方式：一是开始运行软件时默认的新创建文件；二是在已打开的几何画板的工作界面上点击"文件"—"新建文件"，如图 2.2-1 所示.

图 2.2-1  新建文件

### 2.2.2  打开文件

点击菜单栏中的"文件"—"打开"，可打开已有的几何画板文件，如图 2.2-2 所示.

图 2.2-2  打开文件

### 2.2.3 文件保存

将作好的几何画板文件保存在指定位置．保存的文件类型有三种：gsp、emf、htm，如图 2.2-3 所示．

图 2.2-3  保存文件

### 2.2.4 另存为

将一个新文件或已保存而打开的文件另存为一个新的名称的文件．做法同上．

## 2.3 对象操作

为说明方便，以下操作均以三角形的图形操作为例．

### 2.3.1 对象选取

所谓对象，是指在绘图区所绘制的"点""线""圆""三角形"等．
（1）对象的选取有两种方式：
① 用 箭头形状的鼠标对准所要选取的对象，当鼠标箭头变成横向时单击即可．若要选取多个对象，就用 箭头依次单击每一个对象．
② 用 箭头形状的鼠标在能框定被选对象的区域按住鼠标左键拖出一个矩形框将被选对象覆盖，被选对象即被选取．
两种选取方式的区别：方式①可选取不在一个区域的多个对象，而方式②只能选取在一个区域的一个或多个对象．
（2）选取所有：点击菜单栏中的"编辑"—"全选"，或按快捷键"Ctrl+A"．

### 2.3.2 放弃对象的选取

当有对象已被选取又需要放弃或选错对象也需要放弃时，可将鼠标对准需要放弃的对象上单击鼠标左键即可，其他对象仍被选取．若要放弃所有，可将鼠标在空白处按一下左键即可．

### 2.3.3 给对象标记标签

（1）点击工具栏中的"A"，则文本工具被选取.

（2）将鼠标依次移至点上单击，则分别标记为"A""B""C"等标签，点击直线则分别标记为"i""j"等标签.

## 2.4 标签操作

### 2.4.1 更改标签名称

（1）双击已标记标签的点或点的字母，出现点"A"的标签对话框，如图 2.4-1 所示.

图 2.4-1　点 A 标签对话框

（2）点击对话框中的"标签"，将字母"A"改为字母"D"，点击"确定"，如图 2.4-2 所示.

图 2.4-2　更改字母"A"为"D"

### 2.4.2 改变标签的标记位置

将鼠标指向拟更改位置的点或直线的标记字母上，鼠标变成手形，按住鼠标左键旋转鼠标，此时字母一起旋转，当字母旋转到合适位置时，松开鼠标左键，标签的位置即被更改.

### 2.4.3 标记标签下标

若要将对象以下标形式标记，即标记为 $A_1$，如图 2.4-3 所示.

图 2.4-3

## 2.5 标记工具的操作

（1）作图：将鼠标移到工具栏的标记工具 上单击鼠标左键，则标记工具被选定．将鼠标移到绘图区，按住鼠标左键并拖动，可画出直线、曲线、字母等，如图 2.5-1 所示．

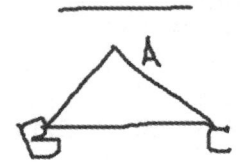

图 2.5-1　用标记工具作图

（2）标记角度：将鼠标移到工具栏的标记工具 上单击鼠标左键，则标记工具被选定．将鼠标移到三角形的一个角的顶点上按住左键向中心移动，则标记出角的符号；将鼠标移动到一个角的一边按住鼠标左键向角的另一边移动，则标记出带有箭头的角的符号；若角本身是直角，则标记为直角符号，如图 2.5-2 所示．

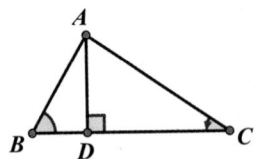

图 2.5-2　标记角的符号

（3）标记线段：将鼠标移到工具栏的标记工具 上单击鼠标左键，则标记工具被选定．将鼠标移到线段上单击出现一条标记符，双击出现两条标记符．若多次点击，则标记符号又回到一个标记号上，如图 2.5-3 所示．

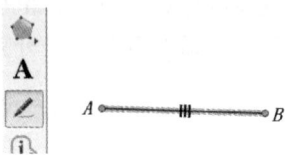

图 2.5-3　标记线段

## 2.6 文本工具的使用

（1）绘"点""线""圆"对象标记字母：参看"2.3.3 给对象标记标签".

（2）书写文本：将鼠标移到工具栏上，左键单击 A，则文本工具被选中．将鼠标移至绘图区的空白处按住鼠标左键拖出一个矩形框，可在此框中书写文字．特别地，如书写三角形 $ABC$ 中的字母"$ABC$"时，点击图形上三角形的顶点，字母"$ABC$"就依次进入到文本框中. 若鼠标指向文本框中的字母或角时，在图形上自动以红色高亮对应出现.

## 2.7 几何画板文件在 WORD 中的使用

### 2.7.1 情形 1：在 WORD 中粘贴几何图形

（1）当利用几何画板画好几何图形后，若要将其复制、粘贴到 WORD 中，可用鼠标移至绘图区的空白处并拖出一个矩形框框住图形．此时被选定的图形和文本以红色显示，如图 2.7-1 所示.

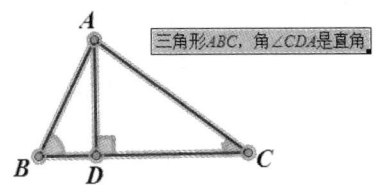

图 2.7-1　选定被复制图形

（2）点击菜单栏"编辑"—"复制".

（3）打开 WORD 文档，在适当位置弹鼠标右键，选"粘贴"，图形即被复制．根据需要调整图形的大小，如图 2.7-2 所示.

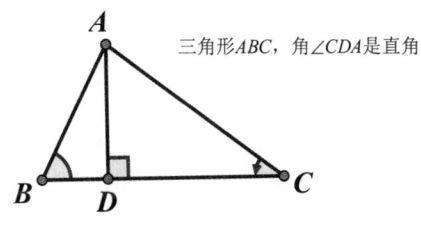

图 2.7-2　粘贴几何图形

### 2.7.2 情形 2：在 WORD 中演示几何画板动画

若计算机中安装有"几何画板"软件，则"几何画板"文件不用打包成"exe"文件；反之则事先要把"几何画板"文件打包成"exe"文件（如何打包，参看"打包机"的使用）.

（1）在 WORD 文件中编辑时，点击菜单栏"插入"—"超链接".

（2）在"插入超链接"对话框"查找范围"的下拉菜单中选择几何画板文件，点击"确定"，如图 2.7-3 所示.

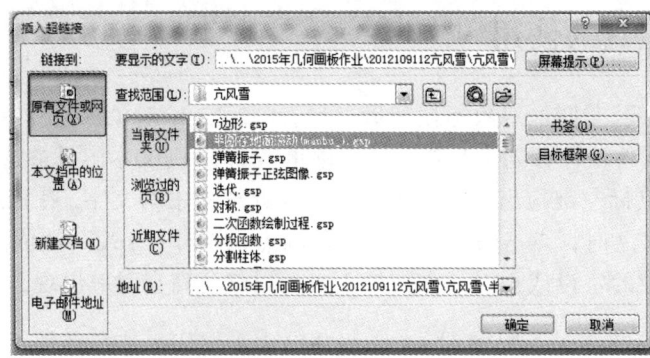

图 2.7-3　插入超链接

## 2.8　几何画板文件在 PPT 中的使用

当播放 PPT 的过程中要使用"几何画板"演示动画时，可在制作 PPT 时使用"超链接"．方法参看 2.7 的"情形 2：在 WORD 中演示几何画板动画"．

# 第 3 章 用"构造"工具作图

"点"是几何作图的最基本图形之一. 在几何画板作图中许多复杂图形均可由"点"演变而来(此法将在以后的作图中出现). 无论是在数学领域还是在物理领域,点、线、圆这几个基本图形都是离不开的.

用几何画板绘图时,如出现不合理的作图法将可能绘制不出符合要求的图形;相应的条件不匹配,作图菜单中的命令就不起作用,所以,在作图之前,应掌握好作图各个对象之间的几何关系,同时学会在绘图板上作图.

## 3.1 绘制点

### 3.1.1 在绘图区绘制"点"

(1) 选择"工具"栏的点工具命令,将鼠标移至绘图区,单击鼠标左键出现"点"的图形,如图 3.1-1 所示.

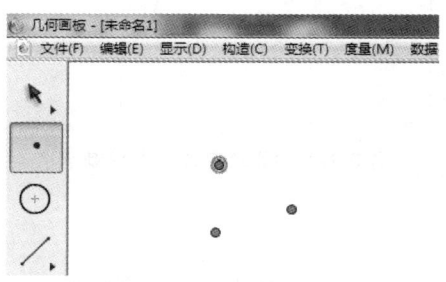

图 3.1-1 在绘图区绘制点

(2) 标记点的标签:当绘制好点后,用鼠标选择工具栏"文本"命令,分别点击所绘点出现每个点的标签,如图 3.1-2 所示.

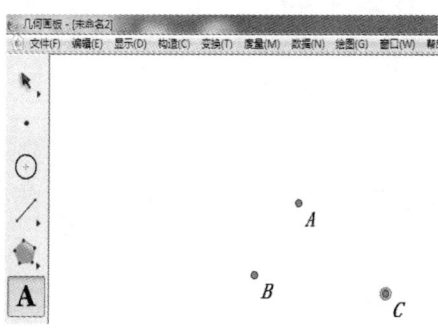

图 3.1-2 标记在绘图区绘制点

### 3.1.2 在直线上绘制"点"

（1）选择"工具"栏的点工具命令，将鼠标移至需要绘制点的直线上，单击鼠标左键出现"点"的图形．当"点"落在直线上时，被选定的直线将以粗线形式出现，如图 3.1-3 所示．

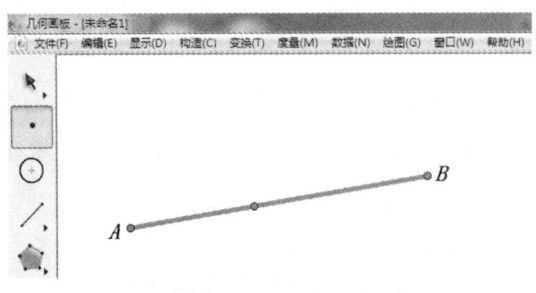

图 3.1-3　在直线上绘制点

（2）给点标记标签：当绘制好点后，用鼠标选择工具栏"文本"命令，分别点击所绘点出现每个点的标签，如图 3.1-4 所示．

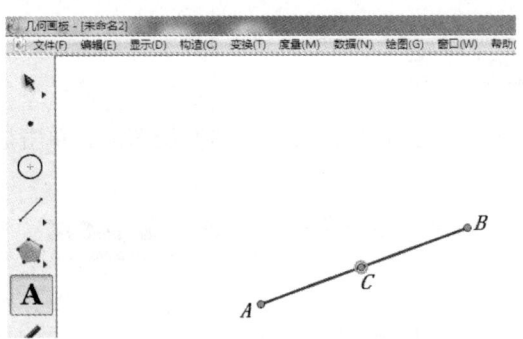

图 3.1-4　标记在直线上绘制点

### 3.1.3 在圆上绘制点

（1）选择"工具"栏的点工具命令，将鼠标移至需要绘制点的圆上，单击鼠标左键出现"点"的图形．当"点"落在直线上时，被选定的圆将以粗线形式出现，如图 3.1-5 所示．

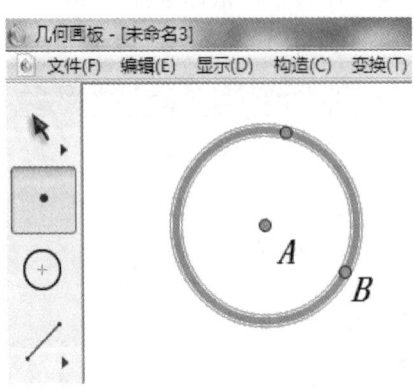

图 3.1-5　绘制圆上的点

（2）给点标记标签：当绘制好点后，用鼠标选择工具栏"文本"命令，分别点击所绘点出现每个点的标签，如图 3.1-6 所示.

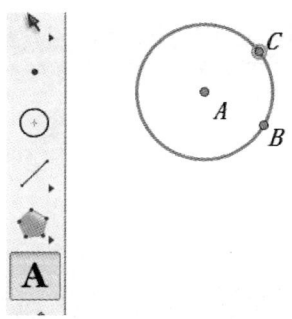

图 3.1-6  标记绘制圆上的点

**特别提示**：圆周上的点 $B$ 是圆上的一个父对象，移动 $B$ 点将改变圆的大小，所以，不能把点 $B$ 认为是圆上可移动的点，在绘制圆上的点时要注意区别点 $B$.

### 3.1.4  绘制交点

（1）绘制两直线或线段的交点：选定需要绘制交点的两直线，点击菜单栏的"构造"—"交点"，如图 3.1-7 所示.

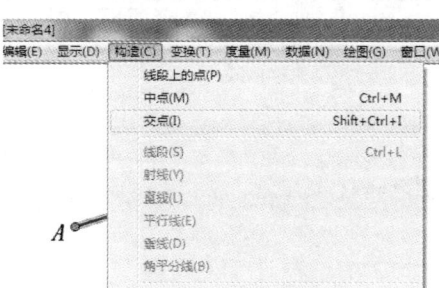

图 3.1-7  绘制直线的交点

（2）绘制直线与圆的交点：选定需要绘制交点的直线和圆，点击菜单栏的"构造"—"交点"，如图 3.1-8 所示.

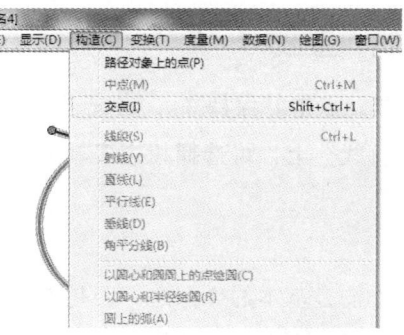

图 3.1-8  绘制直线与圆的交点

### 3.1.5 绘制两圆的交点

选定需要绘制交点的两圆，点击菜单栏的"构造"—"交点"，如图 3.1-9 所示.

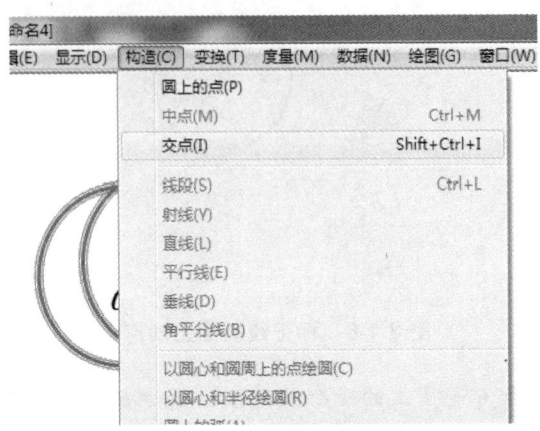

图 3.1-9　绘制两圆的交点

### 3.1.6 绘制线段的中点

选定需要绘制中点的线段，点击菜单栏的"构造"—"中点"，如图 3.1-10 所示.

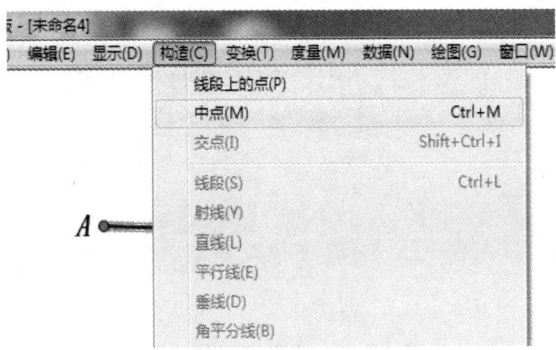

图 3.1-10　绘制线段的中点

## 3.2 绘制线

### 3.2.1 绘制线段、射线、直线

选择工具栏中的"╱"工具，点击并保持 3 s，出现"线段、射线、直线"图标，拖动鼠标到"线段"或"射线"或"直线"上，可选择相应工具.

### 3.2.2 绘制平行线

用几何画板绘图，平行线作图是基本的作图之一，是作平行四边形、相似形、梯形等包含平行关系图形的基础. 其基本原理是过一点有且只有一条直线与已知直线平行.

其作图步骤：选定直线和点，点击菜单栏"构造"—"平行线"，如图 3.2-1 所示.

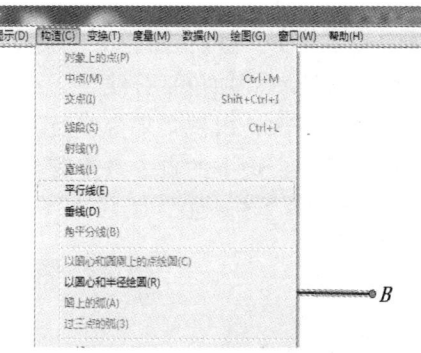

图 3.2-1　绘制平行线

### 3.2.3　绘制垂线

用几何画板绘图，垂线作图是基本的作图之一，是作三角形、平行四边形、梯形的高的基础. 其基本原理是过一点有且只有一条直线与已知直线垂直.

其作图步骤：选定直线和点，点击菜单栏"构造"—"垂线"，如图 3.2-2 所示.

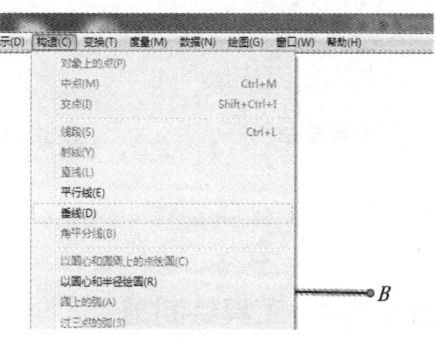

图 3.2-2　绘制垂线

### 3.2.4　绘制角平分线

（1）按构成角的先后顺序选定三个点 $A, B, C$；

（2）点击菜单栏中的"构造"—"角平分线"，如图 3.2-3 所示.

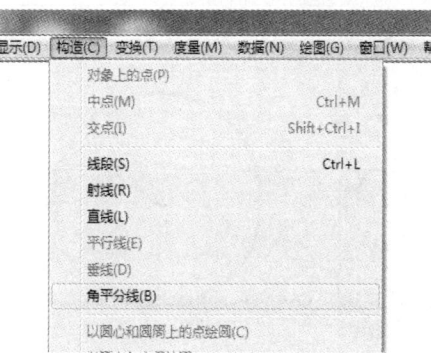

图 3.2-3　绘制角平分线

特别地，用工具栏中的"自定义工具"自带的"角工具"作角的同时可作出角的平分线．其作图步骤如下：

（1）点击工具栏中的"自定义工具 ▶"3 s，出现下拉菜单；

（2）点击下拉菜单中的"角工具"—"加角平分线"；

（3）在绘图区依次点击鼠标左键三次，出现角平分线及两个点；

（4）分别点击角的顶点和角的另一个边上的点，点击菜单栏中的"构造"—"线段"便形成角和角的平分线，如图 3.2-4 和图 3.2-5 所示．

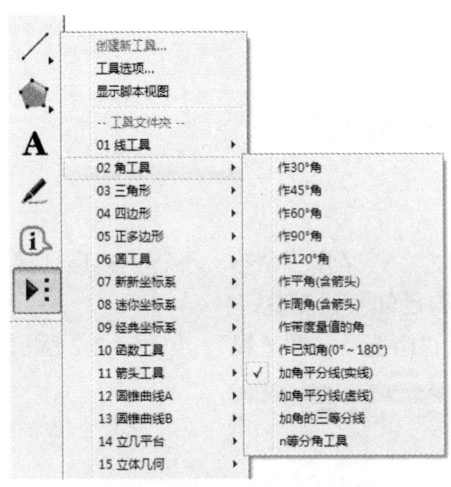

图 3.2-4　绘制角平分线菜单

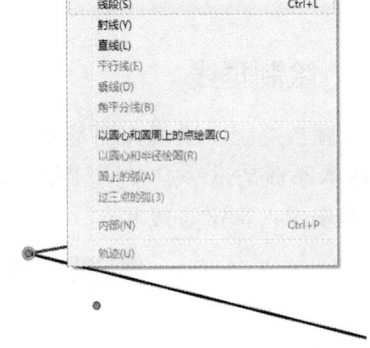

图 3.2-5　绘制角平分线

## 3.3　绘制圆

### 3.3.1　利用工具栏上的"⊙"工具绘制圆

（1）点击工具栏上的"⊙"；

（2）移动鼠标至绘图区，点击鼠标左键并按住左键拖动鼠标至圆的大小合适放开鼠标，如图 3.3-1 所示．

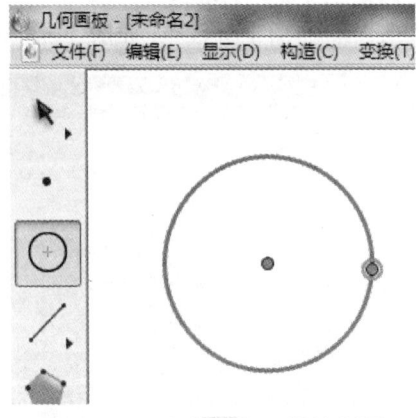

图 3.3-1　以"⊙"工具绘制圆

特别说明：
（1）移动圆周上的点将改变圆的半径，圆的位置不变；
（2）移动圆心的点将改变圆的位置和半径.

### 3.3.2 以线段为直径作圆

（1）点击工具栏线段工具"╱"在绘图区任作一线段 $AB$；
（2）选定线段 $AB$，点击菜单栏上的"构造"—"中点"；
（3）依次选定中点和线段 $AB$ 的一个端点 $A$，点击菜单栏上的"构造"—"以圆心和圆周上的点绘圆"，如图 3.3-2 所示.

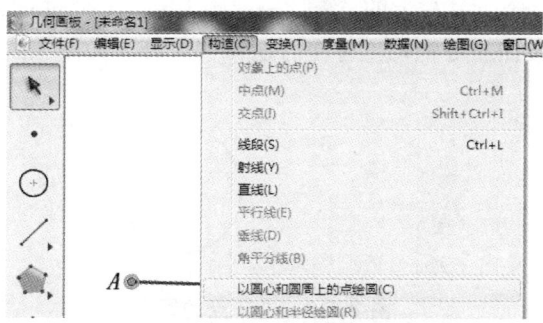

图 3.3-2　以线段为直径绘圆

### 3.3.3 利用工具栏中"自定义工具"中的"圆工具"作圆

利用工具栏中"自定义工具"中的"圆工具"作圆，可作出如下几种形式的圆：以线段为直径的圆、过三点的圆（实线、虚线）、过圆上一点作圆的切线、两圆外公切线、老巷|两圆公切线、老巷|根轴工具、两相交圆公共部分等，如图 3.3-3 所示.

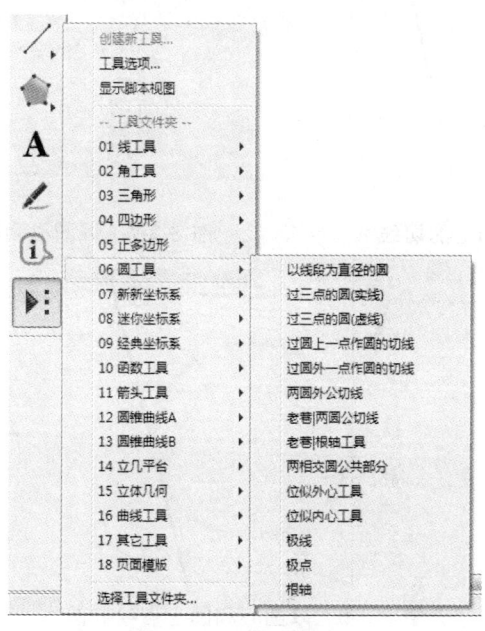

图 3.3-3　圆工具菜单

（1）以线段为直径作圆：点击工具栏上的"▶"—"圆工具"—"以线段为直径的圆"；将鼠标移至绘图区，点击鼠标左键并按住左键拖动鼠标至合适位置放开，如图3.3-4所示．

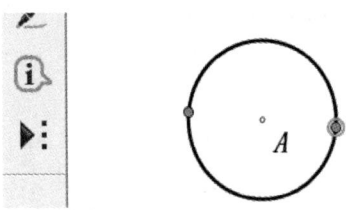

图3.3-4　以线段为直径的圆

（2）过三点的圆：点击工具栏上的"▶"—"圆工具"—"过三点的圆"；将鼠标移至绘图区，点击鼠标左键并按住左键拖动鼠标至合适位置放开，如图3.3-5所示．

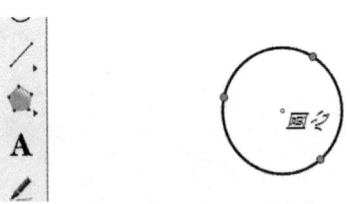

图3.3-5　过三点的圆

（3）过圆上一点作圆的切线：点击工具栏上的"▶"—"圆工具"—"过圆上一点作圆的切线"；将鼠标移至绘图区，点击鼠标左键并按住左键拖动鼠标至合适位置放开出现切线和圆的圆心（图3.3-6）；依次选定圆的圆心点、圆周上的点，点击菜单栏"构造"—"以圆心和圆周上的点绘圆"（图3.3-7和图3.3-8）．

图3.3-6　圆心和圆上的切线　　　图3.3-7　以圆心和圆上点绘制圆菜单

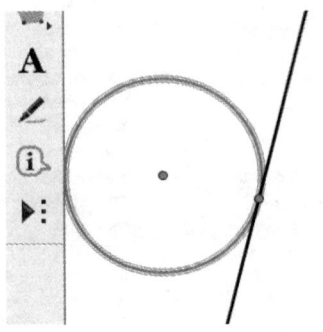

图3.3-8　以圆心和圆上点绘制圆

（4）两圆外公切线：点击工具栏上的"▶"—"圆工具"—"两圆外公切线"；将鼠标移至绘图区，点击鼠标左键并按住左键拖动鼠标至合适位置放开作出第一个圆，再点击鼠标左键并按住左键拖动鼠标至合适位置放开作出第二个圆．放开鼠标的同时，两圆的外公切线出现，如图 3.3-9 所示．

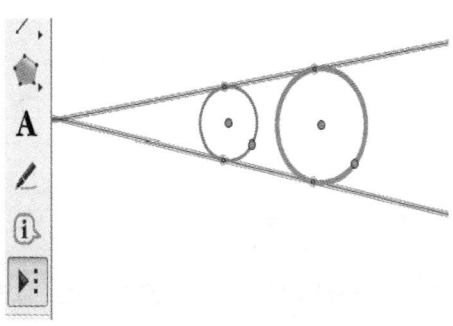

**图 3.3-9　两圆外公切线**

特别说明：拖动第二个圆周上的点，可改变第二个圆的大小，两圆的外公切线的位置也相应地改变．

（5）两相交圆公共部分：点击工具栏上的"○"，将鼠标移动到绘图区依次绘制两个圆并使之相交；点击工具栏上的"箭头"工具；选定两圆；点击菜单栏上的"构造"—"圆内部"，如图 3.3-10 所示．

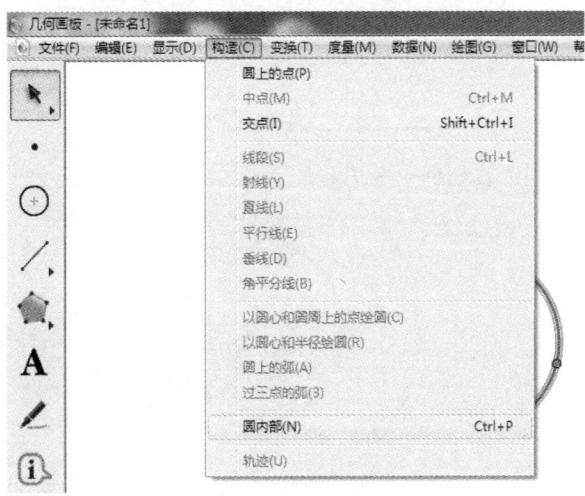

**图 3.3-10　绘制圆内部**

## 3.3.4　以定长为半径作圆

（1）选取工具栏线段工具"╱"在绘图区任作一线段 $AB$；

（2）选取工具栏点工具"·"在绘图区任作一点 $O$；

（3）选取箭头工具"▶"依次选取点 $O$，线段 $AB$；

（4）点击命令栏"构造"—"以圆心和半径绘圆"，如图 3.3-11 和图 3.3-12 所示．

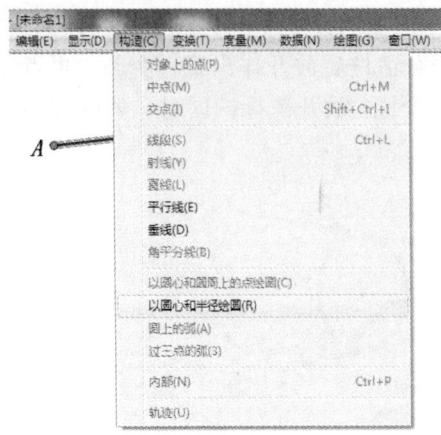 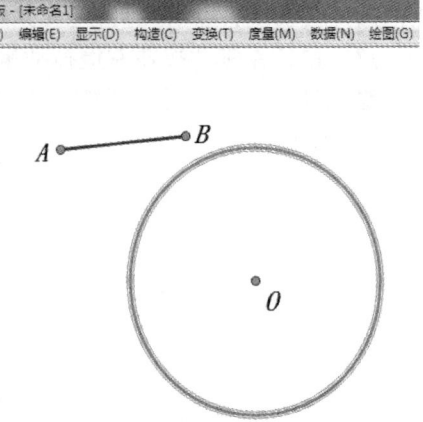

图 3.3-11　构造"以圆心和半径绘圆"　　图 3.3-12　以圆心和半径绘圆

### 3.3.5　绘制同心圆

（1）选取工具栏线段工具"╱"在绘图区任作一线段 $AB$，$CD$；
（2）选取工具栏点工具"·"在绘图区任作一点 $O$；
（3）选取箭头工具"▶"依次选取点 $O$，线段 $AB$，$CD$；
（4）点击命令栏"构造"—"以圆心和半径绘圆"，如图 3.3-13 所示.

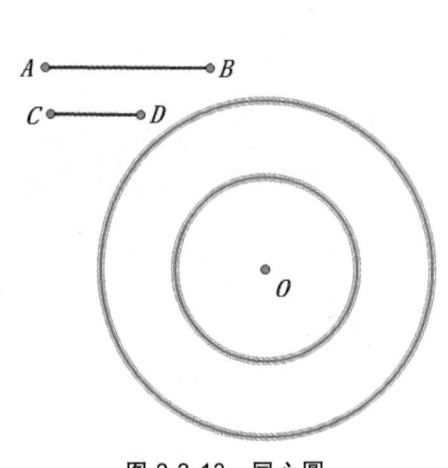

图 3.3-13　同心圆

## 3.4　绘制圆上的弧

绘制圆上的弧有两种情况：一是在圆上取两点作弧；二是由不在同一条直线的三点作弧.

### 3.4.1　在圆上取两点作弧

（1）选取圆工具"○"，将鼠标移到绘图区绘出一个圆 $A$；

（2）选取点工具"·|"，将鼠标移到圆周上绘出两点 $B$, $C$；

（3）选取箭头工具"▶"依次选取点 $B$，圆 $A$，点 $C$；

（4）点击菜单栏"构造"—"圆上的弧"，如图 3.4-1 所示；

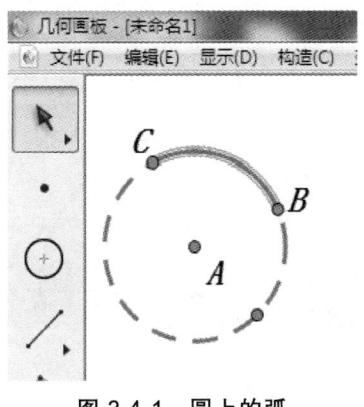

图 3.4-1　圆上的弧

（5）单击选中的圆 $A$ 和圆上另外一点，选取菜单栏上的"显示"—"隐藏对象"，将不要的圆弧隐藏，如图 3.4-2 所示.

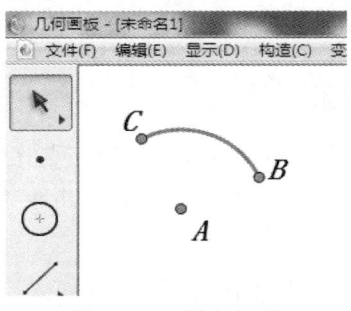

图 3.4-2　圆上的弧

特别说明：选取点和圆的顺序不能搞错，否则出现的弧是圆上的另外一部分弧.

### 3.4.2　作过不共线三点的弧

（1）选取点工具"·|"，将鼠标移到圆周上绘出三点 $A$, $B$, $C$；

（2）依次选取点 $A$, $B$, $C$，点击菜单栏"构造"—"过三点的弧"，如图 3.4-3 所示.

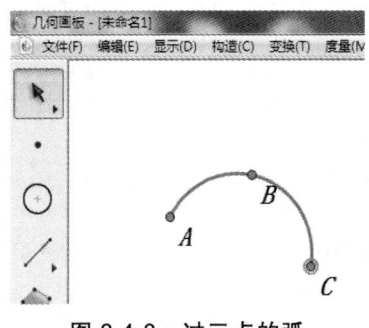

图 3.4-3　过三点的弧

### 3.4.3 绘制半圆

（1）选择点工具 " · "在绘图区任作两点 $A, B$；

（2）选择箭头工具 " ▶ "依次选取点 $A, B$，点击"变换"—"标记向量"，再选择点 $B$，点击"变换"—"平移"得到点 $C$；

（3）依次选取点 $B, C, A$，点击"构造"—"过三点的弧"得到半圆，如图 3.4-4 所示.

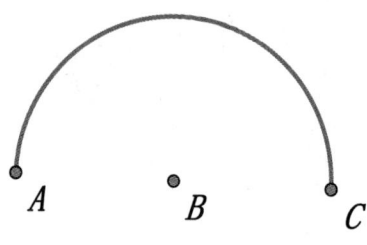

图 3.4-4　半圆

## 3.5　绘制图形内部

在度量多边形的周长、面积等数量时需要先绘制多边形的内部.

### 3.5.1 绘制三角形的内部

（1）选取点工具 " · "，将鼠标移到绘图区绘出三点 $A, B, C$；

（2）选取箭头工具 " ▶ "依次选取点 $A, B, C$，点击菜单栏"构造"—"线段"，构造三角形 $ABC$；

（3）选取箭头工具 " ▶ "依次点击 $A, B, C$，选定三点，点击菜单栏"构造"—"三角形的内部"，如图 3.5-1 和图 3.5-2 所示.

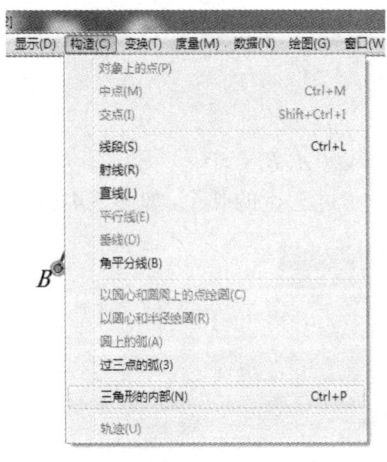
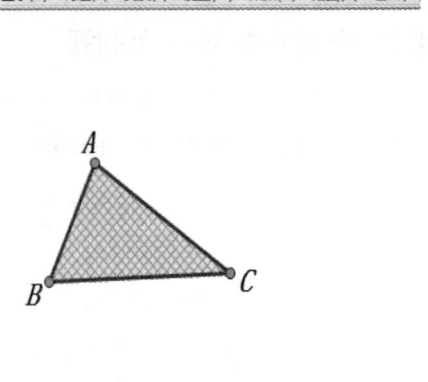

图 3.5-1　三角形内部菜单命令　　　图 3.5-2　三角形内部图

## 3.5.2 绘制多边形的内部

（1）选取点工具"·|"，将鼠标移到绘图区绘出六点 $A, B, C, D, E, F$；

（2）选取箭头工具"▶"依次选取点 $A, B, C, D, E, F$，点击菜单栏"构造"—"线段"，构造六边形 $ABCDEF$，如图 3.5-3 所示；

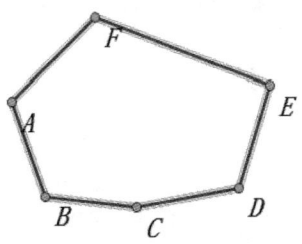

图 3.5-3　构造六边形

（3）选取箭头工具"▶"依次点击 $A, B, C, D, E, F$，选定六点，点击菜单栏"构造"—"六边形的内部"，如图 3.5-4 所示.

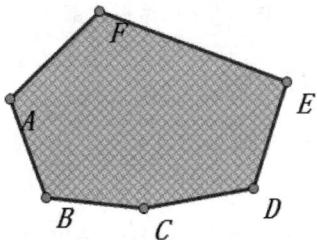

图 3.5-4　构造六边形的内部

特别说明：用箭头工具"▶"指向六边形的内部（箭头水平放置），点击鼠标右键，出现属性对话框，点击"不透明度"，移动滑块可改变其透明度，如图 3.5-5 所示.

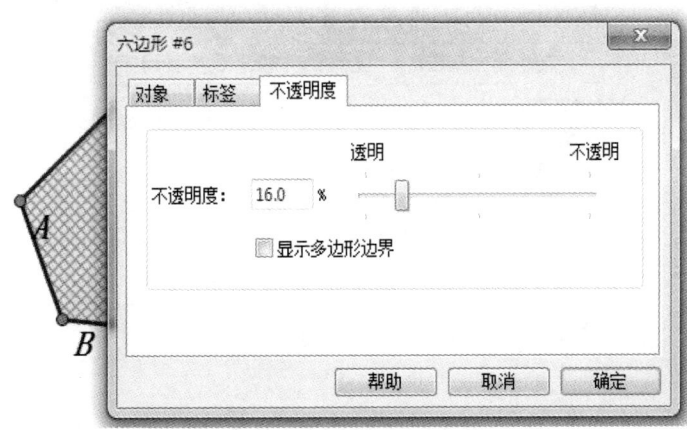

图 3.5-5　透明度调节

### 3.5.3 绘制弓形内部

（1）选取点工具"·"，将鼠标移到绘图区绘出三点 $A, B, C$；

（2）选取箭头工具"▸"依次选取点 $A, B, C$，点击菜单栏"构造"—"弓内部"，根据需要可构造"弓形内部"和"扇形内部"，如图 3.5-6 所示．

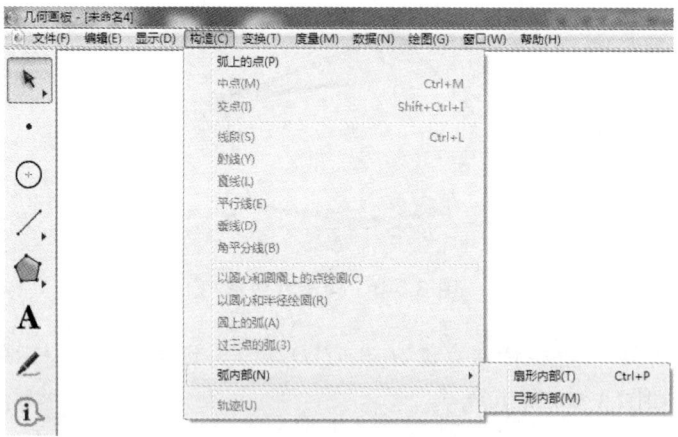

图 3.5-6　弓形内部

### 3.5.4 构造由圆形成的弓形内部

（1）选取圆工具"⊙"，将鼠标移到绘图区绘出一个圆 $A$；

（2）选取点工具"·"，将鼠标移到圆周上绘制两点 $B, C$；

（3）选取箭头工具"▸"依次选取点 $B, C$，点击菜单栏"构造"—"线段"构造弦 $BC$；

（4）依次选取点 $B$，圆 $A$，点 $C$，点击菜单栏"构造"—"圆上的弧"；

（5）依次选取圆上的父对象点，圆 $A$，点击菜单栏"显示"—"隐藏对象"将不要的圆上弧隐藏，如图 3.5-7 所示．

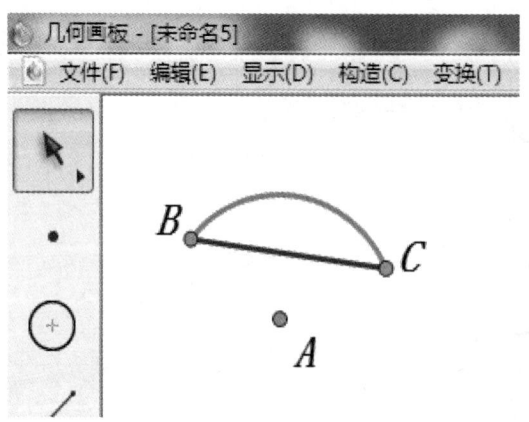

图 3.5-7　构造圆上的弧

（6）选取点工具"·"，将鼠标移到圆周上绘制多个点；

（7）选取箭头工具"![]"顺次选取圆周上的点和 $B,C$ 两点，点击菜单栏"构造"—"多边形的内部"，如图 3.5-8 所示．

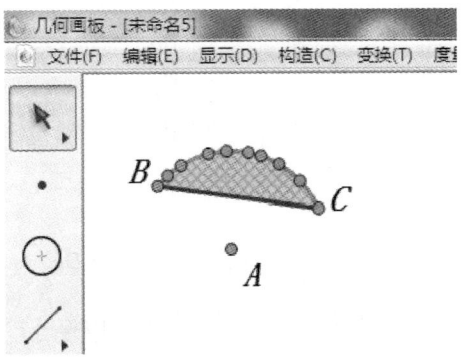

图 3.5-8　绘制多边形的内部

特别说明：当完成构造内部后，选取弧上的点，点击菜单栏"显示"—"隐藏对象"将不要的点隐藏．

## 3.6　轨迹的构造

轨迹的构造需要结合编辑菜单中"编辑"命令中的"操作类按钮"—"动画"．构造轨迹能很好地展示几何画板的作图特征——动画演示效果．

**例 3.6-1**　椭圆的绘制方法之一．

操作步骤：

（1）选取"线段"工具"![]"，将鼠标移到绘图区绘出一线段 $AB$，线段 $AB$ 被选定．

（2）点击菜单栏"构造"—"中点"$C$．

（3）顺次选取中点 $C$ 和另一端点 $A$，点击菜单栏"构造"—"以圆心和圆周的点绘图"绘制圆 $A$，如图 3.6-1 所示．

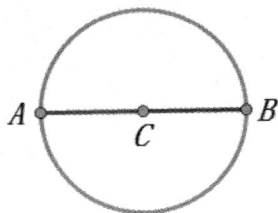

图 3.6-1　以点 $C$ 为圆心过点 $A$ 的圆

（4）选取点工具"![]"，将鼠标移到圆周上绘制点 $D$；选取箭头工具"![]"，选取点 $D$ 和线段 $AB$，选择"构造"—"垂线"，作出垂线，单击垂线和线段 $AB$，点击"构造"—"交点"，构造出垂线与线段 $AB$ 的交点 $E$，如图 3.6-2 所示．

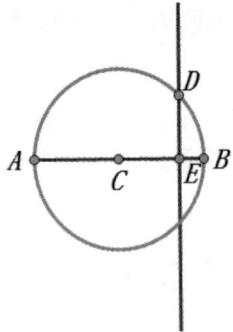

图 3.6-2　作出线段 AB 的垂线 DE

（5）选取箭头工具"　"，选取点 D 和点 E，点击"构造"—"线段"—"构造"—"中点" F，如 3.6-3 所示.

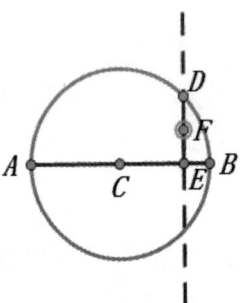

图 3.6-3　绘制线段 DE 的中点

（6）选取箭头工具"　"，选取点 D，点击"编辑"—"操作类按钮"—"动画"，如图 3.6-4 所示. 在弹出的对话框中点击"动画"显示为"点 D 逆时针环绕#1 以中速". 可在对话框中调节方向和速度；在弹出的对话框中点击"标签"可将"动画"二字改为所要的名称.

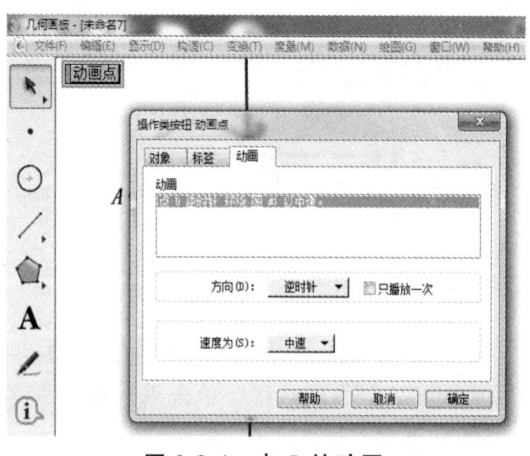

图 3.6-4　点 D 的动画

（7）依次选定点 D 和点 F，点击"构造"—"轨迹"，如图 3.6-5 和图 3.6-6 所示.

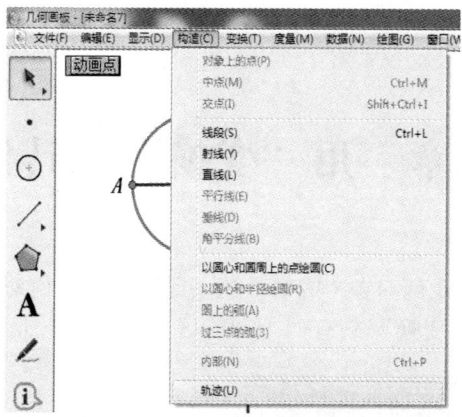

图 3.6-5　构造轨迹的菜单

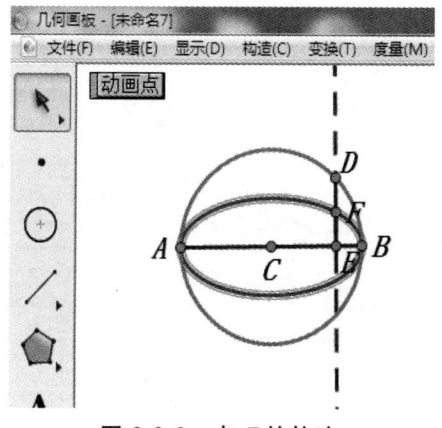

图 3.6-6　点 F 的轨迹

特别说明：轨迹作好后，对不要的圆周、直线 DE、点 E 等选定后，点击"显示"—"隐藏对象"将其隐藏．

# 第4章 用"变换"工具作图

所谓"变换",是指一个几何对象(或解析式)到另一个几何对象(或解析式)的演变. 几何画板 5.06 中菜单栏中的"变换"共有四个功能区,如图 4-1 所示.

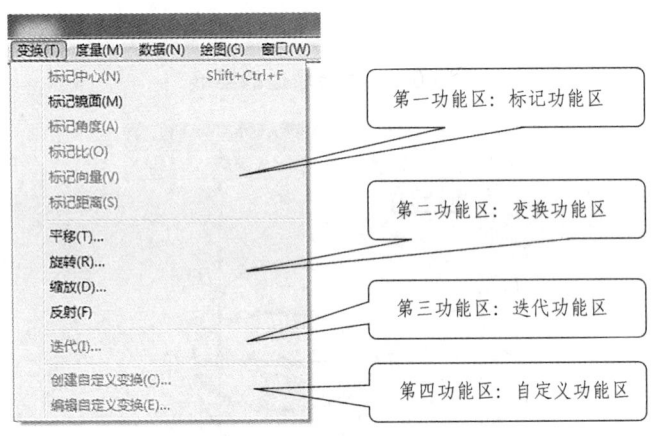

图 4-1 变换功能分区

变换功能区可分为:标记功能区、变换功能区、迭代功能区、自定义功能区. 标记功能区为变换功能区的各功能提供前提条件,比如进行"平移"变换前要有相应的"固定距离"或"标记距离",进行"旋转"变换前要有相应的旋转中心和旋转角度或标记角度等. 迭代功能强大,可单独作为一个区. 如果创建了自定义变换,此菜单就会根据创建的变换进行相应变换.

尽管标记功能区是为变换功能区提供基础和条件的,但若在变换之前没有事先作标记,几何画板 5.06 也能完成相应的变换操作. 这时软件会自己选定相应的点或线段(直线)作为标记的点或线段(直线),只不过这些软件自己选定的点或线段(直线)作为标记可能不是我们想要的.

## 4.1 使用"平移"工具作图

"平移"变换是将一个选定的几何对象(点、线、封闭平面图形、立体图形)按照某个向量或某个角度作出变换. 平移变换是一个保距变换,也是一个保角变换.

几何画板 5.06 中的"平移"变换可分为三大类,共九种方法. 具体是:极坐标—固定距离—固定角度、极坐标—固定距离—标记角度、极坐标—标记距离—固定角度、极坐标—标记距离—标记角度、直角坐标—固定距离—固定角度、直角坐标—固定距离—标记角度、直角坐标—标记距离—固定角度、直角坐标—标记距离—标记角度、标记—从点—到点,共九种平移.

**例** 4.1-1  绘制正方体.

基本思想：

先用平移法作出正方体的底面正方形（斜二侧），再用平移法将底面正方形向上平移得到正方体.

操作步骤：

（1）选用线段工具"╱"，同时按住"shift"键在绘图区绘制水平线段 $AB$；

（2）选用箭头工具"▶"，选定线段 $AB$，点击菜单"变换"—"旋转"，在"旋转参数"中"固定角度"改为 45（图 4.1-1）；

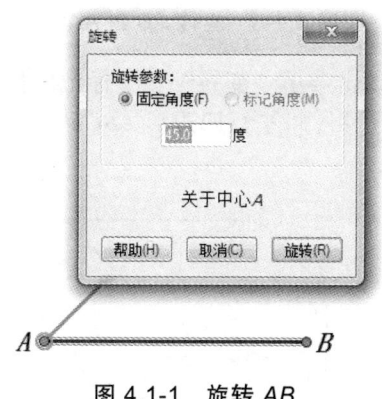

图 4.1-1  旋转 $AB$

（3）点击"旋转"，选用箭头工具"▶"，点击菜单"构造"—"中点"，构造出中点 $D$. 选定刚旋转所得的线段，点击菜单"显示"—"隐藏线段"；选定点 $A$ 和点 $D$，点击菜单"构造"—"线段"；

（4）顺次选定点 $A$ 和点 $B$，点击菜单"变换"—"标记向量"，选定线段 $AD$ 和点 $D$，点击"变换"—"平移"，将线段 $AD$ 按标记向量 $AB$ 平移（图 4.1-2）. 将 $D$ 的平移点 $D'$ 改为 $C$ 点，连接 $CD$ 构造出平行四形 $ABCD$；

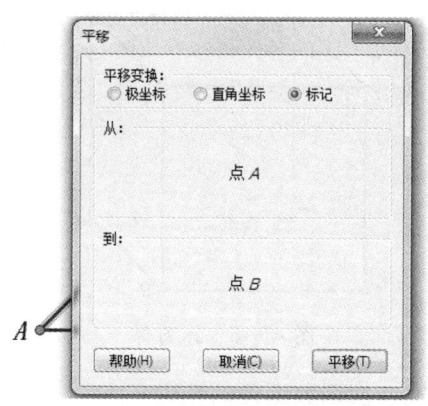

图 4.1-2  按标记向量平移线段 $AB$

（5）双击点 $A$（将点 $A$ 设为旋转中心），选定线段 $AB$ 和点 $B$，点击菜单"变换"—"旋转"，在对话框中"旋转参数"选"固定角度"，在角度中写 90. 点击"旋转"（将线段 $AB$ 绕 $A$ 点逆时针旋转 90 度）（图 4.1-3）；

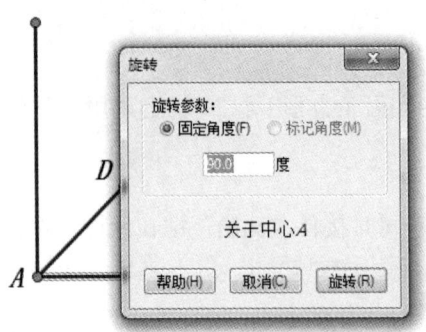

图 4.1-3　旋转 AB 到 AA′

（6）依次点击点 A 和 A′，点击菜单"变换"—"标记向量"．选定平行四边形 ABCD 及四个顶点，点击菜单"变换"—"平移"(将平行四边形 ABCD 向上平移得平行四边形 A′B′C′D′)，(图 4.1-4)；

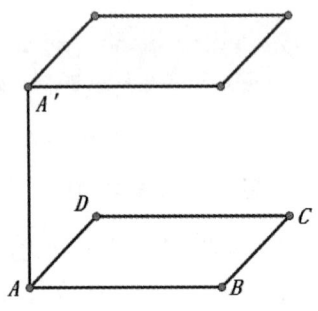

图 4.1-4　平移四边形 ABCD

（7）将线段 BB′, CC′, DD′ 连接成线段构造正方体．将线段 DD′, DC, AD 设为虚线（图 4.1-5）．

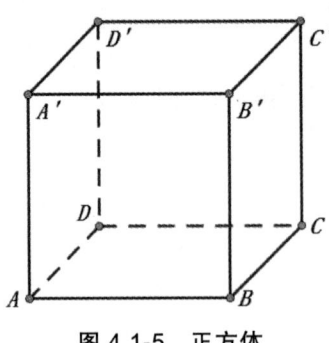

图 4.1-5　正方体

**例 4.1-2**　利用平移法研究一次函数图像的性质．

一次函数 $y=kx+b$ 的图像可以由正比例函数 $y=kx$ 的图像通过平移而得．当 $b>0$ 时图像向上平移，当 $b<0$ 时图像向下平移；当 $k>0, b>0$ 时图像经过第一、二、三象限；当 $k>0, b<0$ 时图像经过第一、三、四象限；当 $k<0, b>0$ 时图像经过第一、二、四象限；当 $k<0, b<0$ 时图像经过第二、三、四象限．

操作步骤：

（1）选用箭头工具"▶"，点击菜单"绘图"—"自定义坐标".

（2）选用点工具"·"在 $Y$ 轴上任取两点（两点的坐标值在 $\pm 2$ 之外），用箭头工具"▶"点击菜单"构造"—"线段"（在 $Y$ 轴上构造出一条线段）.用点工具"·"在构造出的线段上任作一点 $b$，点击菜单"度量"—"纵坐标"（度量出点 $b$ 的纵坐标）并将标签改为 $b$.

（3）用（2）的步骤在 $X$ 轴上构造一条线段（线段两端点的坐标在 $\pm 3$ 之外），在所构造的线段上任取两点 $x, k$，类似于（2）的方法度量出两点 $x, k$ 的横坐标，并将标签改为 $x$ 和 $k$，如图 4.1-6 所示.

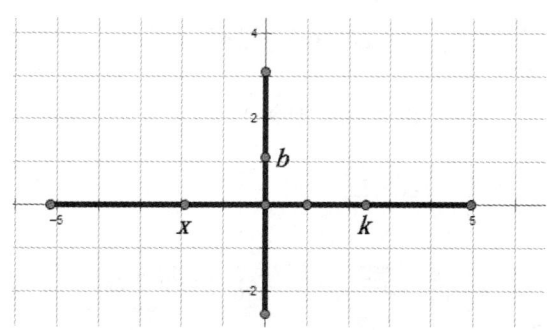

图 4.1-6　绘制参数 $k, x, b$ 的位置

（4）用箭头工具"▶"选定点 $b$，点击菜单"度量"—"纵坐标"（度量出点 $b$ 的纵坐标），并将其标签改为 $b$；选定点 $x$，点击菜单"度量"—"横坐标"（度量出点 $x$ 的横坐标），并将其标签改为 $x$；选定点 $k$，点击菜单"度量"—"横坐标"（度量出点 $k$ 的横坐标），并将其标签改为 $k$，如图 4.1-7 所示.

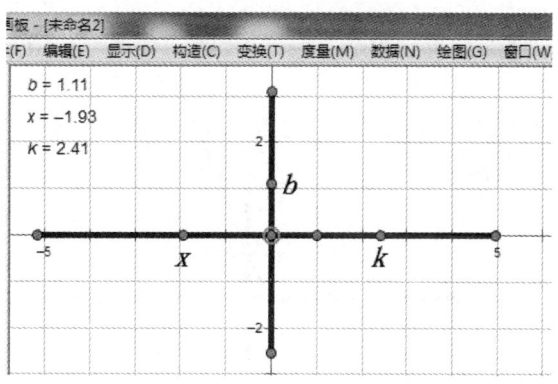

图 4.1-7　度量三个点的坐标

（5）点击菜单"数据"—"计算"，计算出 $kx+b$ 的值（其中 $k, x, b$ 均点击左上角的度量值），如图 4.1-8 所示.

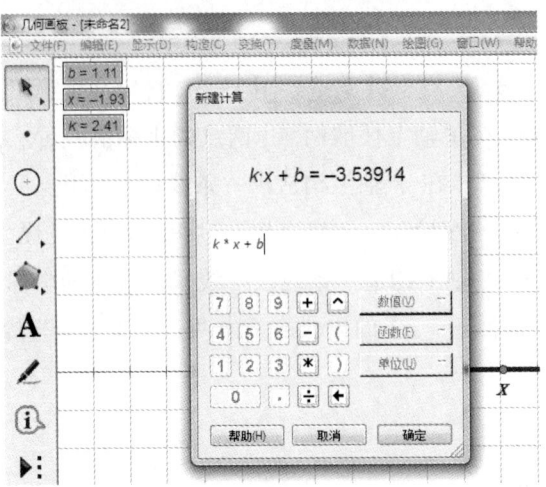

图 4.1-8　计算 $kx+b$ 的值

（6）依次选取 $x=-1.93$ 和 $k\cdot x+b=-3.54$，点击菜单"绘图"—"绘制点(x, y) (P)"绘制出一个点 $P$，如图 4.1-9 所示.

图 4.1-9　绘制点(x, y) (P)

（7）选取点 $b$ 和 $P$，点击菜单"构造"—"直线"，如图 4.1-10 所示.

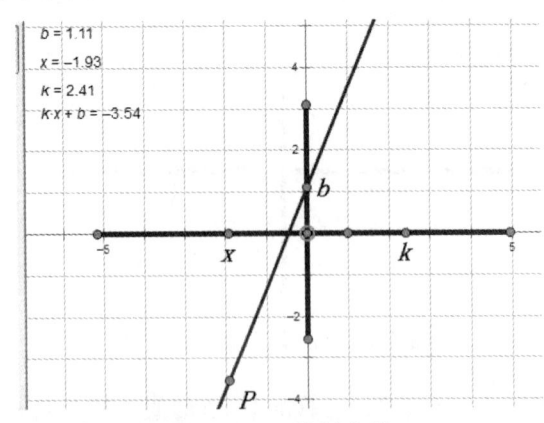

图 4.1-10　绘制直线

（8）选取点 $b$，点击菜单"编辑"—"操作类按钮"—"动画"（制作出点 $b$ 的平移动画按钮），如图 4.1-11 所示. 将标签改为"上下平移"，如图 4.1-12 所示.

第4章 用"变换"工具作图

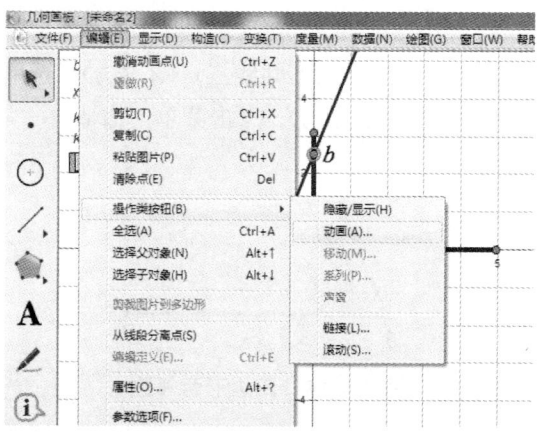

图 4.1-11 动画按钮操作菜单

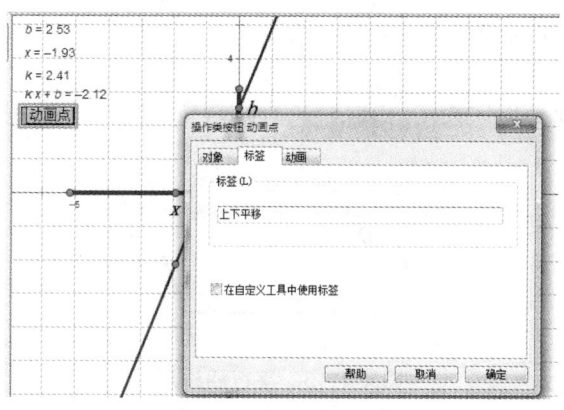

图 4.1-12 改写标签

（9）类似于（8）制作出点 $k$ 和 $x$ 的动画按钮，并将点 $k$ 的动画按钮标签改为"斜率"，将点 $x$ 的动画按钮标签改为"$x$ 动画"，如图 4.1-13 所示．

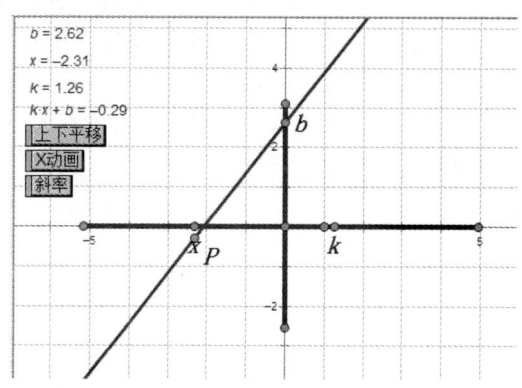

图 4.1-13 一次函数效果图

通过点击每个按钮，可观察一次函数图像的变换情况，从而研究其性质．

例 4.1-3 绘制平行四边形．

操作步骤：

（1）用画点工具"·"在绘图区绘制不共线三点 $A, B, D$，选取点 $A, B$，点击菜单"构造"—"线段"（构造线段 $AB$）；选取点 $A, D$，点击菜单"构造"—"线段"（构造线段 $AD$），如图 4.1-14 所示.

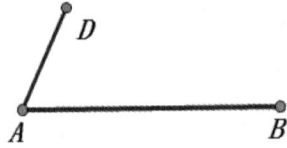

图 4.1-14　四边形两邻边

（2）用箭头工具"▸"依次选取点 $A$ 和点 $B$，点击菜单"变换"—"标记向量"（将线段 $AB$ 标记为标记向量）.

（3）选取线段 $AD$ 和点 $D$，点击菜单"变换"—"平移"（将线段 $AD$ 按标记向量 $AB$ 平移到 $D'$）.

（4）选取点 $D$ 和 $D'$，点击菜单"构造"—"线段"得到平行四边形 $ABCD$（点 $D'$ 改为 $C$），如图 4.1-15 所示.

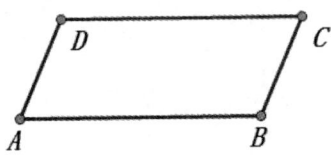

图 4.1-15　平行四边形

## 4.2　使用"旋转"工具作图

旋转变换是将几何对象以某点为旋转中心按一定的角度旋转到另一个位置. 因此，进行旋转变换的前提是：旋转中心、旋转对象、旋转角度. 旋转变换只有两种方式，即按固定角度和标记角度.

### 4.2.1　按固定角度旋转

**例 4.2-1**　绘制正三角形.

**基本思想：**

先绘制一条线段，再以一个端点为旋转中心，按 60 度的角度旋转得到第三点，同时得到一条线段，再连接两端点即成.

操作步骤：

（1）用线段工具"╱"，同时按住 shift 键绘制一条水平线段 $AB$，双击点 $A$，将点 $A$ 作为旋转中心，选取线段 $AB$ 和点 $B$，点击菜单"变换"—"旋转"，在对话框中选"固定角度"，将角度改为 60. 点击"旋转"，如图 4.2-1 所示.

第 4 章 用"变换"工具作图 ·45·

图 4.2-1 按固定角度旋转

（2）用箭头工具""选取点 $B$ 和 $B$ 的旋转点，点击菜单"构造"—"线段". 将第三点标记字母 $C$，如图 4.2-2 所示.

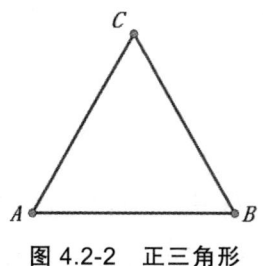

图 4.2-2 正三角形

**例 4.2-2** 绘制等腰直角三角形.

基本思想：

先绘制一条线段，再分别以两个端点为旋转中心，将线段向同侧按 90 度的角度旋转得到第三点和第四点，同时得到两条线段，再连接两端点即成.

操作步骤：

（1）用线段工具""同时按住 shift 键绘制一条水平线段 $AB$，双击点 $A$，将点 $A$ 作为旋转中心，选取线段 $AB$ 和点 $B$，点击菜单"变换"—"旋转"，在对话框中选"固定角度"，将角度改为 90. 点击"旋转"，如图 4.2-3 所示.

图 4.2-3 按 90 度旋转线段 $AB$

（2）用箭头工具"[箭头]"选取点 $B$ 和 $B$ 的旋转点，点击菜单"构造"—"线段". 将第三点标记字母 $C$，如图 4.2-4 所示.

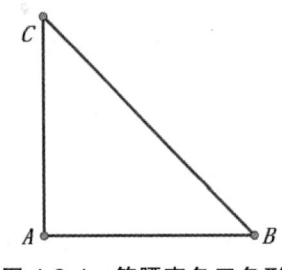

图 4.2-4　等腰直角三角形

### 4.2.2　按标记角度旋转

按标记角度旋转的前提是先要标记一个角度作为角度，余下操作类似于 4.2-1 中按固定角度旋转.

**例 4.2-3**　绘制棱形.

操作步骤：

（1）选择线段工具"[线段]"在绘图区绘制 $\angle ABC$，选择箭头工具"[箭头]"依次选取点 $A, B, C$，点击菜单"度量"—"角度"，点击菜单"变换"—"标记角度".

（2）选择线段工具"[线段]"在绘图区绘制一条线段 $DE$，双击点 $D$，选取线段 $DE$ 和点 $E$.

（3）点击菜单"变换"—"旋转"，在对话框中"旋转参数"选"标记角度"，点击"旋转"，如图 4.2-5 所示.

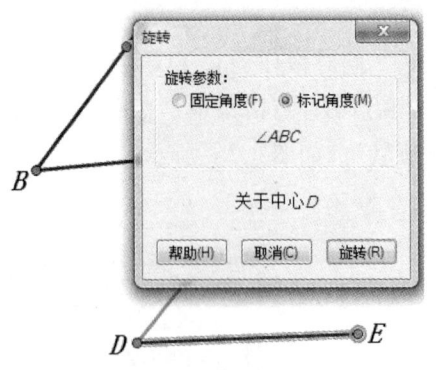

图 4.2-5　按标记旋转

（4）选择箭头工具"[箭头]"依次点击点 $D$ 和 $E$，点击菜单"变换"—"标记向量".

（5）依次选取点 $E'$（点 $E$ 旋转后的对应点）和线段 $DE'$，点击菜单"变换"—"平移"，在对话框中"平移变换"选"标记"点击"平移"，如图 4.2-6 所示.

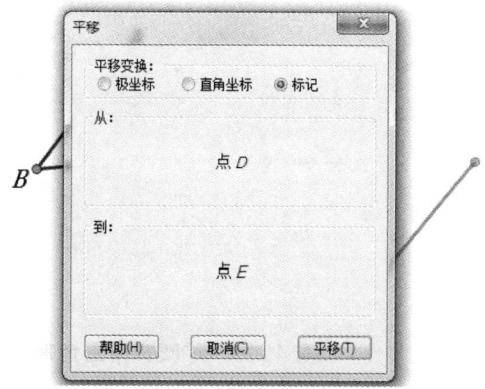

图 4.2-6　按标记平移

（6）选择箭头工具"　"，选取点 $E'$ 和 $E''$（$E'$ 的平移点），点击菜单"构造"—"线段"．将点 $E'$ 和 $E''$ 分别改为字母 $G$ 和 $F$，如图 4.2-7 所示的矩形 $DEFG$．

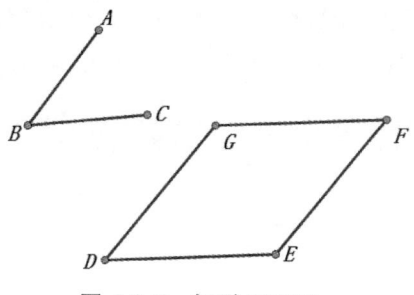

图 4.2-7　矩形 $DEFG$

特别说明：例 4.2-3 中当棱形绘制好后，我们在拖点 $A$ 或点 $C$ 改变 $\angle ABC$ 的同时，$\angle GDE$ 也随之变动，从而说明四边形是不稳定的．

## 4.3　使用"缩放"工具作图

缩放变换是将几何对象（点、线、圆等）按缩放中心和缩放比进行放大或缩小．变换的前提是要有缩放中心和缩放比例．缩放中心就是一个点，缩放比可以由多种形式得到．

### 4.3.1　利用两线段的长作"标记线段比"作为缩放比

操作方法：

选择线段工具"　"在绘图区绘制两条线段 $AB$ 和 $CD$，用箭头工具选定线段 $AB$ 和 $CD$，点击菜单"变换"—"标记线段比"（标记的第一条线段为分母），如图 4.3-1 所示．

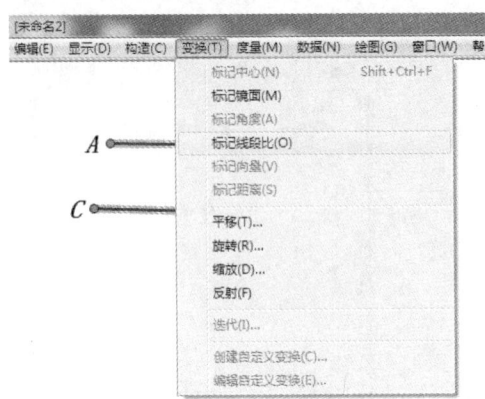

图 4.3-1　标记线段比

### 4.3.2　利用两线段长选定"度量"—"比"作为缩放比

操作方法：

选择线段工具"　"在绘图区绘制两条线段 AB 和 CD，用箭头工具选定线段 AB 和 CD，点击菜单"度量"—"比"（标记的第一条线段为分子），如图 4.3-2 所示.

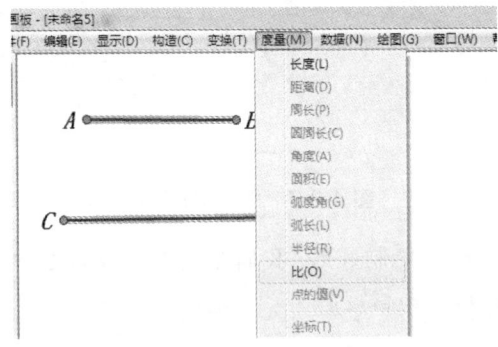

图 4.3-2　度量线段的比

### 4.3.3　利用新建参数，通过设置参数的值来改变缩放比

操作步骤：

（1）点击菜单"数据"—"新建参数"，在对话框中根据需要将参数数值改为所要的数据，如"1.2"．点击"确定"，如图 4.3-3 所示.

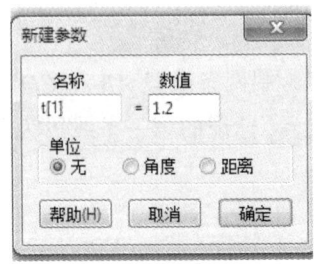

图 4.3-3　新建参数

（2）点击菜单"变换"—"标记比值"，如图 4.3-4 所示.

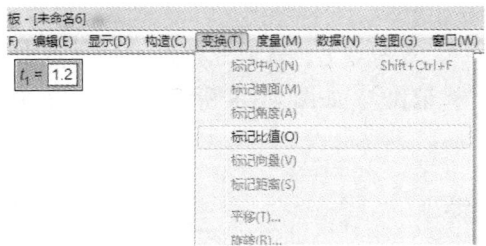

图 4.3-4　标记比值

### 4.3.4　利用一条线段上的三个点作出比值

操作步骤：

（1）选择线段工具"╱"在绘图区绘制一条线段 $AB$.

（2）选择点工具"·"在线段 $AB$ 上任作一点 $C$，选用箭头工具"▸"，点击菜单"变换"—"标记比"．如图 4.3-5 所示（比为 $AC:AB$）.

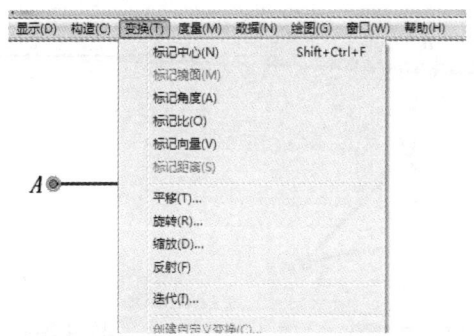

图 4.3-5　标记比

例 4.3-1　绘制相似三角形.

方法一、利用两线段的长作"标记线段比"作为缩放比.

操作步骤：

（1）选择线段工具"╱"在绘图区绘制一个三角形 $ABC$，选择点工具"·"在三角形旁边作点 $O$.

（2）选择线段工具"╱"在绘图区绘制两条线段 $EF$, $GH$，用箭头工具选定线段 $EF$ 和 $GH$，点击菜单"变换"—"标记线段比"（标记的第一条线段为分子）.

（3）选择箭头工具"▸"，双击点 $O$，选取三角形 $ABC$，在对话框中"缩放参数"选"标记比"，如图 4.3-6 所示；点击"缩放"得到缩放后的三角形，如图 4.3-7 所示.

方法二、利用一条线段上的三个点作出比值构造相似三角形.

操作步骤：

（1）选择线段工具"╱"在绘图区绘制一条线段 $AB$，选择点工具"·"在线段 $AB$ 上任作一点 $C$，依次点击点 $A, B, C$，点击菜单"变换"—"标记比"（标记比为 $AC:AB$）.

（2）选择线段工具"╱"在绘图区绘制一个三角形 DEF，选择点工具"·"在三角形旁边绘制一个点 G.

（3）选择箭头工具" "，双击点 G，选取三角形 DEF，点击菜单"变换"—"缩放"，在对话框中的缩放参数选"标记比"，如图 4.3-8 所示；点击"缩放"得到结果图，如图 4.3-9 所示.

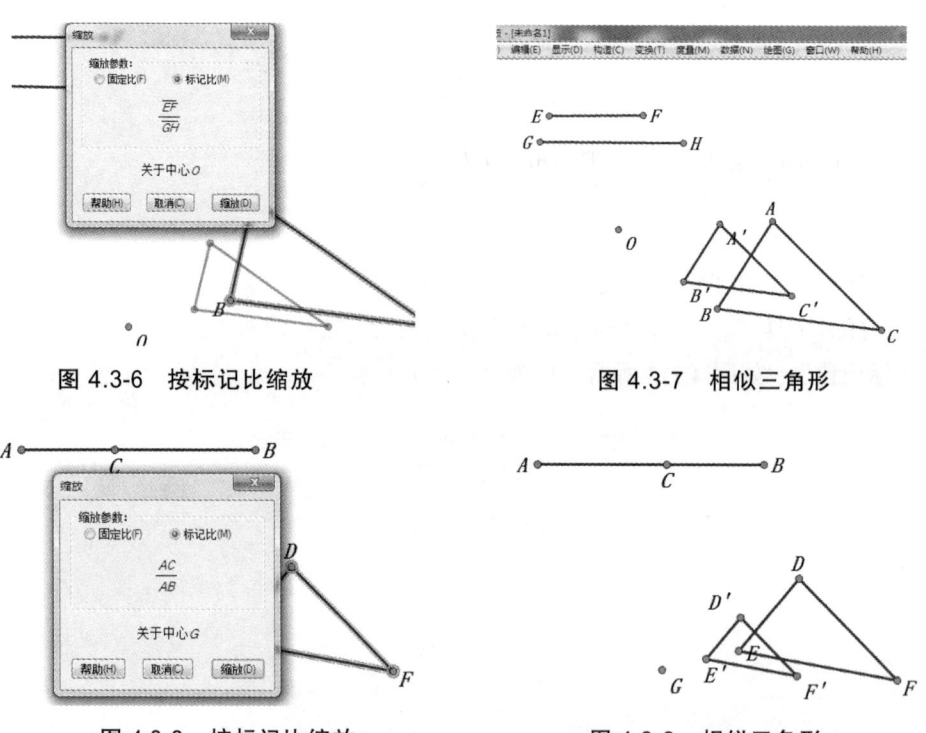

图 4.3-6　按标记比缩放　　　　　图 4.3-7　相似三角形

图 4.3-8　按标记比缩放　　　　　图 4.3-9　相似三角形

特别说明：通过移动线段 AB 上的点 C，可改变相似三角形的相似比和三角形的位置.

## 4.4　使用"反射"工具作图

所谓反射，是将几何对象按标记好的镜面（也就是对称轴，其构成可以是直线、线段或射线）作轴对称变换. 如果几何对象是轨迹或函数图像就不能被反射. 进行反射变换的前提是事先作标记镜面，如果事前没作标记镜面，系统将随机标记一条线段（或直线、射线）作为反射镜面.

例 4.4-1　验证两个三角形全等.

方法一　操作步骤：

（1）用线段工具"╱"在绘图区绘制一个三角形 ABC，在其右侧绘制一条垂直线段（按住 shift 键）MN.

（2）选择箭头工具" "，双击线段 MN（作为反射轴），选取三角形 ABC，点击菜单"变换"—"反射"得到反射后的三角形 $A'B'C'$，如图 4.4-1 所示.

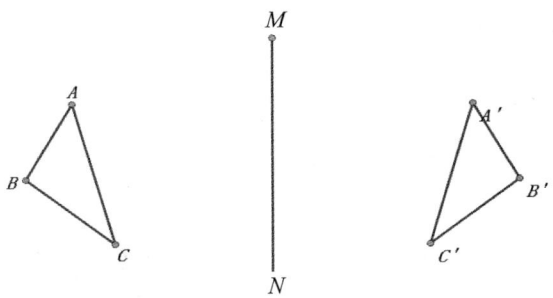

图 4.4-1　轴对称三角形

（3）在两个三角形之间任作一个三角形 DEF.

（4）依次选取三对点 (D, A), (F, B), (E, C)，点击菜单"编辑"—"操作类按钮"—"移动"，将其标签改为"右向左"；同样，依次选取三对点 (D, A′)，(F, B′)，(E, C′)，点击菜单"编辑"—"操作类按钮"—"移动"，将其标签改为"左向右"，结果如图 4.4-2 所示.

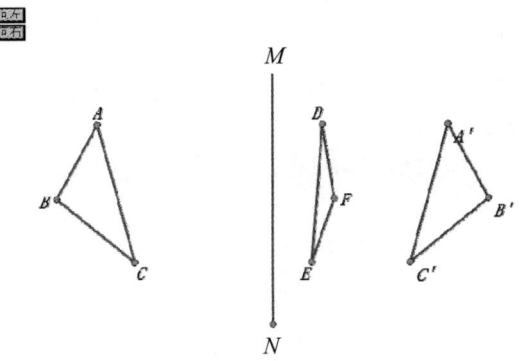

图 4.4-2　动画演示三角形全等

点击按钮可看出中间一个三角形可以从右向左，也可以从左向右移动.

方法二　操作步骤：

（1）选择线段工具"╱"，并按住"shift"键绘制一条垂直线段 MN，在线段 MN 一侧绘制一个三角形 ABC.

（2）选择箭头工具"▸"，双击线段 MN，选取三角形 ABC，点击菜单"变换"—"反射"得到反射后的三角形 A′B′C′，如图 4.4-3 所示.

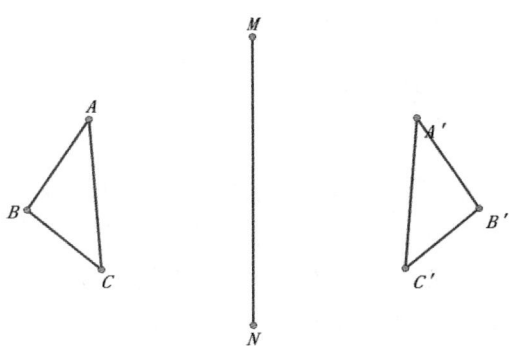

图 4.4-3　轴对称三角形

（3）选取点 $A$ 和 $A'$，点击菜单"构造"—"线段"，用点工具"·"在线段 $AA'$ 上任作一点 $P$，依次选取点 $P$ 和点 $A$，点击菜单"变换"—"创建自定义变换"，如图 4.4-4 所示；在出现的对话框中点击"确定"，如图 4.4-5 所示.

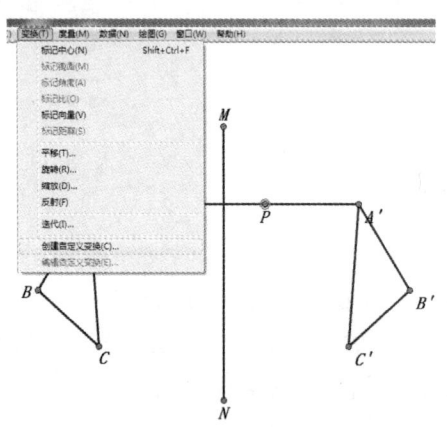
图 4.4-4　创建自定义变换

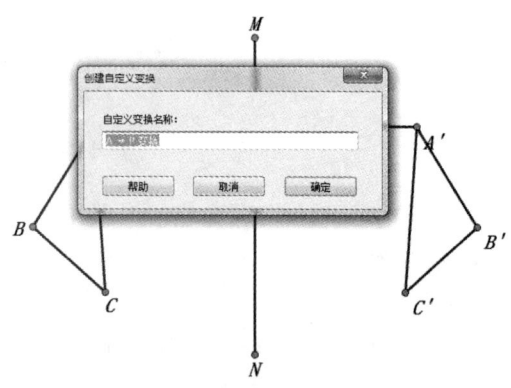
图 4.4-5　确定自定义变换

（4）选取三角形 $ABC$，点击菜单"变换"—"$A$—$P$ 变换"，如图 4.4-6. 点击"$A$—$P$ 变换"后出现结果，如图 4.4-7 所示.

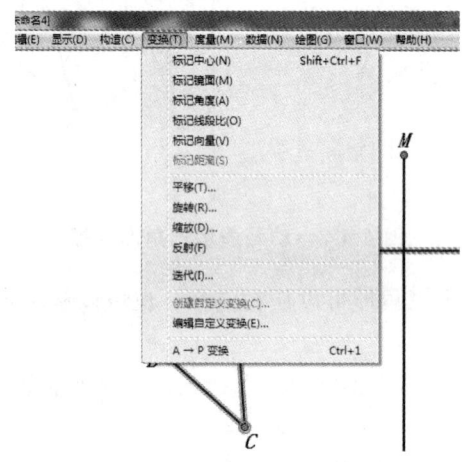
图 4.4-6　自定义变换菜单

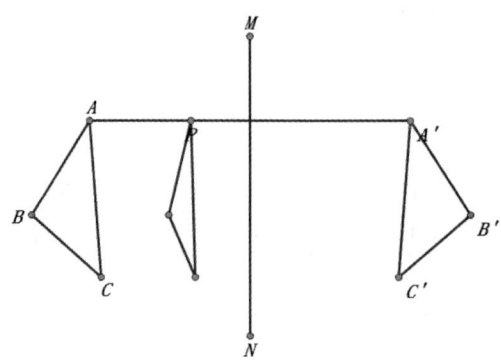
图 4.4-7　利用自定义变换得到三角形

（5）选取点 $P$，点击菜单"编辑"—"操作类按钮"—"动画"，如图 4.4-8 所示.

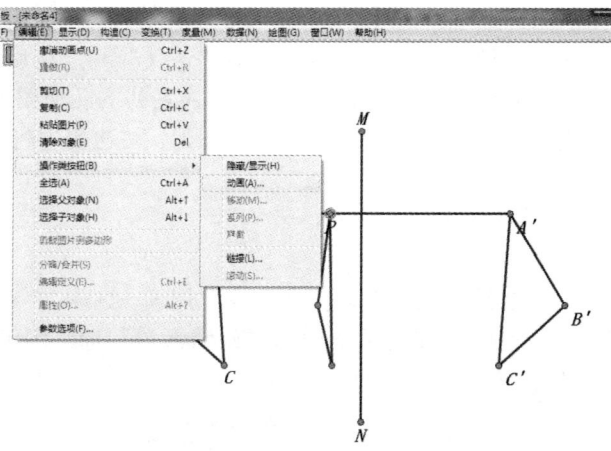

图 4.4-8　点 $P$ 的动画按钮菜单

（6）点击"动画"后出现结果，如图 4.4-9 所示.

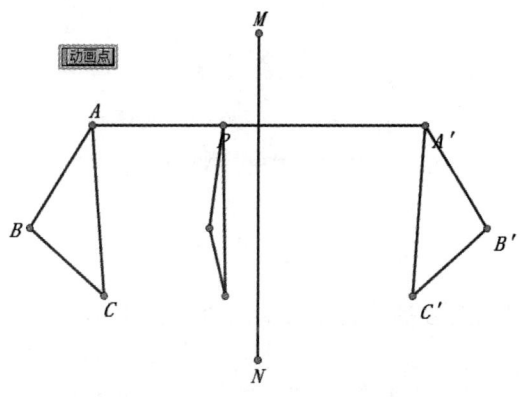

图 4.4-9　动画演示三角形全等

（7）依次选取点 $A,B,C$，点击菜单"构造"—"三角形内部"将三角形内部填充不同颜色．同理作出另外两三角形内部颜色，如图 4.4-10 所示.

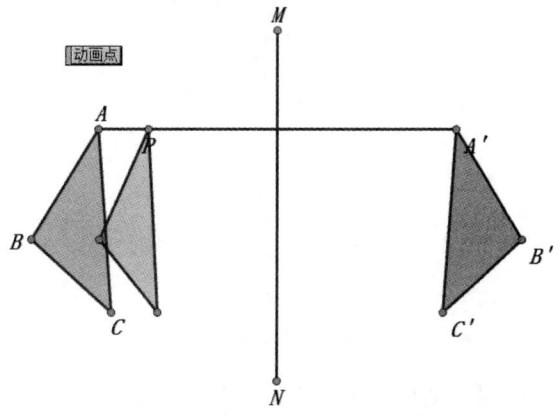

图 4.4-10　填充颜色后的全等三角形

## 4.5 使用"迭代"工具作图

所谓"迭代"变换就是一种"循环"变换，分为"迭代"和"深度迭代"两种情况。操作的前提是要搞清楚原象和初象的概念。原象是进行变换之初的几何图形（点、线、图），而初象是按照某种变换规则进行一次变换所得到的几何图形。在迭代中将原象迭代给初象就形成迭代。

**例 4.5–1** 用迭代法构造正方形。

操作步骤：

（1）选择点工具"·"在绘图区绘制两点 $A$ 和 $B$，用箭头工具""双击点 $A$，选取点 $B$，点击菜单"变换"—"旋转"，在对话框中的"旋转参数"选"固定角度"—"90"，如图 4.5-1 所示。

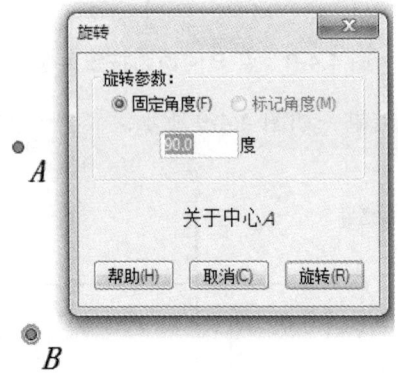

图 4.5-1　按固定角度旋转点 $B$

（2）点击"旋转"得到点 $B$ 的旋转点 $B'$，选择箭头工具""，选取点 $B$ 和 $B'$，点击菜单"构造"—"线段"。

（3）选定点 $B$，点击菜单"变换"—"迭代"，如图 4.5-2 所示。

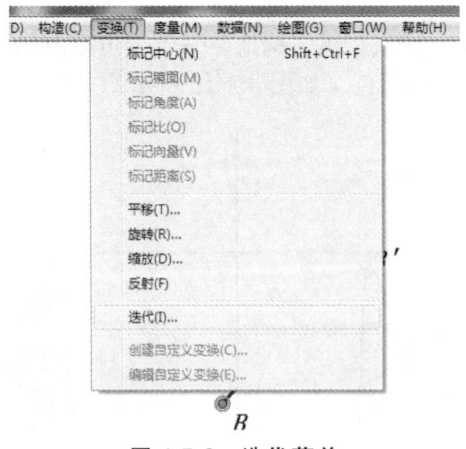

图 4.5-2　迭代菜单

（4）点击"迭代"后出现对话框（图 4.5-3），用鼠标点击图形中的点 $B'$（图 4.5-4），点击"迭代"得到结果图（图 4.5-5）。

第 4 章 用"变换"工具作图 ·55·

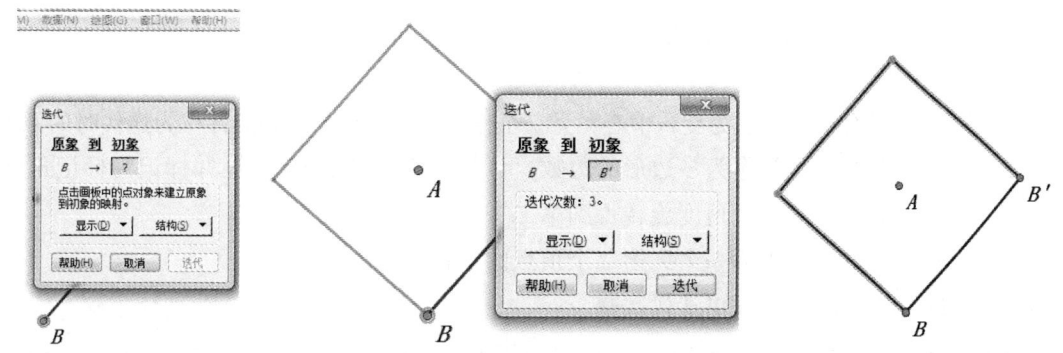

图 4.5-3 迭代对话框　　图 4.5-4 将点 B 迭代到点 B′　　图 4.5-5 用迭代得到正方形

特别说明：

（1）上例的迭代为一般迭代，点 B 是原象，通过变换规则"以点 A 为旋转中心将点 B 逆时针方向旋转 90 度"所得点 B′为初象，迭代次数为 3（正方形只有四个点，点 B′由点 B 变换而得，第三次迭代将点迭代到点 B 处形成正方形）．

（2）在图 4.5-4 中点击"显示"右边的下三角形可以改变迭代次数，若减少迭代次数为 2，其效果如图 4.5-6 所示．

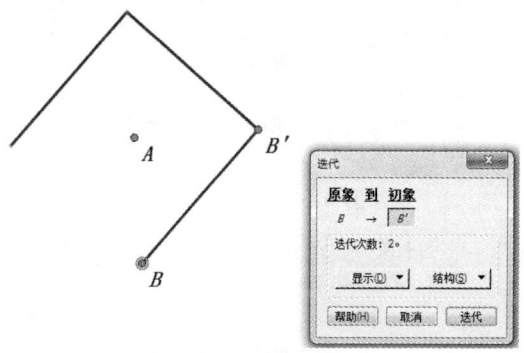

图 4.5-6 减少迭代次数

（3）当点击图 4.5-4 中的"显示"右边的下三角形后出现图 4.5-7 所示的对话框，"完整迭代（所有迭代）"和"最终迭代"．"完整迭代（所有迭代）"指所有的迭代，"最终迭代"指最后一次迭代．

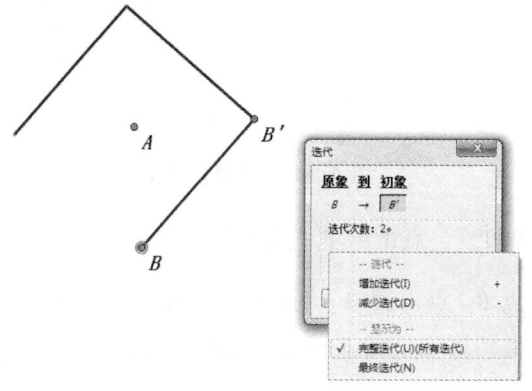

图 4.5-7 显示迭代

**例 4.5-2** 利用参数进行迭代构造正多边形.

基本思路：

（1）先绘制两点：一个点为旋转中心，另一个作为正多边形的一顶点并作为迭代时的原象.

（2）建立一个参数 $n$ 并作为多边形的边数，计算出旋转角度 $360/n$ 度并标记为标记角度.

（3）将第一个顶点按标记角度旋转得到第二个顶点.

（4）选取第一个顶点作第一个到第二个顶点的迭代.

注意：进行迭代时要计算出迭代次数.

操作步骤：

（1）选择点工具"·"在绘图区绘制两点 $A, B$；

（2）点击菜单"数据"—"新建参数"，在出现的对话框中将名称改为"n"，数值改为"5"，点击菜单"数据"—"计算"—"n-1"，如图 4.5-8 所示.

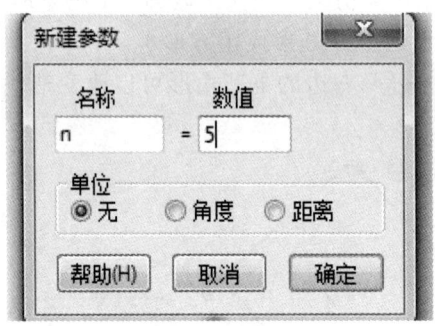

图 4.5-8  设置参数

（3）点击菜单"数据"—"计算"，在对话框中输入"360"，点击"单位"—"度"，再输入"/n"，如图 4.5-9 所示.

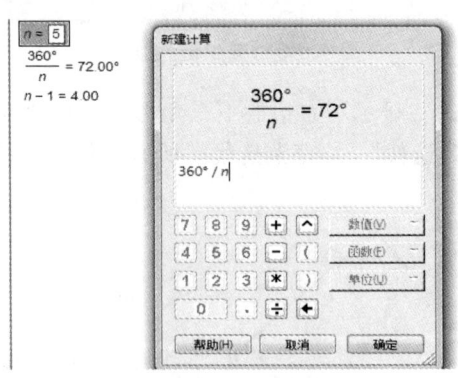

图 4.5-9  计算角度

（4）选取"$\dfrac{360°}{n}=72.00°$"，点击菜单"变换"—"标记角度".

（5）双击点 $A$，选取点 $B$，点击菜单"变换"—"旋转"，在对话框的"旋转参数"选"标记角度"，点击"旋转"得到第二个点 $B'$；连接 $BB'$，如图 4.5-10 所示.

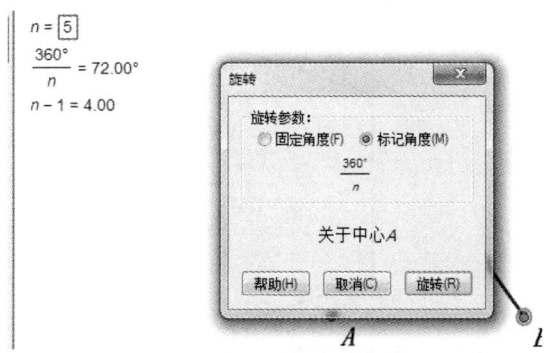

图 4.5-10　按标记角度旋转点 B

（6）选取点 B 和 "n-1= 4"，按住 "shift" 点击菜单 "变换" — "深度迭代"，如图 4.5-11 所示.

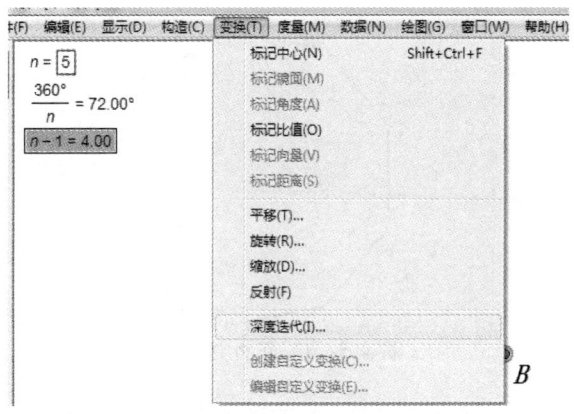

图 4.5-11　深度迭代

（7）在对话框的 "初象" 处点击绘图区中的点 $B'$，如图 4.5-12 所示.

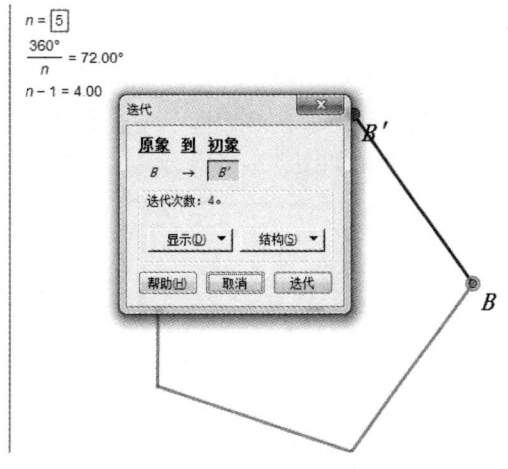

图 4.5-12　深度迭代

（8）点击 "迭代" 得到效果，如图 4.5-13 所示.

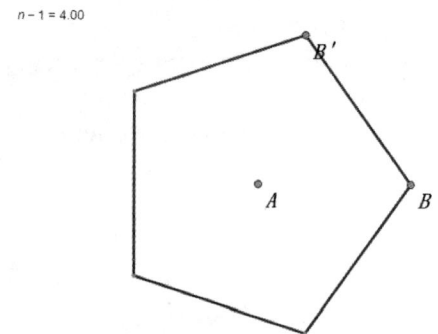

图 4.5-13 深度迭代结果

（9）在参数"n = 5"处将参数改为"9"可到正九边形的图形，如图 4.5-14 所示.

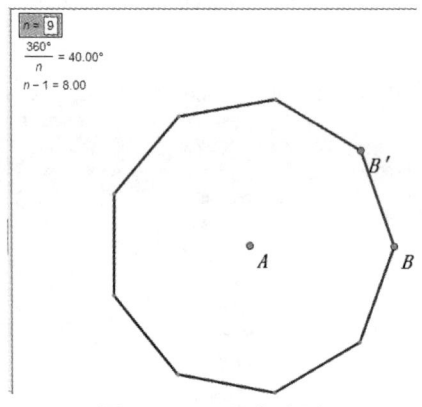

图 4.5-14 正九边形

例 4.5-3 求数列 $a_n = 1 + \dfrac{n}{2}(n = 1, 2, 3, \cdots)$ 的前 8 项，并画出散点图 $(n, a_n)$.

基本思路：

画散点图 $(n, a_n)$ 前要计算两个数列，其中数列 $n = 1, 2, 3, \cdots$ 作为点的横坐标，另一个数列 $a_n = 1 + \dfrac{n}{2}$ 作为点的纵坐标.

操作步骤：

（1）点击菜单"数据"—"新建函数"，在对话框中先点击"方程"旁边的下三角形，选择"y = f(x)"，再输入"1+0.5x"，结果如图 4.5-15 所示.

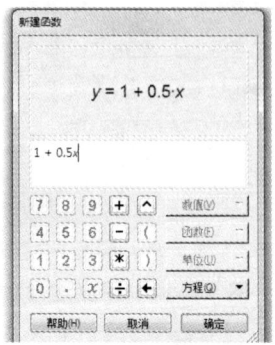

图 4.5-15 新建函数

（2）点击菜单"数据"—"新建参数"，新建 $a = 1$.

（3）点击"数据"—"计算"，计算出 $a + 1 = 2, (a + 1) - 1 = 1, f(a) = 1.5, f(a+1) = 2$（特别提示：计算时 $a$ 是参数，$f(x)$ 是函数，均应点击绘图区左上方的参数和函数），如图 4.5-16 所示.

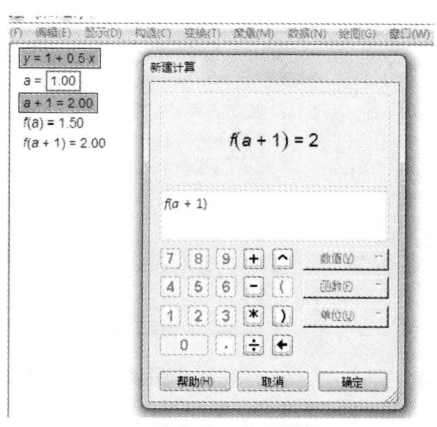

图 4.5-16　计算数值

（4）点击菜单"数据"—"新建参数"，建立参数"n = 7"（迭代次数），如图 4.5-17 所示.

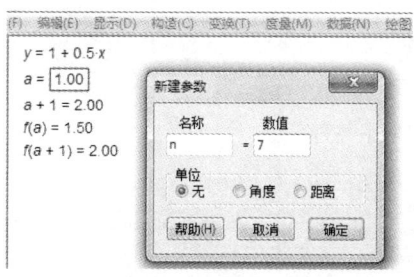

图 4.5-17　迭代次数设置

（5）用箭头工具" "选取参数 $a$ 和 $n$，同时按住"shift"键，点击菜单"变换"—"深度迭代"，在对话框的"初象"处选取"a+1"，点击"迭代"，如图 4.5-18 所示.

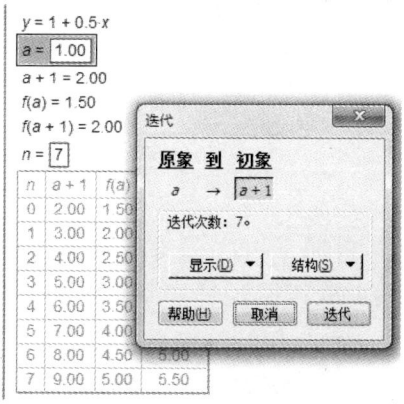

图 4.5-18　深度迭代

（6）用箭头工具指向生成的表，按鼠标右键选择"绘制表中数据"，如图 4.5-19 和图 4.5-20 所示.

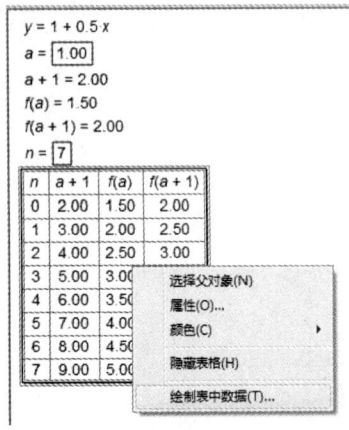

图 4.5-19  绘制表中数据菜单

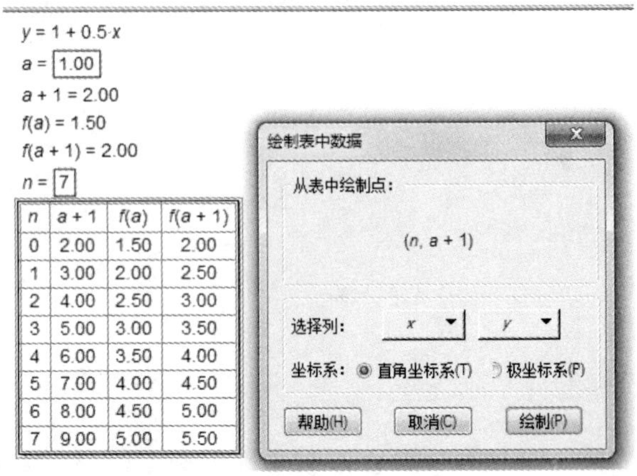

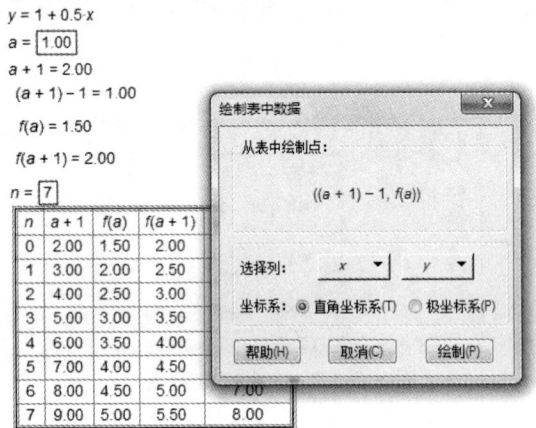

图 4.5-20  从表中绘制点对话框

（7）点击"X"下三角选择"(a+1) – 1"，点击"Y"下三角选择"f(a)"，如图 4.5-21 所示.

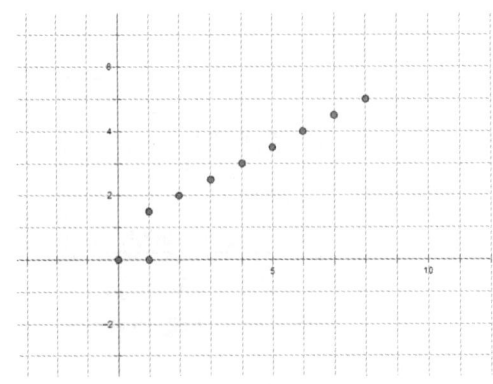

图 4.5-21  确定画点坐标

（8）点击"绘制"得到结果，如图 4.5-22 所示.

图 4.5-22  散点图

**例 4.5-4** 利用迭代法解方程.

求多项式 $f(x)=ax^4+bx^3+cx^2+dx+e$ 的解.

解题思想：

利用迭代牛顿公式 $x_{n+1}=x_n-\dfrac{f(x_n)}{f'(x_n)}$，通过迭代求解其根.

操作步骤：

（1）点击菜单"数据"—"新建参数"，分别建立参数：$a=1,b=-1,c=2,d=1,e=2,n=5$.

（2）点击菜单"数据"—"新建函数"，建立函数 $f(x)=ax^4+bx^3+cx^2+dx+e$，如图 4.5-23 所示.

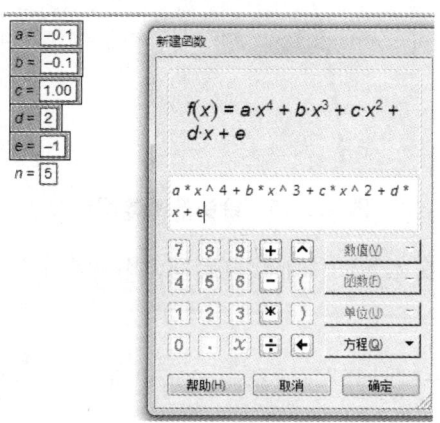

图 4.5-23　建立函数

（3）点击"确定"．用箭头工具"　"，指向函数 $f(x)=ax^4+bx^3+cx^2+dx+e$，按鼠标右键，在对话框中选择"定义导函数"，求出其导数，如图 4.5-24 所示.

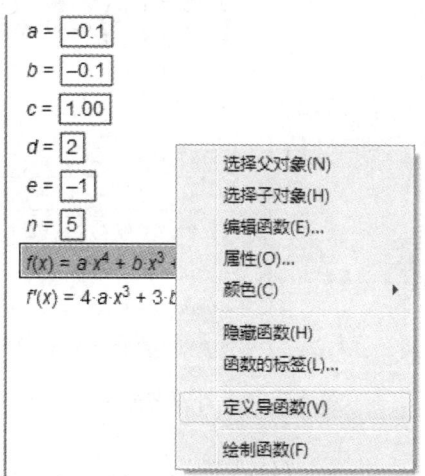

图 4.5-24　求函数导数

（4）用箭头工具"　"指向函数 $f(x)=ax^4+bx^3+cx^2+dx+e$，按鼠标右键，在对话框中选择"绘制函数"，绘制其函数图像，如图 4.5-25 所示.

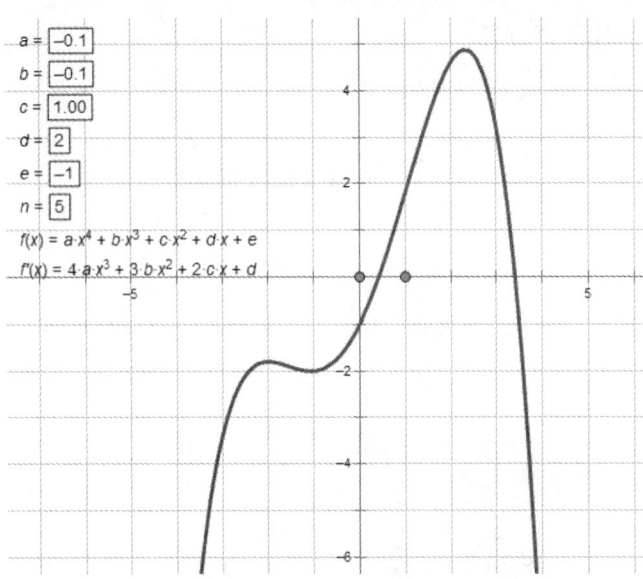

图 4.5-25　绘制的函数图像

（5）选择点工具"·"在函数图像上绘制点 $A$，用箭头工具选取点 $A$，点击菜单"度量"横坐标.

（6）点击菜单"数据"—"计算"，计算出 $f(x_A), f'(x_A), x_A - \dfrac{f(x_A)}{f'(x_A)}, f\left(x_A - \dfrac{f(x_A)}{f'(x_A)}\right)$，如图 4.5-26 所示.

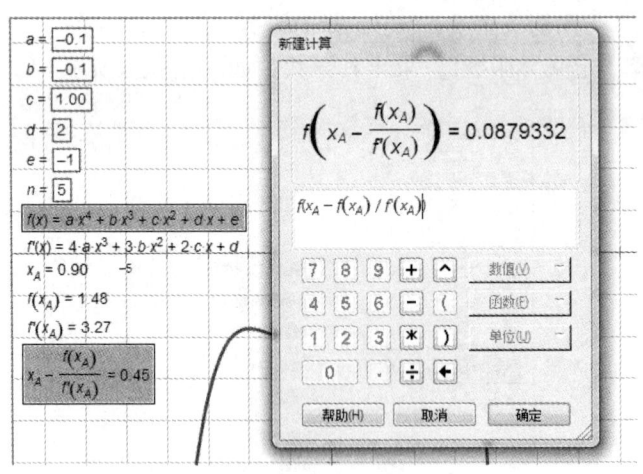

图 4.5-26　计算各数值

（7）依次选取 $x_A - \dfrac{f(x_A)}{f'(x_A)}$ 和 $f\left(x_A - \dfrac{f(x_A)}{f'(x_A)}\right)$，点击菜单"绘制"—"绘制点(x, y)(P)"，得到点 $B$，如图 4.5-27 所示.

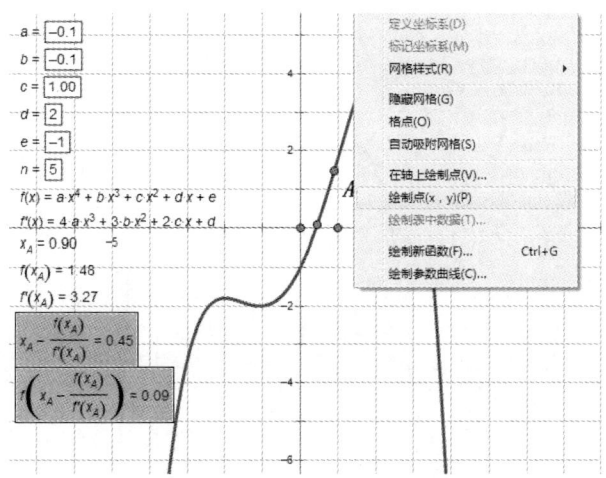

图 4.5-27　在曲线上绘制点

（8）选取点 B，点击"度量"—"横坐标"得到点 B 的横坐标．

（9）选中点 A 和参数 n，同时按住"shift"键，点击"变换"—"深度迭代"，在对话框的"初象"处点击图像上的"B"，如图 4.5-28 所示．

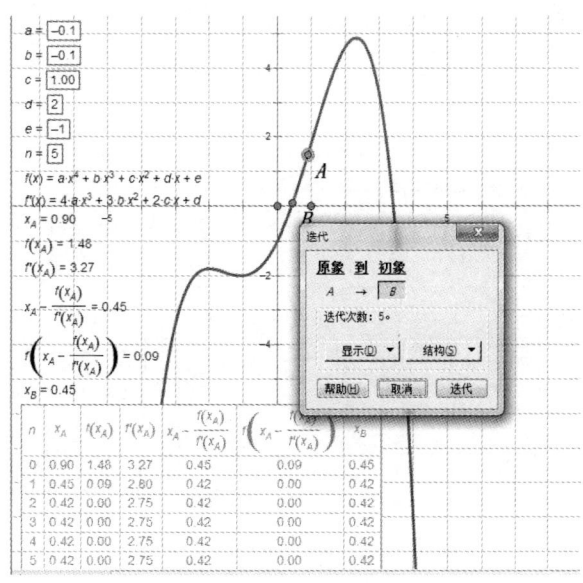

图 4.5-28　迭代对话框

（10）点击"迭代"．从图 4.5-29 中数据可以看出：多项式的第一个解为 $x = 0.42$．移动点 A，可以看出另一个解 $x = 3.41$，如图 4.5-30 所示．

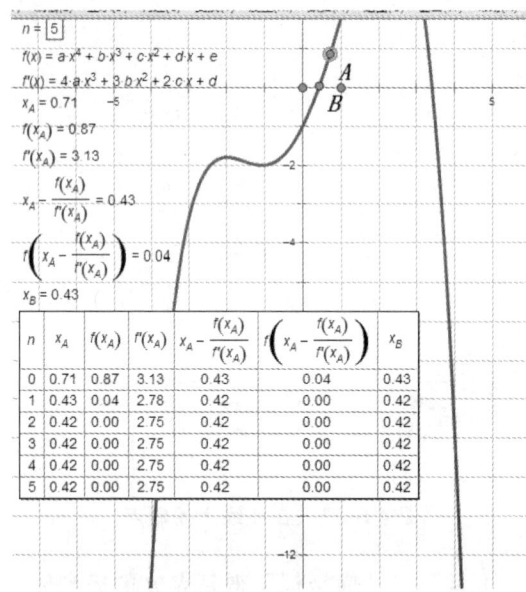

图 4.5-29 多项式第一个解

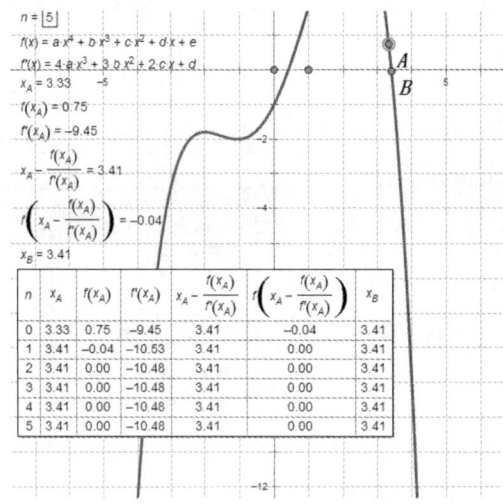

图 4.5-30 多项式的第二个解

## 4.6 利用"自定义工具"绘制图像

几何画板 5.06 版中有一项工具集成了许多已作好的工具,如线工具、角工具、多边形、圆工具、圆锥曲线、立体几何、解析几何、坐标系等,我们可以根据需要选择这些工具. 其图标为" ",使用方法是将鼠标指向图标按左键 3 s 可出现下拉菜单,如图 4.6-1 所示.

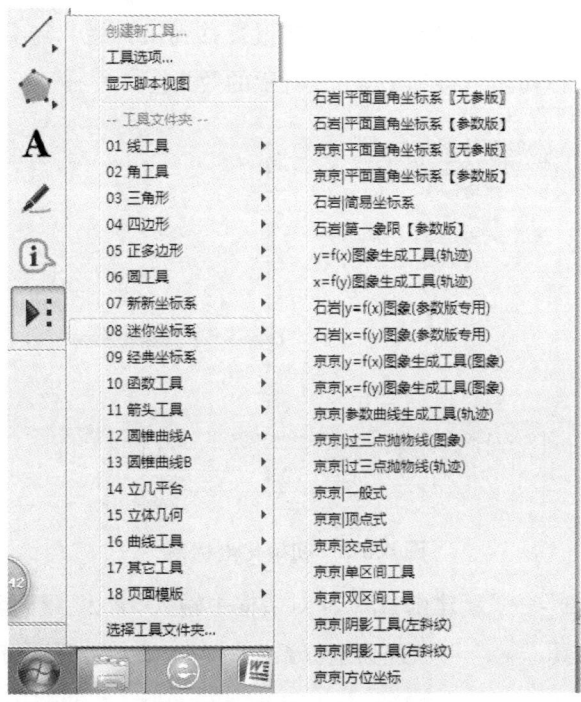

图 4.6-1　自定义工具菜单

在其所示工具中,右边有下三角形者均有相应下拉菜单,可根据需要选择使用其工具. 下面举例说明其用法.

例 4.6-1　在一定绘图区画抛物线.

教学中若只要求画出图像的一部分而不是全部时,就不能用菜单上的"绘图"—"绘制新函数",因为用"绘制新函数"所得到的图像是全屏图像,这不是我们所要的,这时可用"自定义工具"绘制图像.

操作步骤:

(1)用箭头工具"　"指向自定义工具"　"按左键 3 s 后出现下拉菜单,点击"经典坐标系"—"飞狐坐标系(无参数)",如图 4.6-2 所示.

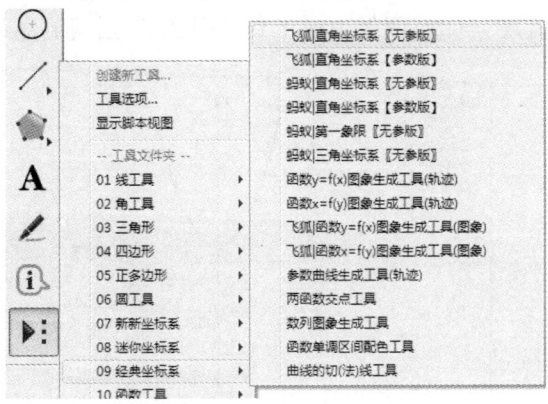

图 4.6-2　自定义工具菜单

（2）点击"飞狐坐标系（无参数）"后，将鼠标移到工具栏"箭头"工具""上按一下鼠标左键，点击"坐标初始"得到图4.6-3所示的效果.

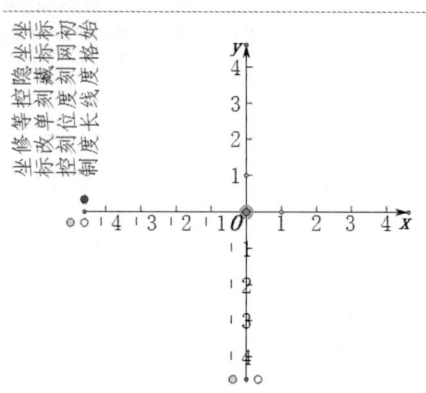

图4.6-3　初始化坐标系

（3）点击菜单"数据"—"新建函数"，在对话框中输入"x^2"得到函数解析式"$y=x^2$".

（4）点击自定义工具""—"经典坐标系"—"飞狐|函数 y = f(x) 图像生成工具（图像）"，如图4.6-4所示.

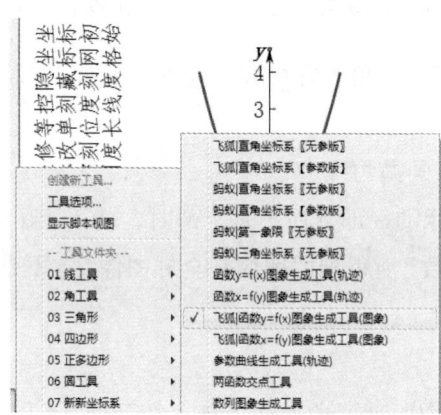

图4.6-4　生成函数图像菜单

（5）点击"飞狐|函数 y = f(x) 图像生成工具（图像）"后得到结果，如图4.6-5所示.

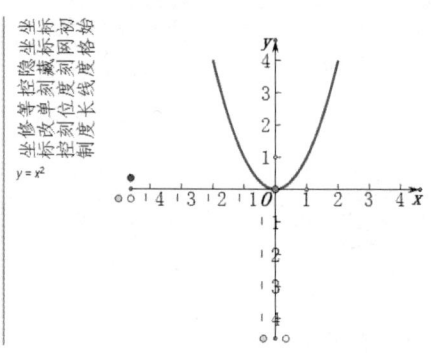

图4.6-5　自定义工具作图

特别说明：在有"坐标控制"的前提下，用鼠标拖动坐标轴可以改变函数图像的大小和位置，如图 4.6-6 所示.

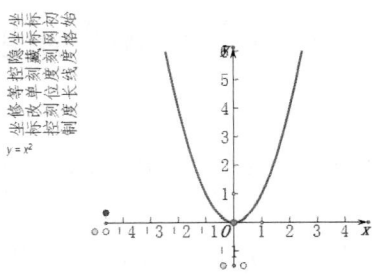

图 4.6-6　改变数轴改变图像

**例 4.6-2**　绘制椭圆.

操作步骤：

（1）类似于例 4.6-1 的第（1）、（2）步作出坐标系.

（2）点击自定义工具"▶:"—"圆锥曲线 A"—"椭圆（中心+顶点）"，如图 4.6-7 所示.

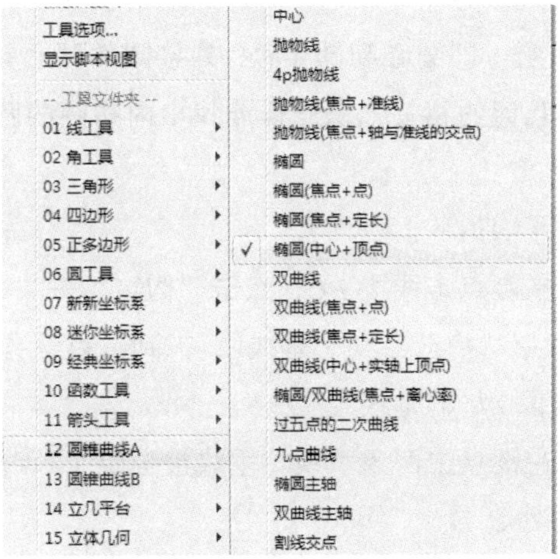

图 4.6-7　自定义绘椭圆菜单

（3）将中心与坐标原点对齐后沿 $X$ 轴方向移动鼠标拖出椭圆，再移动椭圆在 $Y$ 轴上的点调整椭圆的形状和大小，如图 4.6-8 所示.

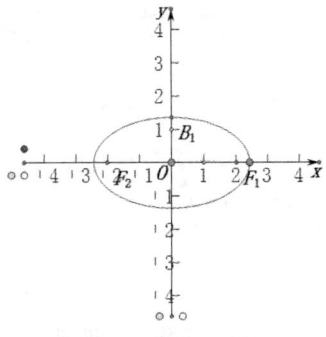

图 4.6-8　有坐标系的椭圆

# 第 5 章　操作类按钮制作

"几何画板"的最大特点就是能用"动画"的形式展示课件,而这些动画的制作就要用到操作类按钮的制作.

操作类按钮的制作主要有以下几种情况:"隐藏/显示"按钮、"动画"按钮、"移动"按钮、"系列"按钮、"声音"按钮、"链接"按钮和"滚动"按钮.

## 5.1 "隐藏/显示"按钮制作

例 5.1-1　隐藏/显示三角形的外接圆和内切圆.

制作思想:

制作圆主要解决两个问题,即圆心和圆半径.外接圆的圆心是三角形的垂心,半径是垂心到顶点的距离.按照初等几何的相关知识同样能找出内切圆的圆心和圆的半径.

操作步骤:

(1) 在绘图区任作三角形 ABC.

(2) 用箭头工具"![]",左键点击线段 BC,点击"构造"—"中点",再点击线段 BC(选定线段 BC 和点 A),点击命令"构造"—"垂线",得到过点 A 作线段 BC 的垂线.

(3) 同样作过点 B 作线段 AC 的垂线.

(4) 用箭头工具"![]",左键点击两条垂线(垂线被选定),点击"构造"—"交点"得到两垂线的交点,即三角形的外心 D.

(5) 依次点击点 D 和点 A,点击"构造"—"以圆心和圆周上的点绘制圆",得到三角形的外接圆,如图 5.1-1 所示.

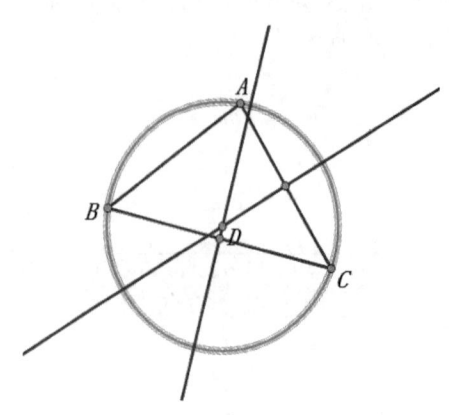

5.1-1　三角形外接圆

（6）用箭头工具""选定两条垂线，点击"编辑"—"操作类按钮"—"隐藏/显示"，如图 5.1-2 所示.

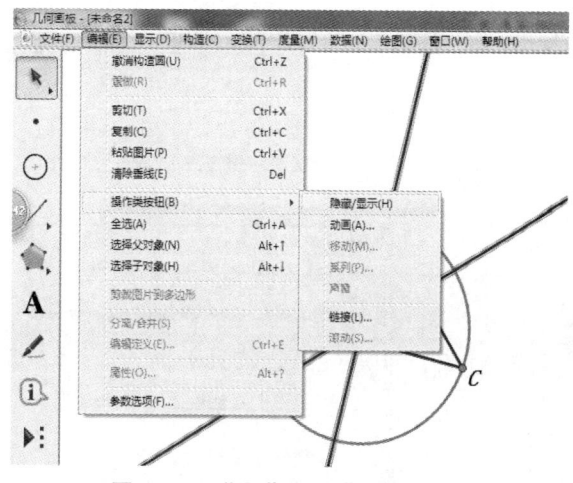

图 5.1-2 "隐藏/显示"按钮菜单

（7）点击"隐藏/显示"得到"隐藏/显示"按钮，如图 5.1-3 所示.

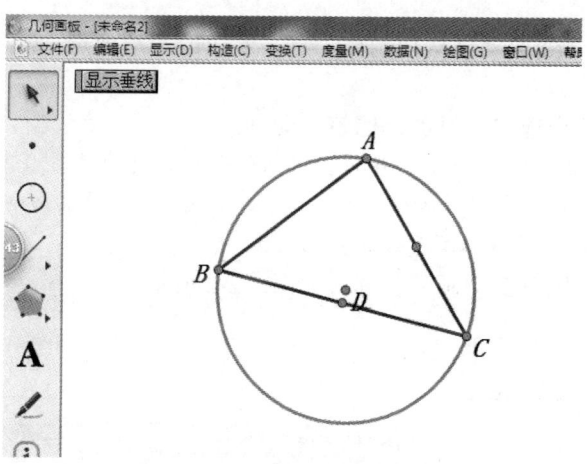

图 5.1-3 "隐藏/显示"按钮

说明：点击左上角按钮"显示垂线"，出现"隐藏"与"显示"交替变换.

## 5.2 "动画"按钮制作

制作动画是几何画板的重要工作，许多数学问题通过动画的形式来展现，能很好地将抽象的问题形象化，复杂的问题简单化．对不同的问题，制作方法不一样，这就要具体问题具体分析．制作动画的前提是先有轨迹，在轨迹上任作一点，该点就能在轨迹上动起来．若没有轨迹，则先要作出轨迹，之后才能作出动画．

**例 5.2-1** 点在圆周上运动．

操作步骤：

（1）选择圆工具"○"在绘图区绘制一个圆 O.

（2）选择点工具"·"，将鼠标移动到圆 O 上点击左键，圆上作出点 A（此时点 A 被选定）.

（3）选择工具"▶"，点击"编辑"—"操作类按钮"—"动画"，点击"动画"出现对话框，如图 5.2-1 所示.

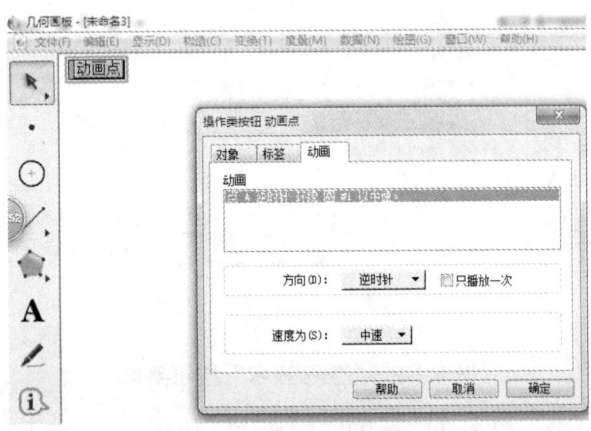

图 5.2-1　动画设置对话框

（4）点击"确定"，完成动画按钮制作（点击左边的"动画点"就可看到运动的点）.

特别说明：

（1）对话框中有三个选项：对象、标签、动画.

（2）"动画"选项又有三个选项：方向、只播放一次、速度为. 点击"方向"右边的下三角形可改变其运动的方向；在"只播放一次"前打上"√"，则只播放一次，否则，连续播放；点击"速度为"右边的下三角形可改变其速度.

（3）点击"标签"可改变动画的名称，如图 5.2-2 所示.

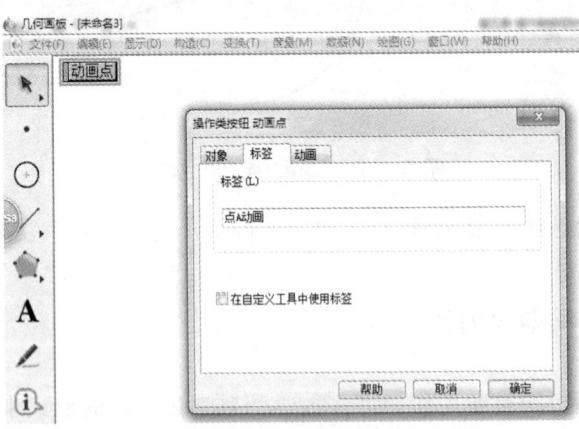

图 5.2-2　标签更改名称

（4）点击"对象"可以查看此按钮的父对象和子对象.

例 5.2-2　线段对折动画.

操作步骤：

（1）选择线段工具"　"在绘图区绘制一线段 $AB$.
（2）用箭头工具"　"选定线段 $AB$，点击"构造"—"中点"，作出线段 $AB$ 的中点 $C$.
（3）选择点工具"　"在线段 $AB$ 附近画一点 $D$.
（4）顺次选择点 $A, D, B$，点击"构造"—"过三点的弧"，构造出点 $A$ 移动到点 $B$ 的运动轨迹，如图 5.2-3 所示.

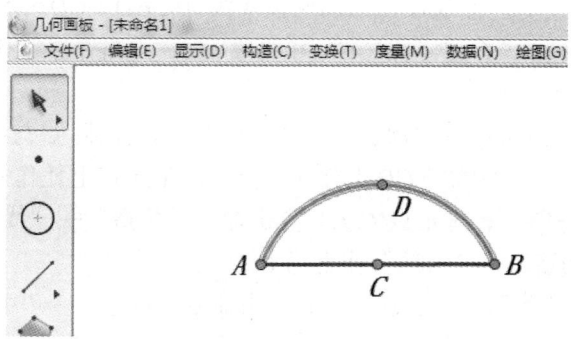

图 5.2-3　构造运动轨迹

（5）选择点工具"　"在 $ADB$ 弧上作一点 $E$（不与点 $D$ 重合），点击"编辑"—"操作类按钮"—"动画"；作出点 $A$ 沿弧 $ADB$ 从点 $A$ 向点 $B$ 移动的动画.
（6）用箭头工具"　"选定点 $E$ 和点 $C$，点击"构造"—"线段"，构造线段 $CE$（$CE$ 就是 $CA$）.
（7）用箭头工具"　"选定不要的弧 $ADB$，点击"显示"—"隐藏对象"，将弧 $ADB$ 隐藏，如图 5.2-4 所示.

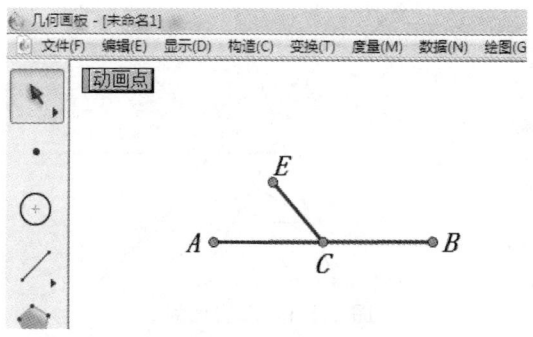

图 5.2-4　线段对折动画

## 5.3　"移动"按钮制作

几何画板中的"移动"是点到点的移动，它既可以沿直线运动，也可沿曲线运动；也可作出各种对象的移动，包括圆、线段、正方形等各种几何对象的移动，甚至可以插入几何画板中没有的各种图片，使这些图片也像几何对象一样运动.

作点沿直线运动到另一点，有两种情况：一是任意没有关联的两点之间的移动，二是一条直线（线段或射线）的两点移动，移动路径是这两点所在的直线（线段或射线）.

例 5.3-1　二次曲线的动态变换.

二次曲线包括椭圆、双曲线、抛物线三种情况. 通过控制在直线上的"运动点"来实现上述三种情况有二次曲线图形的相互转换.

统一作出这三种曲线，其作图思想就是圆锥曲线的离心率 $e$ 定义. 当离心率 $0<e<1$ 时为椭圆，当 $e>1$ 时为双曲线，当 $e=1$ 时为抛物线.

操作步骤：

（1）选择线段工具"╱"在绘图区绘制两条线段 $AB, CD$（$CD>AB$）.

（2）选择箭头工具"▸"，选定点"$C$"和线段 $AB$，点击命令"构造"—"以圆心和半径绘画"（此时圆 $C$ 被选定）.

（3）选定线段 $CD$，点击命令"构造"—"交点"，构造出圆 $C$ 与线段 $CD$ 的交点 $E$.

（4）选择点工具"·"在线段 $CD$ 上任作一点 $F$，在圆 $C$ 上任作一点 $G$.

（5）选择箭头工具"▸"，选定点 $F, G$，点击命令"构造"—"线段"作线段 $FG$，选定点 $C, G$，点击命令"构造"—"直线"作直线 $CG$.

（6）选择箭头工具"▸"，选定线段 $FG$，点击命令"构造"—"中点"，构造线段 $FG$ 上的中点 $H$，选定线段 $FG$，点击命令"构造"—"垂线"，选定直线 $CG$，点击命令"构造"—"交点". 作出垂线和直线 $CG$ 的交点 $I$.

（7）依次点击点 $G$ 和 $I$，点击命令"构造"—"轨迹".

（8）选定点 $F$，点击命令"编辑"—"操作类按钮"—"动画".

点击按钮"动画点"，随着点 $F$ 在线段 $CD$ 上的移动，出现二次曲线"双曲线""抛物线""椭圆"之间的变换，如图 5.3-1 所示.

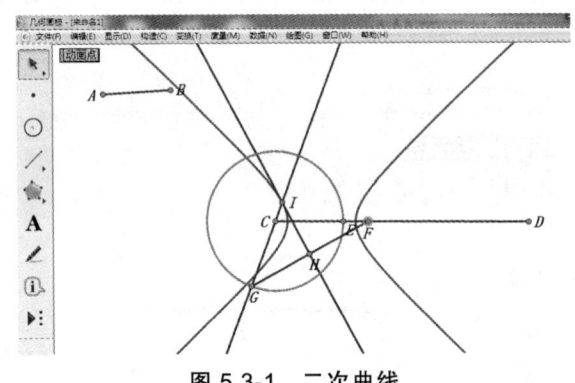

图 5.3-1　二次曲线

例 5.3-2　四面体体积公式推导.

我们知道，四面体体积公式的推导是将三棱柱分解成三个四面体，而每两个四面体有着同底等高的性质. 因此，只要将三棱柱分解成这样的三个四面体就能推导出四面体的体积公式.

操作步骤：

（1）选择线段工具"╱"在绘图区分别绘制一条水平线段 $AB$ 和一条垂直线段 $CD$（在拖动鼠标时同时按住"shift"）；在绘图区绘制一个三角形 $EFG$.

（2）选择箭头工具"▸"，顺次点击垂直线段 $CD$ 的两个端点 $C$ 和 $D$，点击命令"变换"—"标记向量"，选定三角形 $EFG$ 的三个顶点和三条边，点击命令"变换"—"平移"，得到三角形 $EFG$ 的平移三角形 $E'F'G'$；选定点 $E$ 和 $E'$，点击命令"构造"—"线段"，构造出线段 $EE'$，同理构造线段 $FF'$ 和 $GG'$.

（3）选择箭头工具"", 分三组将点 $E'$ 和 $F$；点 $F$ 和 $G'$, 点 $G'$ 和 $E$ 连接成线段（将三棱柱分解成三个四面体）.

（4）选择箭头工具"", 依次点击线段 $AB$ 的两个端点 $A$ 和 $B$, 点击命令"变换"—"标记向量".

（5）选择箭头工具"", 选定四面体 $EFG$-$G'$, 点击命令"变换"—"平移"将四面体 $EFG$-$G'$ 拆分到四面体 $E'F'G''$-$G'$, 如图 5.3-2 所示.

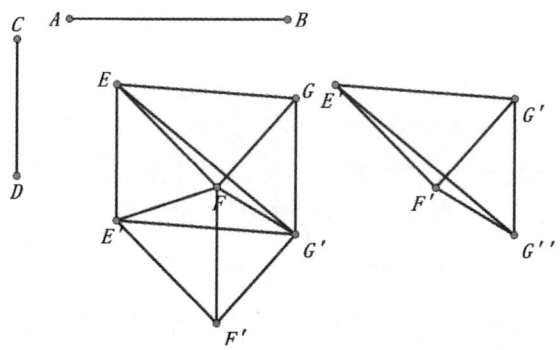

图 5.3-2　拆分三棱柱之一

（6）依照第（4）、（5）步将三棱柱的另一个四面体 $E'F'G'$-$F$ 拆分到四面体 $E''F''G''$-$F'$（标记向量时依次点击线段 $AB$ 的 $B$ 和 $A$），如图 5.3-3 所示.

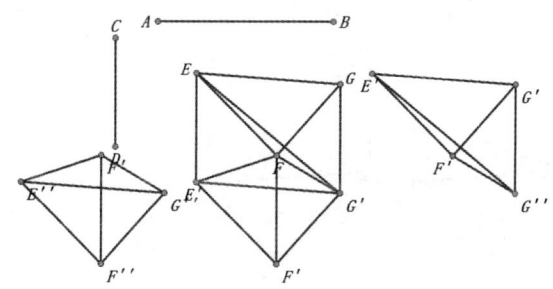

图 5.3-3　拆分三棱柱

（7）选择箭头工具"", 依次点击线段 $AB$ 的端点 $A$ 和 $B$, 点击命令"编辑"—"操作类按钮"—"移动", 如图 5.3-4 所示.

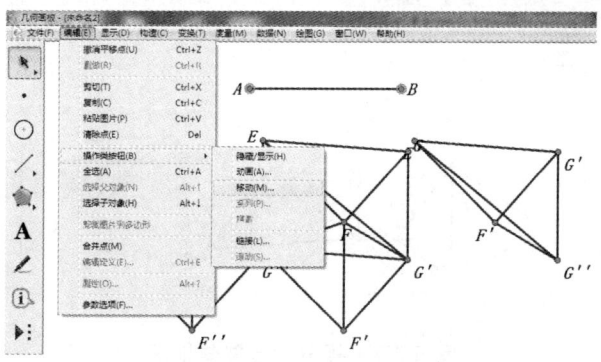

图 5.3-4　"移动"按钮菜单操作

（8）点击"移动"得到"移动 A-B"按钮，在对话框中选"标签"并将标签改为"合并"，如图 5.3-5 所示，点击"确定".

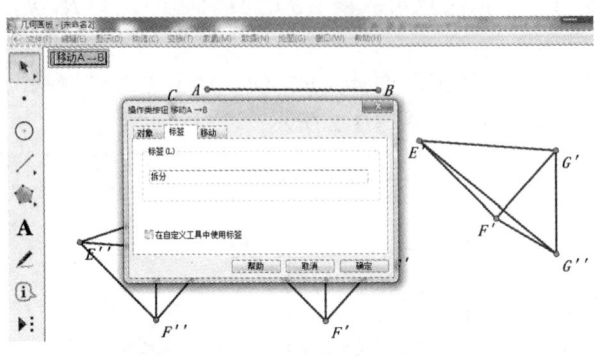

图 5.3-5　改"移动"标签名称

（9）选择点工具"　"在点 A 绘制点 H，选择箭头工具"　"，依次点击点 A 和点 H，点击命令"编辑"—"操作类按钮"—"移动"，在对话框中将标签改为"拆分"，如图 5.3-6 所示.

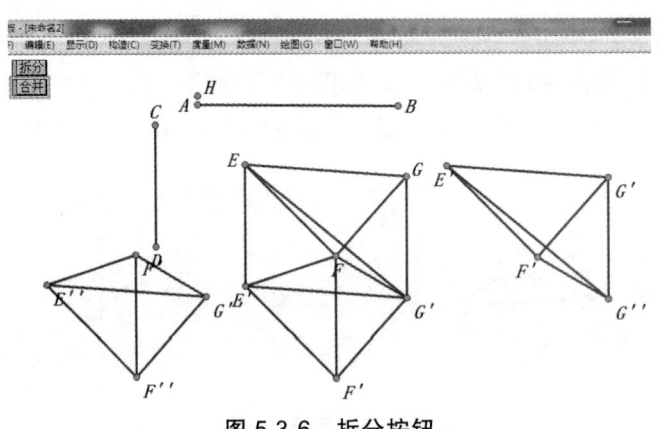

图 5.3-6　拆分按钮

（10）为了美观，将不用的线段和点隐藏以及将对应点的字母改为对应点的字母，如图 5.3-7 所示.

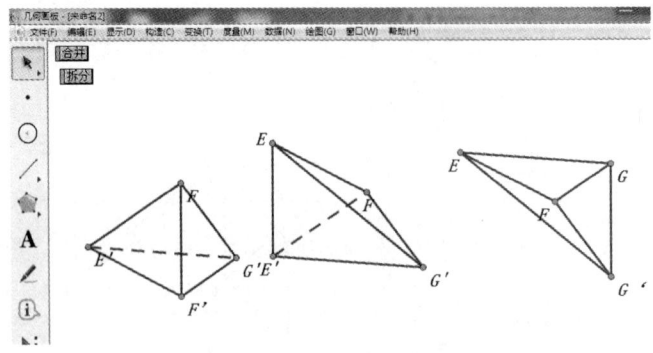

图 5.3-7　拆分、合并效果图

## 5.4 "系列"按钮制作

"系列"按钮就是为了使动画效果美观,将多个动画制作成一个动画来体现效果.

**例** 5.4-1 演示正弦图形的动画生成.

问题分析:正弦函数图形上的点是由其横坐标和纵坐标所决定的.其纵坐标由圆周上点的横坐标确定,而横坐标则要计算出圆的周长,以周长作一线段,线段上的点从左向右移动,其横坐标为正弦曲线上点的横坐标.

操作步骤:

(1)点击"绘图"—"自定义坐标系",在绘图区绘出直角坐标系.原点为 $O$,单位点为 $A$.

(2)在 $X$ 轴负半轴上选取点 $O'$,用箭头工具"  "依次选取点 $O,A$,点击"度量",度量出线段 $OA$ 的长度;选定 $OA$ 的长度,弹右键,在弹出的框中选"标记距离",将 $OA$ 的长标记为距离,如图 5.4-1 所示.

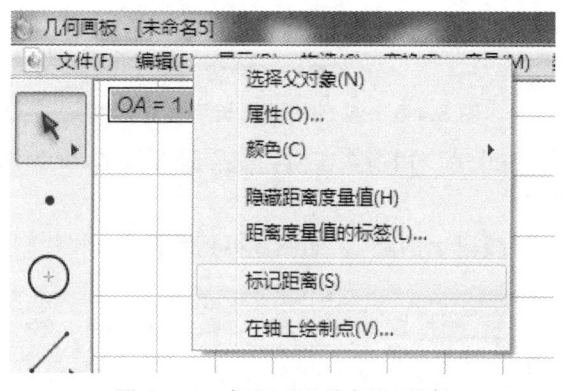

图 5.4-1  标记 $OA$ 为标记距离

(3)选定点 $O'$ 和标记长度的 $OA$,点击"构造"—"以圆心和半径绘圆"作圆 $O'$.

(4)点击"数据"—"计算",计算出单位圆的周长(2*3.14*"$OA$"),鼠标指向圆的周长计算值,弹右键,在出现的对话框中选择"标记距离",将长度设为标记距离,如图 5.4-2 所示.

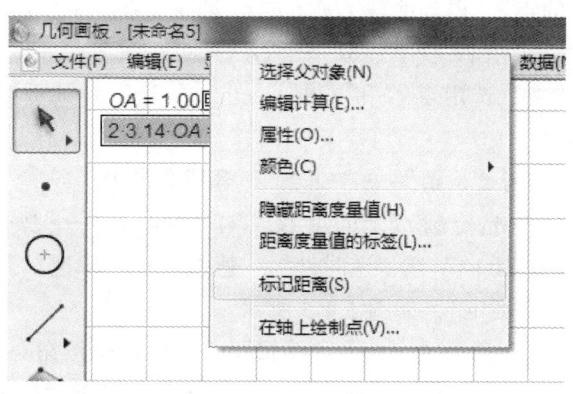

图 5.4-2  标记距离

（5）点击"标记距离"后在出现的对话框中分别选"平移变换"—"极坐标"，"以"—"标记距离"，"以"—"固定角度"，在固定角度中输"0"，将点向右平移标记距离单位，如图 5.4-3 所示．

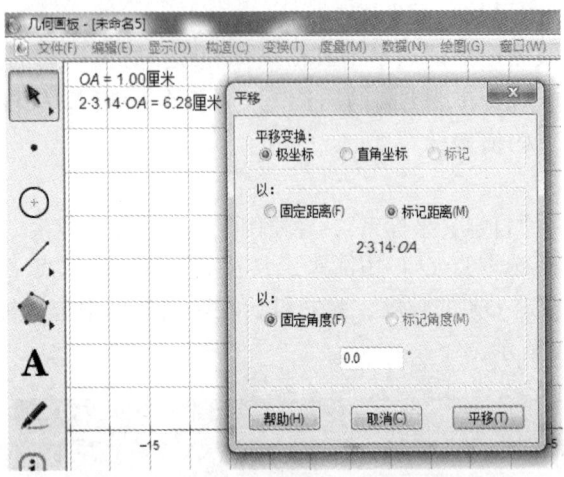

图 5.4-3　点 O 按圆周长平移对话框

（6）点击"平移"得"$E$"点．用箭头工具"$\blacktriangle$"选定点 $O$ 和点 $E$，点击"构造"—"线段"，此时线段 $OE$ 被选定．

（7）点击"构造"—"线段上的点"，如图 5.4-4 所示．

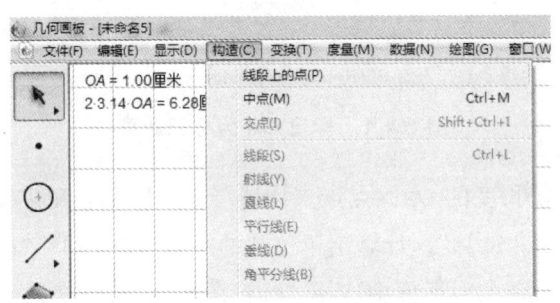

图 5.4-4　构造线段上的点

（8）点击"线段上的点"，得到线段 $OE$ 上的点 $F$．

（9）选择点工具"·"在圆 $O'$ 上任取一点 $G$．

（10）用箭头工具"$\blacktriangle$"选定点 $G$ 和 $Y$ 轴，点击"构造"—"垂线"；选定点 $F$ 和 $X$ 轴，点击"构造"—"垂线"．

（11）选定两垂线，点击"构造"—"交点"，得到交点 $P$．

（12）用箭头工具"$\blacktriangle$"选定圆 $O'$ 上的点 $G$，点击"编辑"—"操作类按钮"—"动画"．在对话框的"动画"项中"方向"选"逆时针"，"速度"—"中速"．将对话框中的"标签"改为"点 $G$ 动画"；点击"确定"，如图 5.4-5 所示．

（13）用箭头工具"$\blacktriangle$"选点 $F$，点击"编辑"—"操作类按钮"—"动画"．在对话框的"动画"项中"方向"选"向前"，"速度"—"中速"．将对话框中的"标签"改为"点 $F$ 动画"；点击"确定"，如图 5.4-6 所示．

图 5.4-5　设置点 G 的动画

图 5.4-6　点 F 的动画

（14）依次选定点 F, P，点击"显示"—"跟踪点"，将点 P 作为跟踪点.

（15）同时选定按钮"G 点动画"和"F 点动画"，点击"编辑"—"操作类按钮"—"系列"，如图 5.4-7 所示.

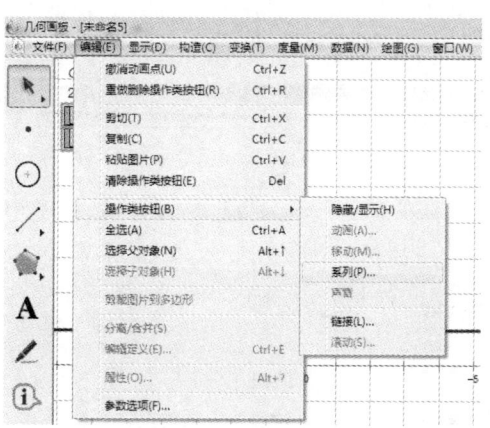

图 5.4-7　系列按钮菜单

（16）点击"系列"，在对话框中"系列按钮"—"系列动作"—"同时执行"，"开始前"选"末动作停止"，如图 5.4-8 所示．

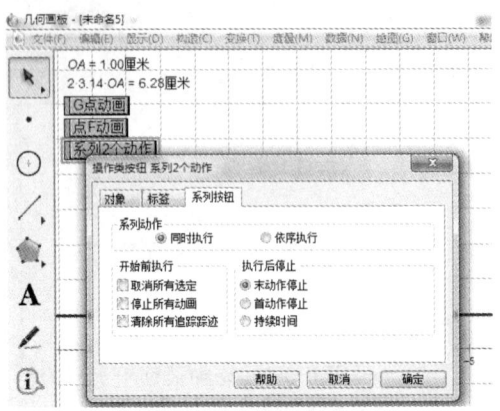

图 5.4-8　系列动画设置

（17）点"确定"，得到效果图．
特别说明：
（1）要得到正弦函数的图形，动画前先将点 $G$ 移到与 $X$ 轴的右交点处，点 $F$ 移到 $O$ 点处．
（2）若跟踪踪迹太乱，可点击"显示"—"擦除跟踪踪迹"．

## 5.5　"链接"按钮制作

如果在演示多个几何画板文件时需要在它们之间相互切换；或制作几何画板课件时将多个文件作出一个目录，通过目录去演示指定的几何画板文件；或在制作几何画板课件过程中需要链接到其他几何画板课件时，用"链接"按钮就显得很方便．下面分别就上述三种情况进行实例操作．

### 5.5.1　多个文件之间相互切换

**例 5.5-1**　分别演示双曲线、抛物线、椭圆的第一定义动画．
操作步骤：
（1）点击命令"文件"—"文档选项"，如图 5.5-1 所示．

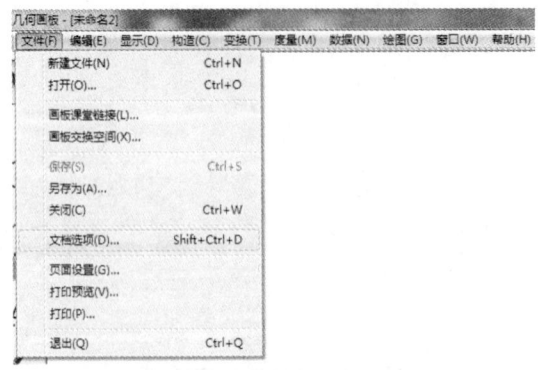

图 5.5-1　"文档选项"菜单

(2)点击"文档选项",出现对话框,在对话框中的"视图类型"中选"页面",点击右边"增加页"旁边的下三角形增加页面数直到满足要求,如图 5.5-2 所示.

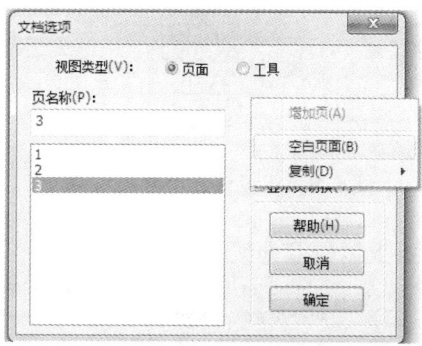

图 5.5-2　增加页面

(3)点击"确定",此时左下方出现"　1 2 3 4　"显示页面数的按钮.

(4)点击"　1　",将页面 1 作为目录页面;点击命令"编辑"—"操作类按钮"—"链接",如图 5.5-3 所示.

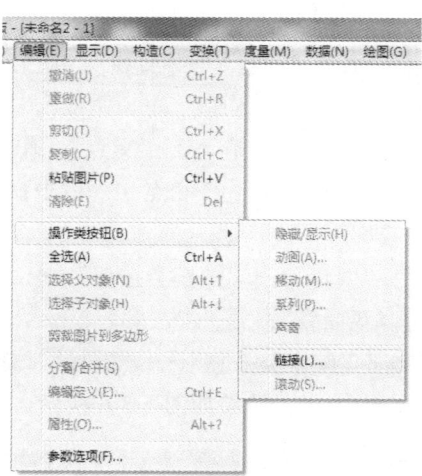

图 5.5-3　"链接按钮"菜单

(5)点击"链接",出现对话框.在对话框中的"链接"—"链接到"—"页面"右边下三角形指定链接的具体位置,在"标签"栏将标签改为"双曲线",如图 5.5-4 所示.

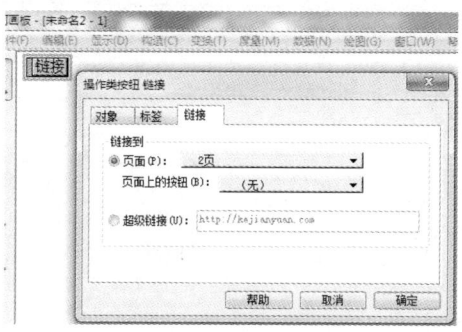

图 5.5-4　设置链接 1

（6）仿照第（4）~（5）步，制作出余下两个链接，如图 5.5-5 所示.

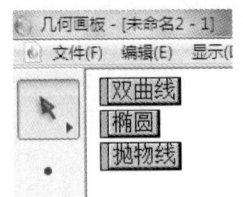

**图 5.5-5　设置三个链接按钮**

（7）点击"│2│"，在第二页上制作双曲线：

（7.1）选择箭头工具"▶"，点击"绘图"—"定义坐标系"；

（7.2）选择线段工具"╱"在绘图区绘制线段 $AB$；

（7.3）选择点工具"·"在 $X$ 轴上取一点 $F_1$，双击 $Y$ 轴，将 $Y$ 轴作为反射镜面，选定点 $F_1$，点击命令"变换"—"反射"，得点 $F_2$（$AB < F_1F_2$）；

（7.4）选定点 $F_1$ 和线段 $AB$，点击命令"构造"—"以圆心和圆半径绘圆"；

（7.5）选择点工具"·"，在圆周 $O$ 上任作一点 $C$，选定点 $C$ 和点 $F_1$，点击命令"构造"—"线段"；

（7.6）选定点 $C$ 和点 $F_2$，点击命令"构造"—"直线"，构造出直线 $CF_2$；再点击"构造"—"中点"，构造出线段 $CF_2$ 的中点；再点击"构造"—"垂线"，作出线段 $CF_2$ 的垂线；

（7.7）选定直线 $CF_2$ 和垂线，点击"构造"—"交点"，作出交点 $P$；

（7.8）选择箭头工具"▶"，依次选定点 $C$ 和点 $P$，点击命令"构造"—"轨迹"，得到双曲线的图形；

（7.9）选定点 $C$，点击命令"编辑"—"操作类按钮"—"动画"，作出点 $C$ 的运动动画按钮，在对话框中将标签改为"双曲线"；

（7.10）点击命令"编辑"—"操作类按钮"—"链接"，作出一个链接按钮，将其标签改为"返回主页"（注意链接页码为1），效果如图 5.5-6 所示.

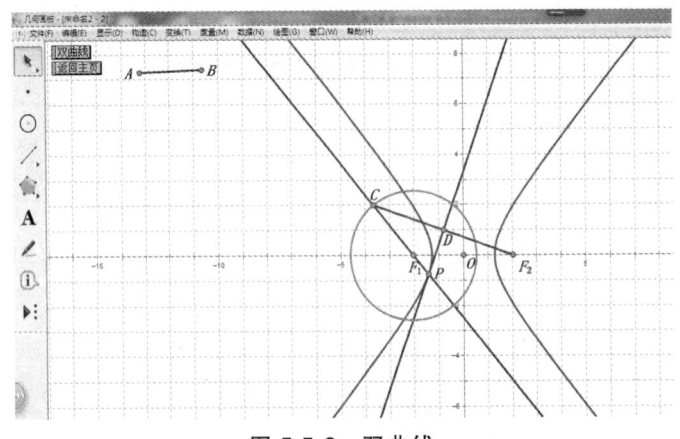

**图 5.5-6　双曲线**

（8）制作椭圆.

点击"│3│"，在第三页上制作椭圆.

类似于（7.1）~（7.10）作出椭圆.

**注**：在（7.3）中将（$AB < F_1F_2$）改为（$AB > F_1F_2$），在（7.9）中将名称改为"抛物线"，在（7.10）中将链接页码改为 2，其效果如图 5.5-7 所示.

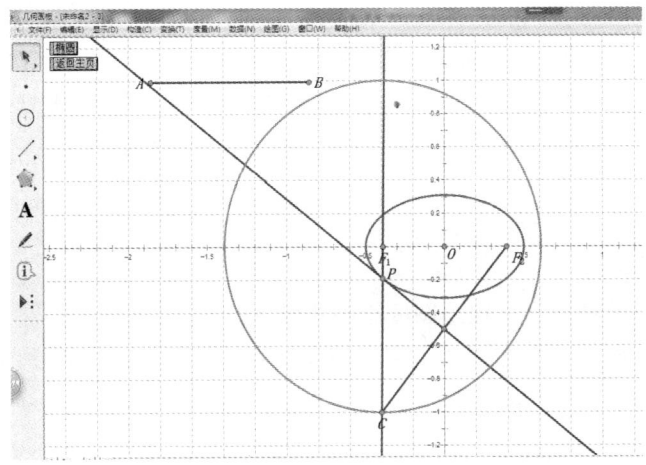

图 5.5-7　椭　圆

（9）制作抛物线.

（9.1）点击" 4 "，在第四页上制作抛物线：

（9.2）点击命令"绘图"—"定义坐标系"；

（9.3）在 $X$ 轴上任取一点 $F$，双击 $Y$ 轴，选定点 $F$，点击命令"变换"—"反射"得到点 $F'$，过 $F'$ 作 $X$ 轴的垂线；

（9.4）在垂线上任取一点 $C$，过 $C$ 点作垂线 $CF'$ 的垂线（或作 $X$ 轴的平行线）；

（9.5）连接 $CF$，作 $CF$ 的垂直平分线；

（9.6）作 $CF'$ 的垂线，与 $CF$ 的垂直平分线的交点为 $D$；

（9.7）依次选定点 $C$ 和点 $D$，点击"构造"—"轨迹"，选定点 $C$，点击"编辑"—"动画"．将"动画"标签改为"抛物线"，如图 5.5-8 所示.

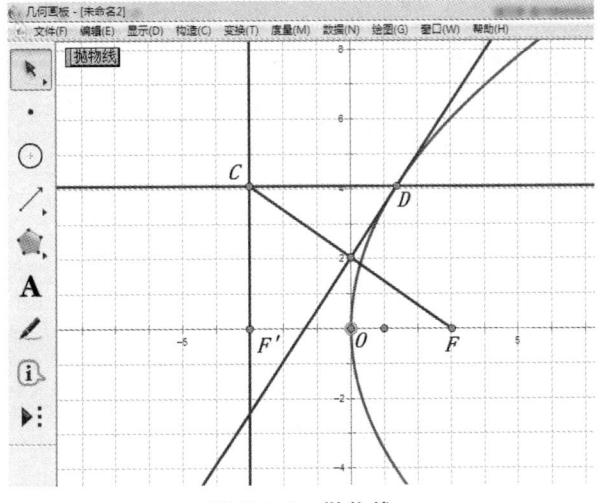

图 5.5-8　抛物线

## 5.6 "滚动"按钮制作

当页面内容很多，又无法显示时，可以用"滚动"按钮来控制整个屏幕的移动. 具体操作如下：

在绘图区任意绘制一点 $A$（此时点 $A$ 被选定），点击"编辑"—"操作类按钮"—"滚动"，在出现的对话框中选择滚动的形式：窗口左上方和窗口中央. 根据需要选择其一，如图 5.6-1 所示.

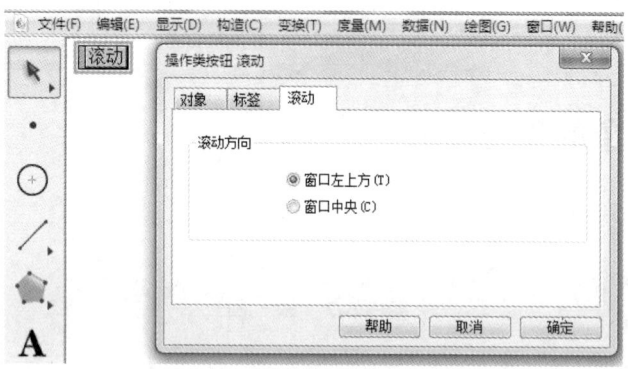

图 5.6-1　滚动按钮

# 第 6 章 "显示"菜单

显示菜单共分六部分,分别为几何对象的外观显示、对象的显示与隐藏、标签的显示、轨迹的追踪、动画的显示、文本与控制的显示.

## 6.1 几何对象的外观显示

### 6.1.1 点的外观显示

点的外观有四种情形:最小、稍小、中等、最大,如图 6.1-1 所示.

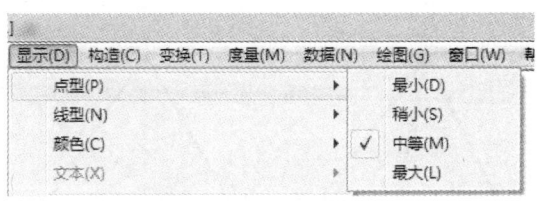

图 6.1-1 点的外观

例 6.1-1 三角形顶点的外观对比.

操作步骤:

(1)选择画线工具" "在绘图区绘制两个三形 $ABC$ 和 $A'B'C'$(软件对点的大小默认为"中等").

(2)选择箭头工具" ",选取三角形 $A'B'C'$ 的三全顶点,点击菜单"显示"—"点型"—"最小",如图 6.1-2 所示.

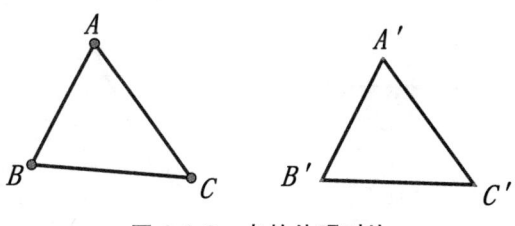

图 6.1-2 点的外观对比

### 6.1.2 线型的外观显示

线型的外观共有四种线径和三种线型,能形成十二种组合,如图 6.1-3 所示.要改变线型需要先选定线段(直线、射线).

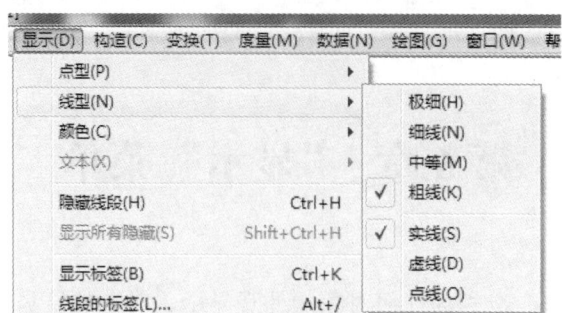

图 6.1-3　线型的类型

**例 6.1-2**　几种线型的对比.

操作步骤：

（1）选择画线工具"　　"在绘图区绘制两个四面体 $A$-$BCD$ 和 $A'$-$B'C'D'$；

（2）选择箭头工具"　　"，选取线段 $BD$，点击菜单"显示"—"线型"—"虚线"；

（3）选取线段 $A'C'$，点击菜单"显示"—"线型"—"虚线"；

（4）选取四面体 $A$-$BCD$，点击菜单"显示"—"线型"—"粗线"，如图 6.1-4 所示.

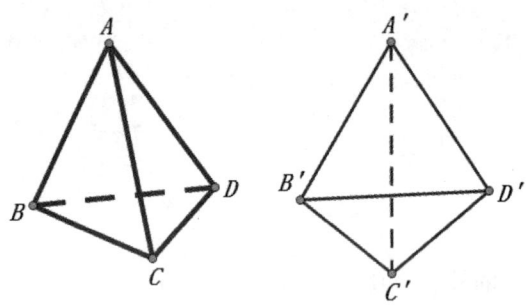

图 6.1-4　线型对比

### 6.1.3　颜色的显示

对于选定的几何对象（点、线、面、封闭图形内部等）均可进行颜色的设置或改变. 当选定几何对象后，点击菜单"显示"—"颜色"，如图 6.1-5 所示，或选定对象后按鼠标右键在对话框中选"颜色"，如图 6.1-6 所示，即出现颜色对话框.

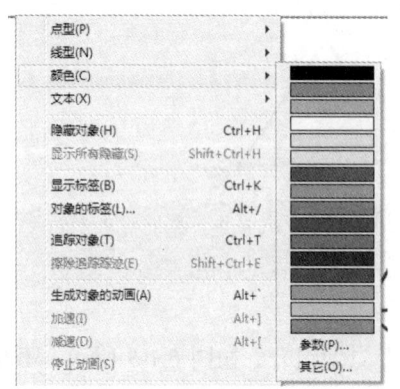

图 6.1-5　颜色菜单 1

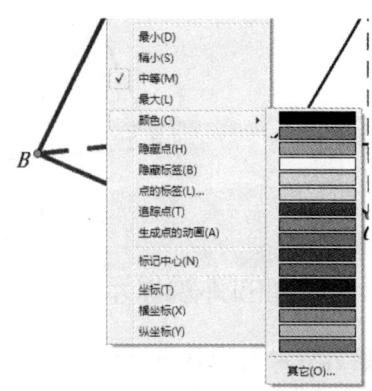

图 6.1-6　颜色菜单 2

设置还可以用"颜色选择器"设置。具体操作是在图 6.1-5 中点击"其他",出现图 6.1-7,在颜色区点击任一点,其颜色就被选定.

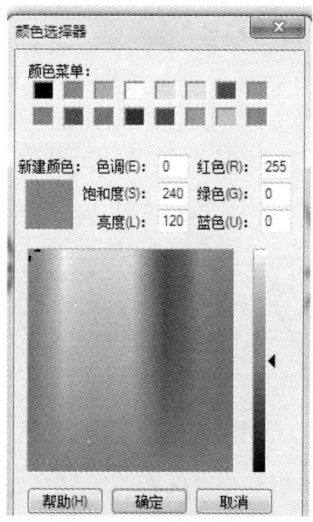

图 6.1-7　颜色选择器

## 6.2　对象的显示与隐藏

在用几何画板制作较复杂图形时其操作步骤较多,为了便于观看,有时需要对辅助线加以隐藏;或者制作按钮时有意让按钮能显能隐,就要用到对象的显示与隐藏.

例 6.2-1　五棱柱侧面展开.

基本思想:

以五棱柱的一个侧面为展形后的底面,其他四个侧面最终展形到这个平面上.侧面的展开是以五棱柱的一个棱的顶点为圆心,将侧面按其棱的宽为半径作圆周运动,当该宽旋转到与侧棱在一条线上时就停止.展开时先展开与底面相邻的一个侧面,在此基础之上再展开与底面较远的一个侧面.

操作步骤:

(1) 作五棱柱的截面五边形.

选取线段工具" "在绘图区绘制出一个五边形 $A'B'C'D'E'$,在其旁边作一线段 $MN$,如图 6.2-1 所示.

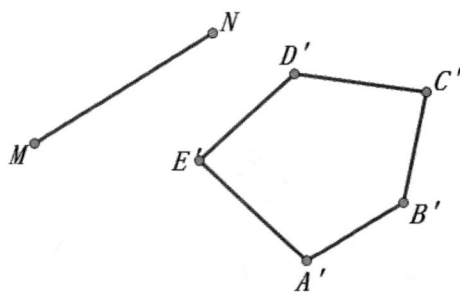

图 6.2-1　棱柱截面图

（2）作侧面展开时所用的圆.

（2.1）用点工具"·"在绘图区任作一点 $A$，用箭头工具"▶"依次选取点 $A'$ 和 $B'$，点击菜单"变换"—"标记向量"，选取点 $A$，点击"变换"—"平移"，得到线段 $AB$；

（2.2）依次选取点 $A'$ 和 $B'$，点击"变换"—"标记向量"；

（2.3）选取点 $A$，点击"变换"—"平行"，将点 $A$ 平移到点 $B$，连接 $AB$；

（2.4）依次选取点 $B$ 和线段 $B'C'$，点击菜单"构造"—"以圆心和半径绘圆"得到圆 $B$；

（2.5）用点工具"·"在圆 $B$ 上任取一点 $C$，连接 $BC$；

（2.6）类似地按步骤（2.5）~（2.6）作出圆 $C$、圆 $E$，如图 6.2-2 所示.

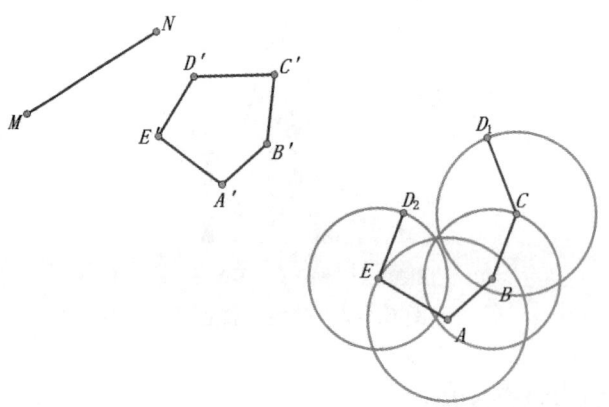

图 6.2-2　展开图形所用的圆

（3）作展开时所用的交点和平行线.

（3.1）选取点 $A$ 和 $B$，点击菜单"构造"—"直线"，作出过点 $A,B$ 的直线；

（3.2）选取线段 $AB$ 和点 $C,E$，点击菜单"构造"—"平行线"，作出过点 $C$ 和点 $E$ 与直线 $AB$ 的平行线；

（3.3）选取直线 $AB$ 和圆 $B$，点击菜单"构造"—"交点"，取外侧的交点为 $F$；

（3.4）类似于（3.3）作出圆 $A$ 与直线 $AB$ 的外侧交点 $G$；

（3.5）类似于（3.3）作出圆 $C$ 与过 $C$ 点的直线的外侧交点 $H$；

（3.6）类似于（3.3）作出圆 $E$ 与过 $E$ 点的直线的外侧交点 $I$，如图 6.2-3 所示.

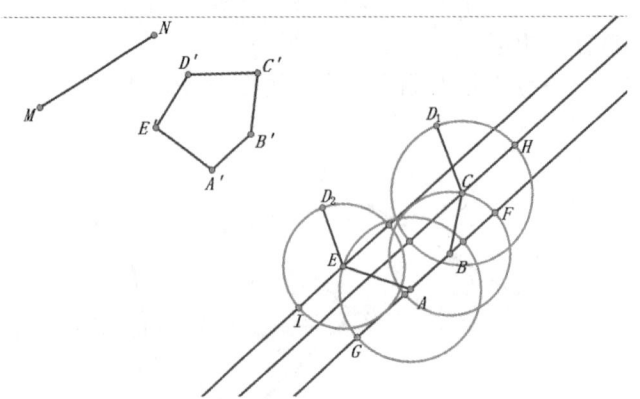

图 6.2-3　展开图时所用圆和交点

（4）展开五棱柱的侧面的截面.

（4.1）依次选取点 $C$ 和 $F$、点 $E$ 和 $G$、点 $D_1$ 和 $H$、点 $D_2$ 和 $I$，点击"编辑"—"操作类按钮"—"移动"，并将其标签改为展开；

（4.2）依次选取点 $M$ 和 $N$，点击菜单"变换"—"标记向量"，将线段 $MN$ 标记为标记向量；

（4.3）选取五棱柱的截面五边形的五条边和五个顶点，点击菜单"变换"—"平移"按标记平移得到其对应点和线段 $A'B'C'D_1'D_2'$，连接对应线段 $AA'$，$BB'$，$CC'$，$DD_1'$，$DD_2'$，如图 6.2-4 所示.

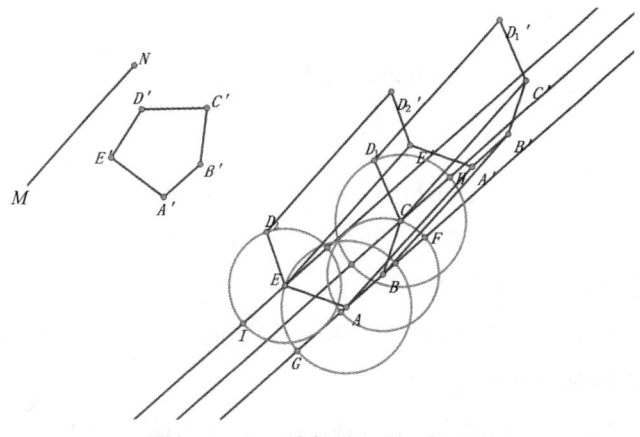

图 6.2-4　五棱柱分开的五个侧面

（4.4）顺次选取点 $D_1D_1'C'C$，点击菜单"构造"—"四边形内部"，将其内部填充颜色；

（4.5）同理填充其他四个侧面成不同颜色，如图 6.2-5 所示.

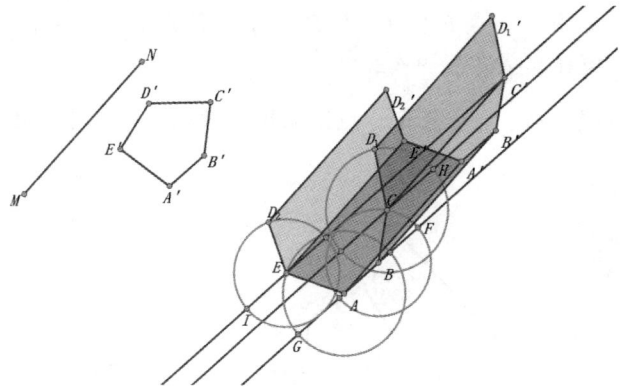

图 6.2-5 填充颜色后的五个侧面

（5）隐藏多余的圆和直线.

选取所作的平行线和圆及交点，点击"显示"—"隐藏路径对象"得到效果图 6.2-6. 点击按钮可展开五棱柱.

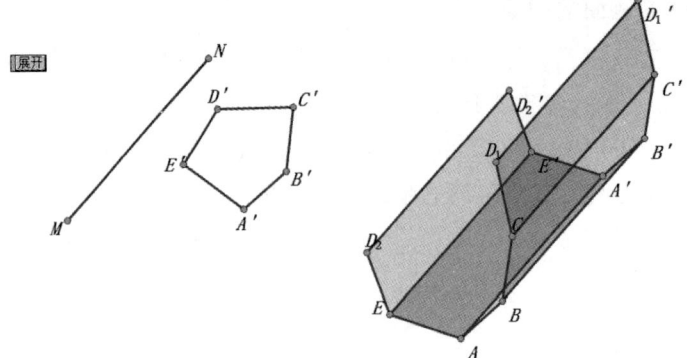

图 6.2-6  展开五棱柱

（6）合并五棱柱．

（6.1）点击菜单"显示"—"显示所有隐藏"，将之前的所有隐藏全部显示出来；

（6.2）依次选取点 $A'$ 和 $E'$，点击菜单"变换"—"标记向量"，选取点 $A$，点击菜单"变换"—"平移"，将点 $A$ 平移到圆 $A$ 上得点 $J$；

（6.3）依次选取点 $B'$ 和 $C'$，点击菜单"变换"—"标记向量"，选取点 $B$，点击菜单"变换"—"平移"，将点 $B$ 平移到圆 $B$ 上得点 $K$；

（6.4）依次选取点 $E'$ 和 $D'$，点击菜单"变换"—"标记向量"，选取点 $E$，点击菜单"变换"—"平移"，将点 $E$ 平移到圆 $E$ 上得点 $L$；

（6.5）依次选取点 $C'$ 和 $D'$，点击菜单"变换"—"标记向量"，选取点 $C$，点击菜单"变换"—"平移"，将点 $C$ 平移到圆 $C$ 上得点 $R$；

（6.6）依次选取点 $C$ 和 $K$、点 $E$ 和 $J$、点 $D_1$ 和 $R$、点 $D_2$ 和 $L$，点击"编辑"—"操作类按钮"—"移动"，并将其标签改为"合并"；

（6.7）将不要的直线、圆、点等选取，点击菜单"显示"—"隐藏路径对象"，如图 6.2-7 所示合并五棱柱．

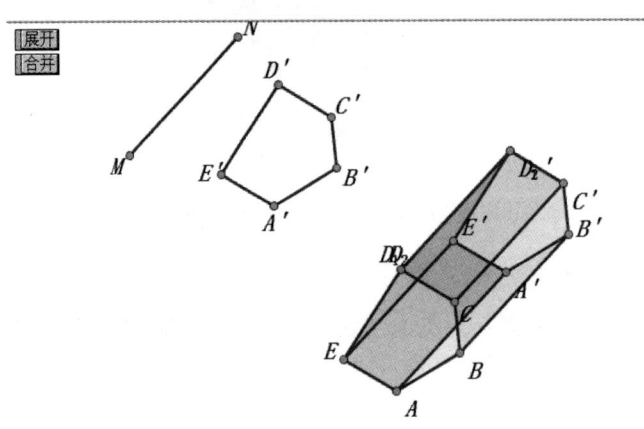

图 6.2-7  合并五棱柱

## 6.3 标签显示

### 6.3.1 对象为点的显示

当我们在绘图区绘制了一个或多个点而没给点取标签时,可通过"标签的显示"方法一次性地按点出现的先后标记上标签.

其操作是:用点工具"·"先在绘图区任意绘制四点,再用鼠标拖动的方法同时选取四点,点击菜单"显示"—"显示标签",如图 6.3-1 和图 6.3-2 所示.

图 6.3-1  没有标签的四点      图 6.3-2  显示标签的四点

### 6.3.2 对象为封闭图形的显示

当我们在绘图区绘制了一条或多条线段或一个封闭的几何图形而没有标签时,可通过"显示标签"将其线、点均标记标签.

其操作是:用线段工具"╱"先在绘图区任意绘制一个三角形,再用鼠标拖动的方法同时选取该三角形,点击菜单"显示"—"显示标签".这种显示方式不仅把三角形的顶点显示出来了,同时也把三角形的三条边也显示出来了,如图 6.3-3 和 6.3-4 所示.

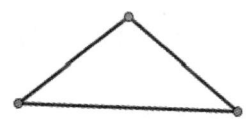   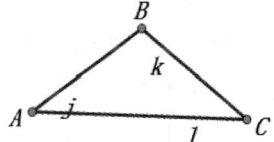

图 6.3-3  没有标签的三角形      图 6.3-4  标记标签的三角形

### 6.3.3 显示封闭图形的顶点

在绘制三角形或四边形时多数情况下只显示其顶点而不显示其边,这时在选取对象时可只选取顶点而不选取全部.

其操作是:用线段工具"╱"先在绘图区任意绘制一个三角形,用箭头工具"▶"分别选取三个顶点,点击菜单"显示"—"显示标签",如图 6.3-5 和 6.3-6 所示.

   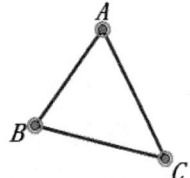

图 6.3-5  没有标签的三角形      图 6.3-6  标记顶点的三角形

### 6.3.4 显示有标签的对象

如所选对象已经有了标签，在进行"显示"操作时可选择"点的标签"或"线的标签"。其操作是：用箭头工具" "选取点 $A, B, C$，点击菜单"显示"—"点的标签"。同理作出"线的标签"，如图 6.3-7 和 6.3-8 所示。

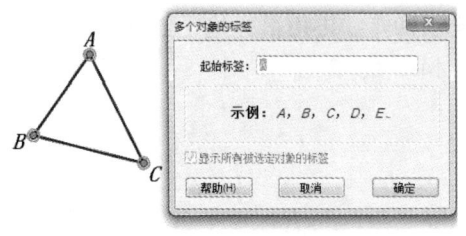 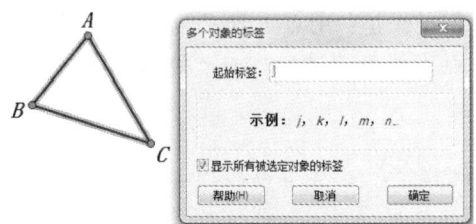

图 6.3-7　点的标签　　　　　　　　图 6.3-8　线的标签

## 6.4　轨迹追踪

轨迹是指主动点在路径上运动时，被动对象跟随主动点运动时所留下的痕迹。

探求动点的轨迹或求动点的轨迹在中学数学中很常见，而要很好地解决这一问题却显得十分困难，然而借助几何画板的有关"轨迹"操作却有助于问题的解决。

**例 6.4-1**　求圆上任一点和圆外一点的连线中点的轨迹。

操作步骤：

（1）选取圆工具" "在绘图区绘制一个圆 $A$，选取点工具" "，在绘图区绘制一点 $B$，在圆 $A$ 上任取一点 $C$；

（2）用箭头工具" "选取点 $B$ 和 $C$，点击菜单"构造"—"线段"，将线段 $BC$ 连接起来。点击"构造"—"中点"作出线段 $BC$ 的中点 $D$；

（3）选取点 $C$，点击菜单"编辑"—"操作类按钮"—"动画"；

（4）选取点 $D$，点击菜单"显示"—"追踪中点"。

点击"动画点"可看到动点 $D$ 的轨迹，如图 6.4-1 所示。

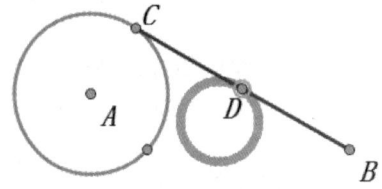

图 6.4-1　中点的轨迹

特别说明：在上述操作完成后点击菜单"编辑"—"参数选项"，在对话框中"参数选项"选择"颜色"。勾选"淡入淡出效果时间"，如图 6.4-2 所示。效果如图 6.4-3 所示。

图 6.4-2　勾选效果时间

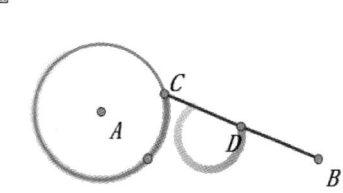

图 6.4-3　勾选效果时间效果

**例 6.4-2**　轨迹显示正弦函数图形.

操作步骤:

（1）用箭头工具 "　" 点击菜单 "绘图" — "定义坐标系" 建立一个坐标系，点击 "绘图" — "隐藏网格"，将网格隐藏. 选取 X 轴，按右键在出现的对话框中选 "属性" — "坐标轴" — " 的倍数或分数"，如图 6.4-4 所示，将 X 轴设为弧度制，Y 轴为数值型；

图 6.4-4　设置 X 轴为弧度制

（2）用点工具 "·" 在 X 轴上作一点 A，在 Y 轴上作单位点 C；

（3）用箭头工具 "　" 依次选取点 O 和 C，点击 "度量" — "距离"，点击 "变换" — "标记距离"；

（4）选取点 A 和标记距离，点击 "构造" — "以圆心和半径绘圆". 选取 X 轴，点击 "构造" — "交点" 得到交点 D（右交点）；

（5）用点工具 "·" 在圆 A 上作一点 E. 用箭头工具 "　" 依次选取点 A 和 D，点击 "构造" — "线段". 同理作出线段 AE；

（6）用箭头工具 "　" 依次选取点 E, A, D，点击 "度量" — "角度"；

（7）选取点 E，点击 "度量" — "纵坐标" 得到 E 点的纵坐标；

（8）点击 "数据" — "计算" 计算出 "$\left(\frac{(1+\text{sgn}(\angle EAD))}{2}\right)*\text{abs}(\angle EAD)+(3.14\text{弧度}+\text{abs}(3.14\text{弧度}-\angle EAD)*(1+\text{sgn}\angle EAD))/2$"；

（9）依次选取（8）式和 $y_P$，点击 "绘图" — "绘制点(x, y)(P)"；

（10）选取点 $E$，点击"编辑"—"操作类按钮"—"动画".
点击"动画点"可看到轨迹图，如图 6.4-5 所示.

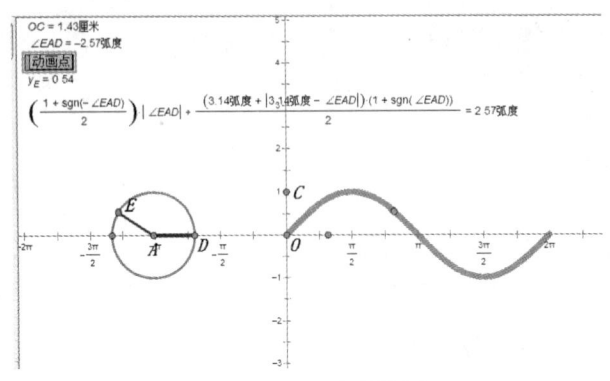

图 6.4-5　正弦函数图

## 6.5　动画显示

动画是点按一定的运动轨迹运动的过程．"动画"在几何画板 5.06 中有两处：一是"编辑"—"操作类按钮"—"动画"，二是"显示"—"动画"．其中前者是动画的按钮，后者才是动画本身．

### 6.5.1　点在圆上的运动

操作步骤：

（1）用圆工具"○"在绘图区任作一个圆 $A$，用点工具"·"在圆 $A$ 上任取一点 $B$；

（2）用箭头工具"▶"选取点 $B$，点击"编辑"—"操作类按钮"—"动画"，作出点 $B$ 的动画；

（3）选取点 $B$，点击"显示"—"生成点的动画"，如图 6.5-1 所示.

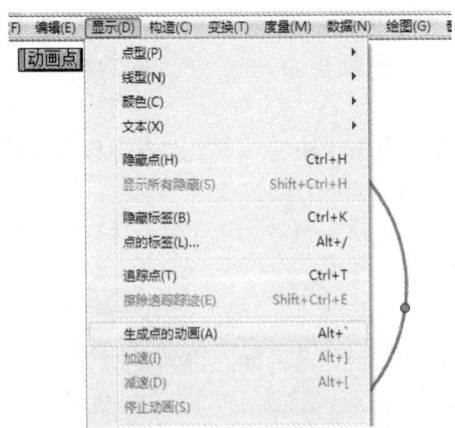

图 6.5-1　动画显示菜单

（4）当点击"生成点的动画"后出现"运动控制台"，同时点 $B$ 在圆 $A$ 上运动，如图 6.5-2 所示.

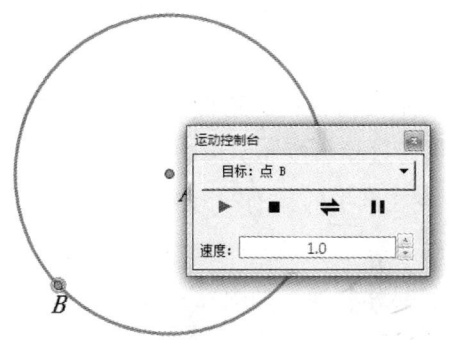

图 6.5-2　动画的显示

特别说明：

（1）运动控制台上的按钮"▶"为运动按钮，点击则运动；

（2）运动控制台上的按钮"■"为停止按钮，点击则停止；

（3）运动控制台上的按钮"⇌"为运动方向改变按钮，点击则改变运动方向；

（4）运动控制台上的按钮"❚❚"为暂停按钮，点击则在运动与停止间变换；

（5）运动控制台上的按钮"速度： 1.0 "为速度控制按钮，点击上边的上三角形可加快速度，而点击右边的下三角形则可降低运动速度．

### 6.5.2　点在直线上的运动

操作步骤：

（1）用线段工具"╱"在绘图区任作一条线段 $AB$，用点工具"·"在线段 $AB$ 上任作一点 $C$；

（2）用箭头工具"▶"点击"编辑"—"操作类按钮"—"动画"；

（3）点击"显示"—"生成点的动画"，如图 6.5-3 所示．

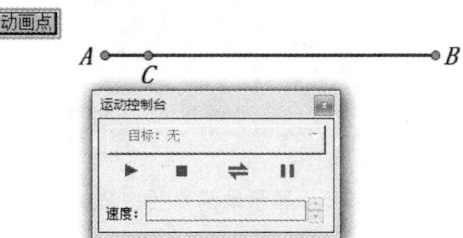

图 6.5-3　点在直线上运动

### 6.5.3　点在平面上自由运动

操作步骤：

（1）用点工具"·"在绘图区任作一点 $A$；

（2）用箭头工具""点击"编辑"—"操作类按钮"—"动画";

（3）点击"显示"—"生成点的动画". 点击后点 $A$ 在平面上自由运动.

特别说明：

（1）6.5 所述的动画显示的前提是要先利用编辑操作类按钮得到动画按钮，再显示其动画. 在进行动画显示时也可通过动画按钮实现动画显示.

操作方法：以"6.5.1 点在圆上的运动"为例.

用箭头工具指向"动画点"，按右键—"属性"出现对话框，分别用"方向""速度""播放次数"等与之前的按钮符号作替换，如图 6.5-4 所示.

图 6.5-4　动画属性对话框

（2）在动画显示栏中的"加速""减速""停止动画"，只有在对动画进行显示后才可用，如图 6.5-5 所示.

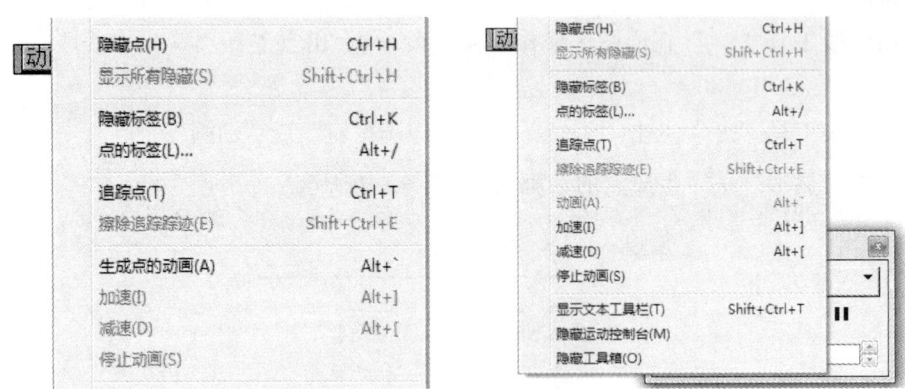

图 6.5-5　显示动画前后按钮对比

## 6.6　文本与控制的显示

### 6.6.1　文本的显示与隐藏

利用"显示"菜单可对文本工具进行显示和隐藏. 若绘图界面下方没有文本工具栏，点击"显示"—"显示文本工具栏"就会出现文本工具；若绘图界面下方有文本工具，点击"显示"时将出现"隐藏文本工具"，如图 6.6-1 所示.

 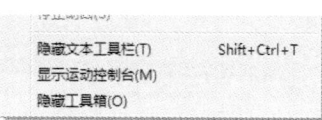

图 6.6-1  文本工具的显示与隐藏对比

### 6.6.2  文本工具栏的使用

**1）字体及角度显示**

（1）用文本工具"$A$"在三绘图区拖出一个文本框；

（2）在拖出的框中写三角形，点击三角形的顶点 $A,B,C$，字母自动进入文本书写中；

（3）用箭头工具"  "指向文本，此时界面下方出现文本工具栏；

（4）点击"  仿宋  ▼"右下角的三角形可改变字体，但字体前带有"@"字体时，其字体显示为正常情况向左旋转 90 度的效果，如图 6.6-2 和图 6.6-3 所示. 若显示不同角度的字体，可拖动滑块从中选择所需要的字体.

图 6.6-2  正常字体角度  　　　　图 6.6-3  旋转 90 度后的字体

**2）字体大小**

（1）用箭头工具"  "指向文本，此时界面下方出现文本工具栏；

（2）点击"  24 ▼"右下角的三角形再选择数字可改变字体大小，如图 6.6-4 和 6.6-5 所示.

图 6.6-4  18 号字  　　　　图 6.6-5  48 号字

**3）字体颜色**

（1）用箭头工具"  "指向文本，此时界面下方出现文本工具栏；

（2）点击"  ▪ ▾"右下角的三角形出现颜色菜单，根据所需选择颜色，如图 6.6-6 所示.

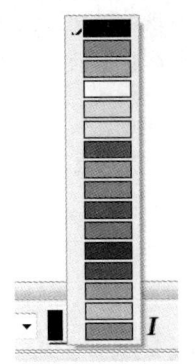

图 6.6-6　字体颜色设置

**4）字体设置**

（1）用箭头工具"　"指向文本，此时界面下方出现文本工具栏；
（2）点击"B I U"图形中所对应的字体依次出现"黑体""斜体""下划线"．

**5）符号面板**

（1）用文本工具"A"在绘图区拖出一个文本书写框时，出现符号面板；
（2）点击"　"出现许多数学符号，如图 6.6-7 所示．

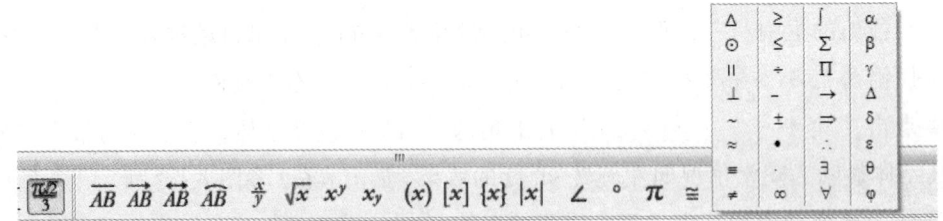

图 6.6-7　符号面板

# 第 7 章 度量与计算

度量菜单共分两大部分，17 种命令. 如度量线段的长度、圆的周长、角的度数、图形的面积等，如图 7-1 所示. 当不同的几何对象被选定后就会出现不同的度量命令.

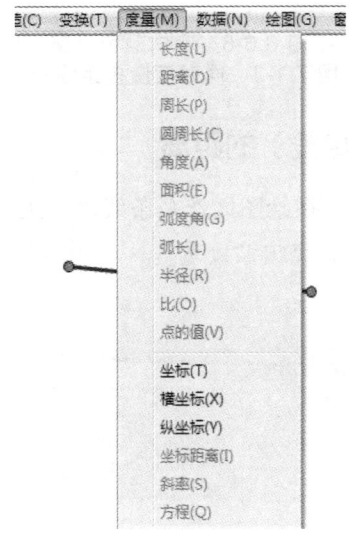

图 7-1 度量菜单

## 7.1 长度度量

### 7.1.1 线段的长度度量

当选定一条或多条线段时，点击"度量"—"长度"即得到该线段的长度.

**1）度量一条线段**

若被度量的线段没有标签，对其进行长度度量后，系统会给出其长度和标记标签.

操作方法：先用线段工具"╱"在绘图区任作一条线段，再用箭头工具"▶"选取线段，点击"度量"—"长度"，如图 7.1-1 和图 7.1-2 所示.

图 7.1-1 没有标签的线段　　　　　　　　图 7.1-2 度量线段

## 2）度量多条线段

操作方法：先用线段工具"╱"在绘图区任作多条线段，再用箭头工具"▶"选取所有线段（不能同时选取线段的端点），点击"度量"—"长度"，如图 7.1-3 所示.

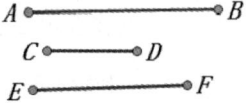

图 7.1-3　同时度量多条线段

### 7.1.2　度量点到线段（直线）的距离

操作方法：用线段工具"╱"在绘图区作一条线段，用点工具"•"在其旁作一点，用箭头工具"▶"分别选取点和线，点击"度量"—"距离"，如图 7.1-4 所示. 点击"距离"后得到点到线段的距离.

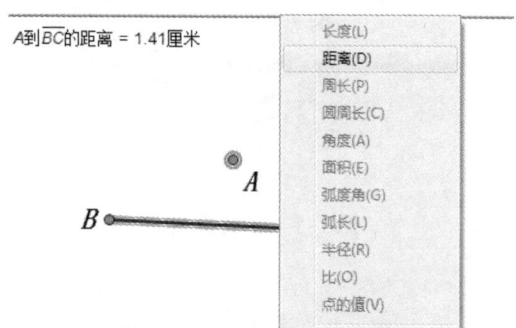

图 7.1-4　点到线段的距离

### 7.1.3　度量两点间的距离

操作方法：用点工具"•"在绘图区作两点 $A, B$，用箭头工具"▶"选取两点，点击"度量"—"距离"，如图 7.1-5 所示.

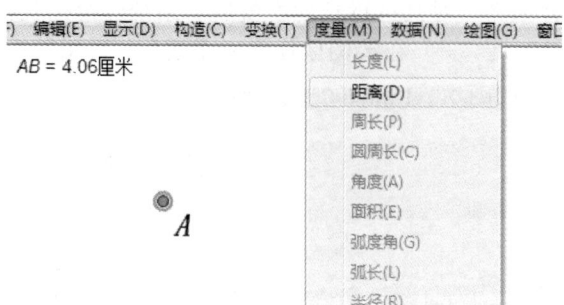

图 7.1-5　度量两点间的距离

## 7.2 角度度量

### 7.2.1 选取角的三顶点进行度量

操作步骤：

（1）用点工具"·"在绘图区任作不共线三点 $A, B, C$，用箭头工具""选取点 $A, B$，点击"构造"—"线段"，选取点 $B, C$，点击"构造"—"线段"，构造出角 $ABC$；

（2）顺次选取点 $A, B, C$（中间点为角的顶点），点击"度量"—"角度"；点击"角度"后得到结果，如图 7.2-1 和 7.2-2 所示．

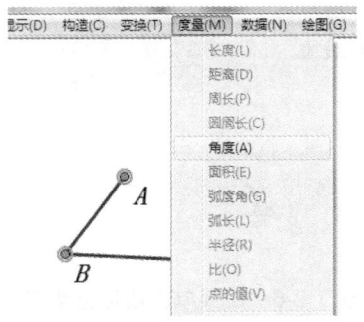   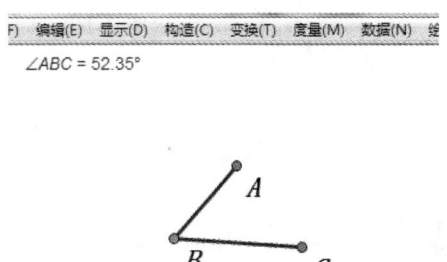

图 7.2-1　度量角的菜单　　　　　图 7.2-2　度量角的结果

### 7.2.2 选取角的两边进行度量

操作步骤：

（1）用线段工具"∕"在绘图区绘制一个角 $\angle ABC$；

（2）用箭头工具""依次选取线段 $AB, BC$，点击"度量"—"角度"，得到 $\angle ABC$ 的度数，如图 7.2-3 和图 7.2-4 所示．

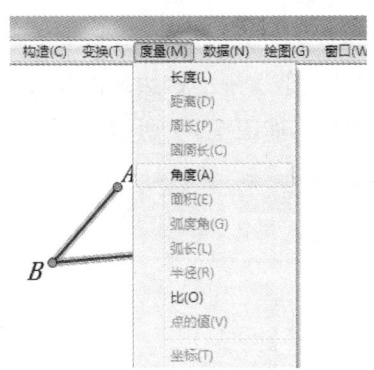   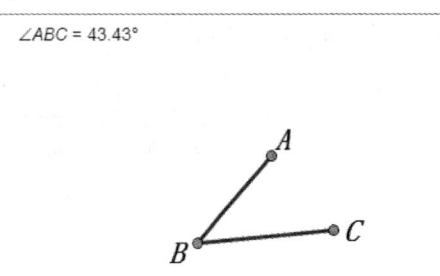

图 7.2-3　利用角的两边度量角菜单　　　图 7.2-4　度量角的结果

### 7.2.3 用标记角度量角的大小

操作步骤：

（1）用线段工具"∕"在绘图区绘制一个角 $\angle ABC$；

（2）用标记工具""指向 $\angle ABC$ 的顶点，拖动鼠标将 $\angle ABC$ 标记出来；

（3）用箭头工具"▶"指向标记角区域，按鼠标右键，在对话框中选取"角度"，如图 7.2-5 所示.

另外：也可用箭头工具"▶"点击∠ABC 标记的标记区域将∠ABC 选取，再点击"度量"—"角度"，如图 7.2-6 所示.

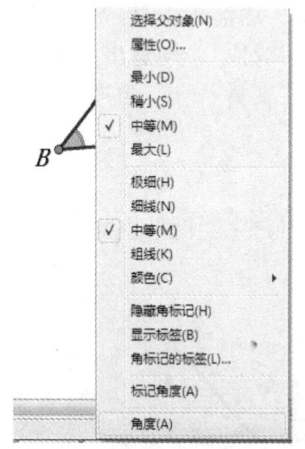

图 7.2-5  用标记角度度量角菜单

图 7.2-6  用菜单度量标记角度

## 7.3  面积度量

除圆外，在度量面积之前均要事先构造封闭图形内部.

### 7.3.1  多边形面积的度量

操作步骤：

（1）用线段工具"／"在绘图区绘制一个四边形 ABCD；

（2）用箭头工具"▶"顺次选取点 A, B, C, D，点击"构造"—"四边形内部"；

（3）点击"度量"—"面积"得到四边形 ABCD 的面积，如图 7.3-1 所示.

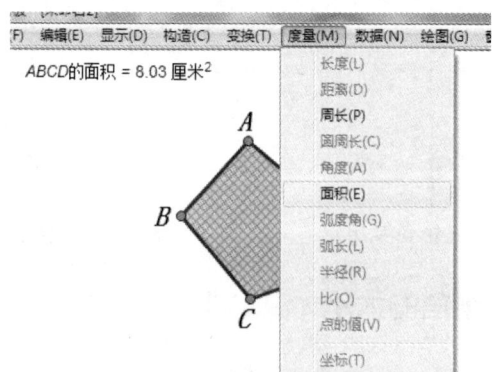

图 7.3-1  度量四边形面积

## 7.3.2 圆面积的度量

操作步骤：

（1）用圆工具"○"在绘图区绘制一个圆 $A$；

（2）用箭头工具"▸"选取圆 $A$，点击"度量"—"面积"得到圆的面积，如图 7.3-2 所示.

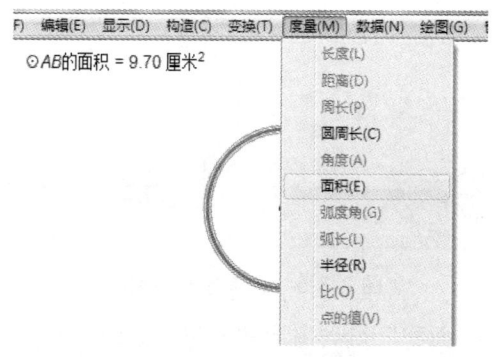

图 7.3-2 度量圆面积

## 7.3.3 扇形面积的度量

操作步骤：

（1）绘制扇形.

（1.1）用圆工具"○"在绘图区绘制一个圆 $A$；

（1.2）用点工具"•"在圆 $A$ 上任作两点 $B$，$C$；

（1.3）用箭头工具"▸"依次选取点 $B$、圆 $A$、点 $C$，点击"构造"—"圆上的弧"；

（1.4）依次选取点 $A$ 和 $B$，点击"构造"—"线段"，同理连接 $AC$；

（1.5）选取圆 $A$，点击"显示"—"隐藏圆"得到扇形，如图 7.3-3 所示.

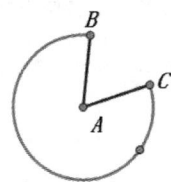

图 7.3-3 优弧圆心角扇形

特别说明：若要得到的扇形的圆心角为锐角，则用箭头工具依次选取点 $C$、圆 $A$、点 $B$，再点击"构造"—"圆上的弧"，如图 7.3-4 所示.

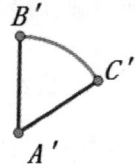

图 7.3-4 劣弧圆心角扇形

（2）度量扇形面积.

（2.1）用箭头工具"[箭头]"选取扇形上的弧，点击"构造"—"弧内部"—"扇形内部"，如图7.3-5所示.

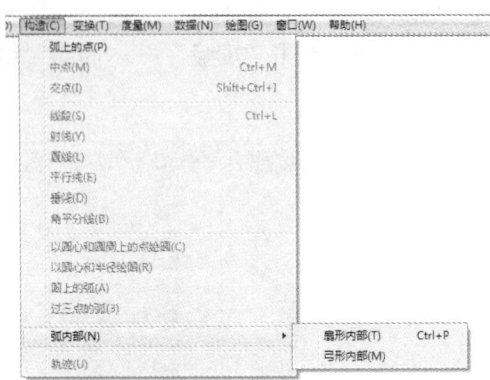

图 7.3-5　构造扇形内部

（2.2）点击"度量"—"面积"得到扇形的面积，如图7.3-6所示.

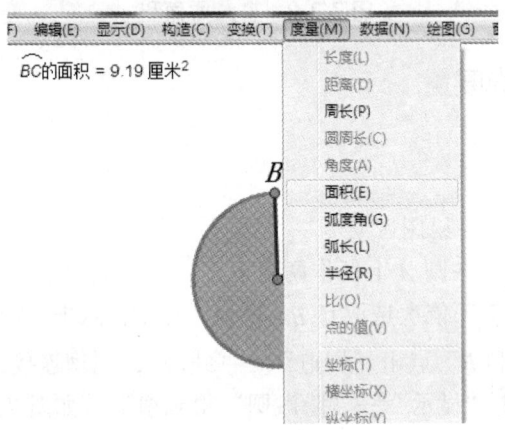

图 7.3-6　度量扇形面积

### 7.3.4　弓形面积的度量

操作步骤：

（1）构造弓形.

（1.1）用圆工具"[圆]"在绘图区绘制一个圆 $A$；

（1.2）用点工具"[点]"在圆 $A$ 上任作两点 $B,C$；

（1.3）用箭头工具"[箭头]"依次选取点 $C$、圆 $A$、点 $B$，点击"构造"—"圆上的弧"；

（1.4）依次选取点 $B$ 和 $C$，点击"构造"—"线段"；

（1.5）选取圆 $A$，点击"显示"—"隐藏圆"得到弓形，如图7.3-7所示.

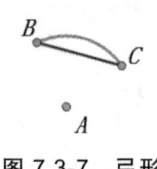

图 7.3-7　弓形

（2）度量弓形面积.
（2.1）用箭头工具"　"选取弓形上的弧，点击"构造"—"弧内部"—"弓形内部"，如图 7.3-8 所示.

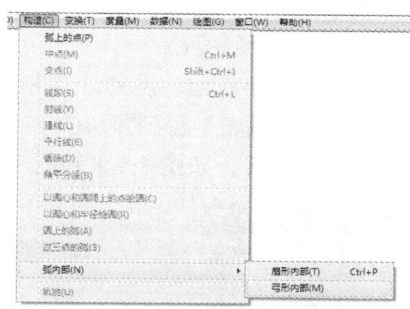

图 7.3-8　构造弓形内部菜单

（2.2）点击"度量"—"面积"得到弓形面积，如图 7.3-9 和 7.3-10 所示.

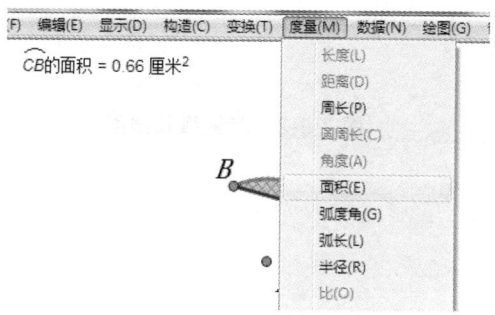

图 7.3-9　度量弓形面积菜单

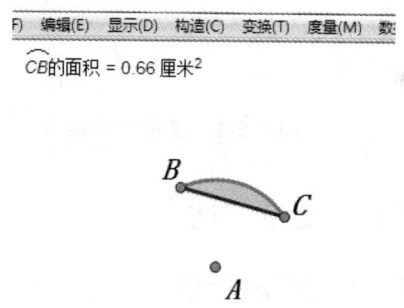

图 7.3-10　度量弓形面积结果

## 7.4　度量弓形角

操作步骤：
（1）绘制一个弓形，方法见 7.3.4（（1）弓形的构造）；
（2）用箭头工具"　"选取弓形上的弧，点击"构造"—"弧内部"—"弓形内部"；
（3）用箭头工具"　"指向弓形的内部，按鼠标左键选取弓形内部；
（4）点击"度量"—"弧角度"得到弓形所对的圆心角，如图 7.4-1 和图 7.4-2 所示.

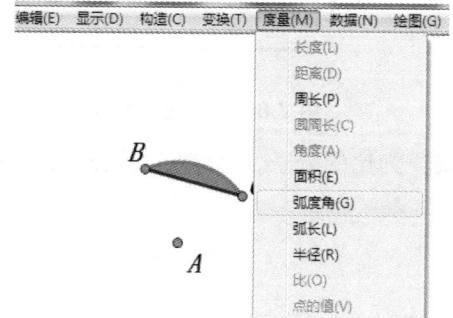

图 7.4-1　度量弓形角度菜单

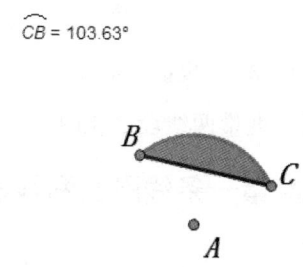

图 7.4-2　度量弓形弧角度结果

## 7.5 度量弧长

操作步骤：

（1）用圆工具"⊙"在绘图区绘制一个圆 $A$；

（2）用点工具"•"在圆 $A$ 上任作两点 $B, C$；

（3）用箭头工具"▶"依次选取点 $B$、圆 $A$、点 $C$，点击"构造"—"圆上的弧"；

（4）选取圆 $A$，点击"显示"—"隐藏圆"得到弧 $BC$；

（5）点击"度量"—"弧长"得到弧长，如图 7.5-1 和图 7.5-2 所示.

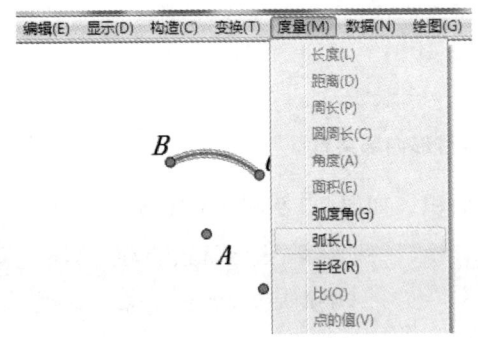
图 7.5-1　度量弧长菜单

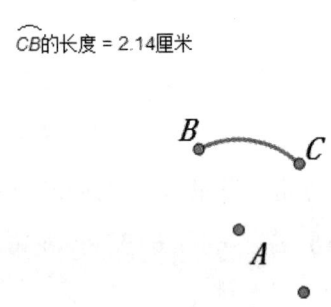
图 7.5-2　度量弧长结果

## 7.6 度量"比"

### 7.6.1 度量两线段之比

操作步骤：

（1）用线段工具"╱"在绘图区绘制两条线段 $AB, CD$；

（2）用箭头工具"▶"选取两线段 $AB$ 和 $CD$，点击"度量"—"比"得到两线段的比，如图 7.6-1 和图 7.6-2 所示.

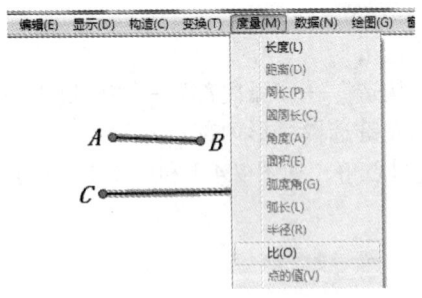
图 7.6-1　度量比菜单

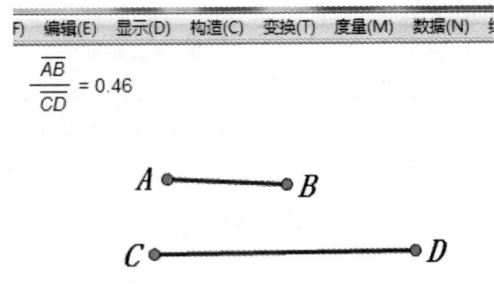
图 7.6-2　度量比结果

特别说明：度量两线段之比时，先选定的线段为比的分子，后选定的线段为比的分母.

### 7.6.2 度量一条线段上两线段之比

操作步骤：

（1）用线段工具"╱"在绘图区任作一条线段 $AB$；

（2）用点工具"●"在线段 $AB$ 上任作一点 $C$；

（3）用箭头工具"↖"依次选取点 $A,B,C$，点击"度量"—"比"得到线段 $AC$ 与 $AB$ 之比，如图 7.6-3 所示.

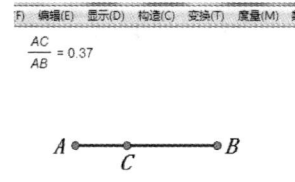

图 7.6-3　度量线段之比

特别说明：在选定的三个点中第一个点为两线段的左端点，第二个点为分母线段的右端点，第三个点为分子线段的右端点. 图 7.6-4 为依次选取点 $A,C,B$ 所得线段之比.

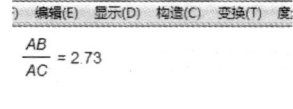

图 7.6-4　度量线段之比

## 7.7　度量点的值

点的值分两种情况：（1）点在路径上；（2）点不在路径上.
路径指线段、直线、射线、圆周、圆弧、轨迹等.

### 7.7.1　点在线段上

点在线段上类似于 7.6.2，是指该点在一条线段上从左端点到该点所成线段之长与整个线段长度之比.

操作步骤：

（1）用线段工具"╱"在绘图区任作一条线段 $AB$；

（2）用点工具"●"在线段 $AB$ 上任作一点 $C$；

（3）用箭头工具"↖"选取点 $C$，点击"度量"—"点的值"，如图 7.7-1 和图 7.7-2 所示.

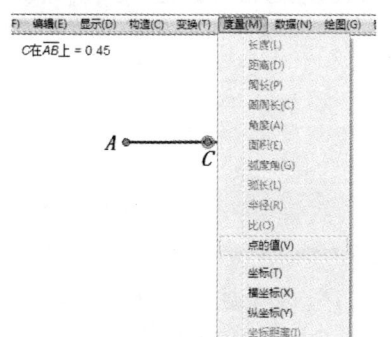

图 7.7-1　度量点在线段上的值菜单

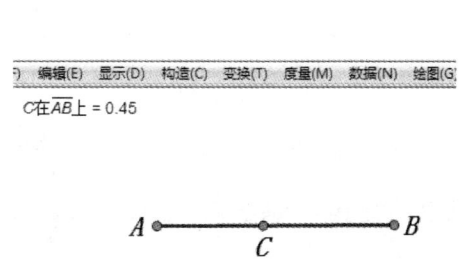

图 7.7-2　度量点在线段上的值结果

特别说明：点 $C$ 在线段 $AB$ 上的值等于线段 $AC$ 与 $AB$ 之比.

### 7.7.2 点在射线上

点在射线上与 7.7.1 相似，只是将线段之比变成了有向线段之比，如图 7.7-3 所示.

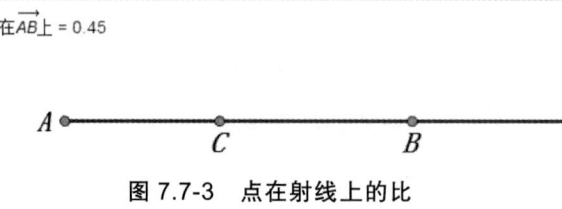

图 7.7-3　点在射线上的比

### 7.7.3 点在圆上

点在圆上的值指过圆心且与 $X$ 轴平行的右交点为起点，按逆时针方向所成的弧的弧长与圆的周长之比.

操作步骤：

（1）选取线段工具"/"，同时按住"shift"键在绘图区任作一条水平线段 $AB$；

（2）用箭头工具"▶"依次选取点 $A$ 和 $B$，点击"构造"—"以圆心和圆周上的点绘圆"；

（3）用点工具"•"在圆 $A$ 上任作一点 $C$，点击"度量"—"点的值"，结果如图 7.7-4 所示.

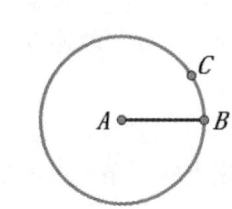

图 7.7-4　度量点在圆上的值

### 7.7.4 点在弧上

度量点在弧上的值与度量点在圆上的值相似. 其值为从左边的端点起到弧上点所成弧长与整个弧长之比，如图 7.7-5 所示.

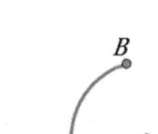

图 7.7-5　度量点在弧上的值

### 7.7.5 点在轨迹上

由于点的轨迹情况复杂,点在不同的轨迹上其值的含义有所不同.如在函数图像上就是函数自变量的值;若在多边形的边上,需先构造多边形的内部,其值为从一个点作为起点到该点的长度与多边形周长之比,如图 7.7-6 和图 7.7-7 所示.

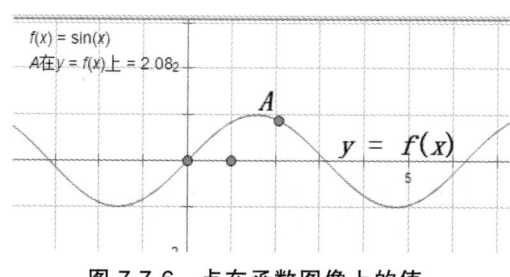 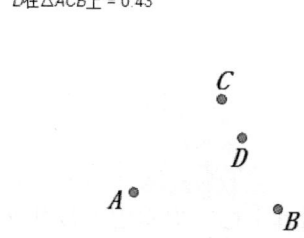

图 7.7-6  点在函数图像上的值　　　　图 7.7-7  点在多边形边上的值

特别说明:点在多边形上的值,需先作出多边形的顶点,选定顶点后点击"构造"—"多边形内部".再点击"构造"—"边界上的点""度量"—"点的值".

### 7.7.6 点不在路径上

不在路径上的点的值常当作开关来控制点运动到不同的线段或位置的参数.例如,我们可以在一条线段 $AB$ 上先作出多个点,然后在线段上任作一点 $P$,点 $P$ 在不同线段上的点或不在某线段上的值均可用来作为参数控制点 $P$ 对应的位置.下面以实例说明.

操作步骤:

(1)用线段工具"╱"在绘图区任作一条线段 $AB$,用点工具"●"在线段 $AB$ 上任作三点 $C,D,P$,如图 7.7-8 所示.

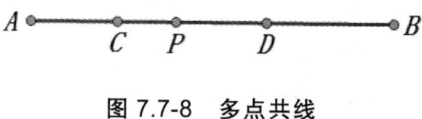

图 7.7-8  多点共线

(2)用箭头工具"▸"依次选取点 $A,C$,点击"构造"—"线段"(此时线段 $AC$ 被选定),按住"shift"键点再选取点 $P$,点击"度量"—"点的值"得到点 $P$ 在 $AC$ 上的值,如图 7.7-9 所示.

P在$\overline{AC}$上 = 1.00

$A$ ●────● ─ ─ ● ─ ─ ● ─ ─ ● $B$
　　　$C$　  $P$　  $D$

图 7.7-9  点 $P$ 在线段 $AC$ 上的值

可以看出,点 $P$ 在线段的左边时,其点的值为 0,在线段右边时其值为 1,在线段中间时其值在 0 与 1 之间变化.

特别说明：若点 $P$ 在不同线段上，其结果如图 7.7-10 所示.

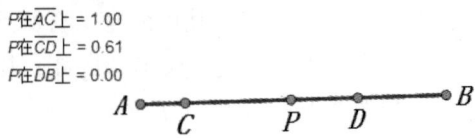

图 7.7-10　点 $P$ 在不同线段上的值

## 7.8　坐　标

对于一个点，度量其坐标有两种情况：（1）先建立坐标系再度量其坐标；（2）先绘制点再度量其坐标，但本质上没什么区别.

### 7.8.1　坐标系下点的坐标的度量

操作步骤：

（1）点击"绘图"—"定义坐标系"；

（2）用点工具"●"在坐标系内任作一点 $A$；

（3）用箭头工具"▶"点击"度量"—"坐标"得到点 $A$ 的坐标，如图 7.8-1 所示.

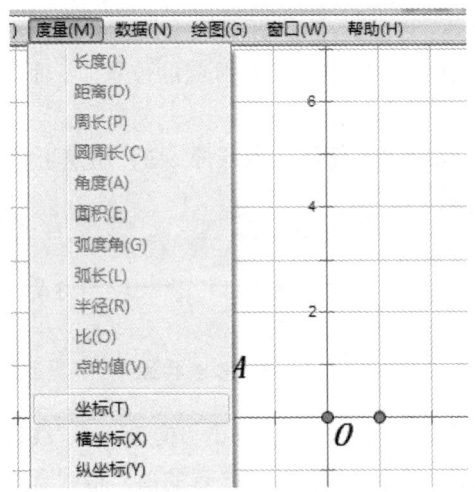

图 7.8-1　坐标系下度量点的坐标

### 7.8.2　无坐标系情况点的坐标的度量

操作方法：用点工具"●"在绘图区任作一点 $A$，用箭头工具"▶"点击"度量"—"坐标"得到点 $A$ 在无坐标系情况下的坐标，如图 7.8-2 所示.

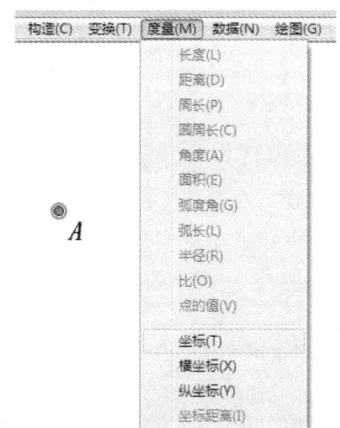

图 7.8-2　无坐标系下度量点的坐标

### 7.8.3　横坐标

横坐标的度量与坐标的度量一样，情况有两种，只是在度量时度量的是横坐标．

### 7.8.4　纵坐标

纵坐标的度量与坐标的度量一样，情况有两种，只是在度量时度量的是纵坐标．

### 7.8.5　坐标距离

坐标距离的度量与坐标的度量类似，只是先要有两点，再度量"坐标距离"．

操作步骤：

（1）用箭头工具"　"点击"绘图"—"定义坐标系"；

（2）用点工具"　"在坐标系内任作两点 $A,B$；

（3）用箭头工具"　"选取点 $A,B$，点击"度量"—"坐标距离"，如图 7.8-3 所示．

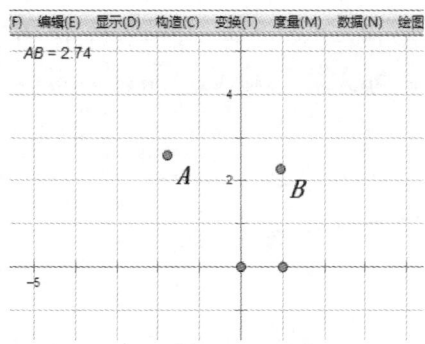

图 7.8-3　度量坐标距离

## 7.9　斜　率

斜率的度量按有无坐标系分两种情况，按是线段还是直线分三种情况，因此共有六种情形. 下面只就一种情况写出作图步骤.

操作步骤:

(1) 用箭头工具"![]"点击"绘图"—"定义坐标系";

(2) 用线段工具"![]"在坐标系内任作一条线段 $AB$;

(3) 用箭头工具"![]"选取线段 $AB$,点击"度量"—"斜率"得到线段 $AB$ 的斜率,如图 7.9-1 所示.

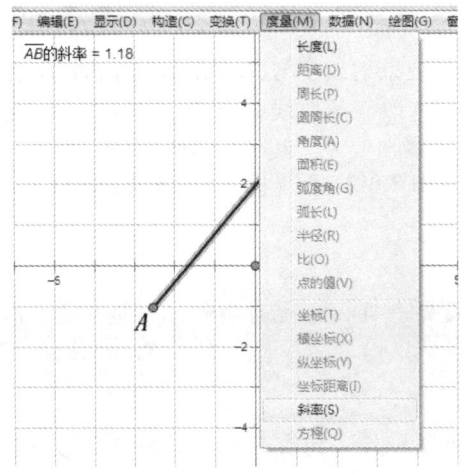

图 7.9-1　度量线段的斜率

## 7.10　方程的度量

类似于 7.9 方程也分为六种情形. 下面以其中一种情形作说明.

操作步骤:

(1) 用箭头工具"![]"点击"绘图"—"定义坐标系";

(2) 用点工具"![]"在坐标系内任作两点 $A, B$;

(3) 用箭头工具"![]"选取点 $A, B$,点击"构造"—"直线";

(4) 选取线段 $AB$,点击"度量"—"方程"得到直线 $AB$ 的直线方程,如图 7.10-1 所示.

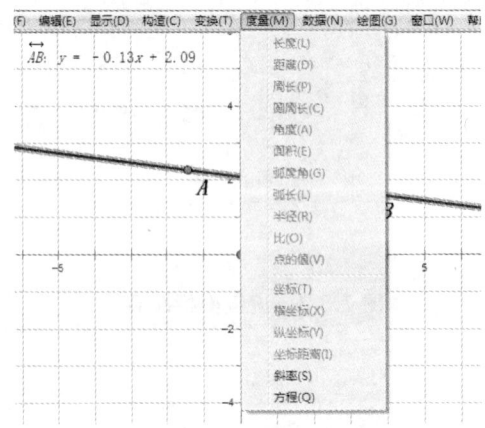

图 7.10-1　度量直线方程

## 7.11 简单计算

简单计算是对度量值、数值、参数等作加、减、乘、除等运算.

**例 7.11-1** 证明多边形外角和为 360 度.

操作步骤：

（1）构造带外角的五边形.

（1.1）用点工具"•"在绘图区任作五点 $A, B, C, D, E$，无三点共线；

（1.2）用射线工具"╱"分别连接 $AB, BC, CD, DE, EA$，作出五条射线；

（1.3）用点工具"•"在五条射线上分别作出五点 $F, G, H, I, J$；

（1.4）用箭头工具"▶"选取五条射线，点击"显示"—"隐藏射线"；

（1.5）选取点 $BF$，点击"构造"—"线段"，同理构造线段 $CG, DH, EI, AJ$，如图 7.11-1 所示.

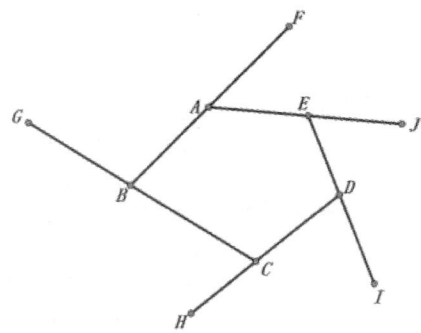

图 7.11-1 构造五边开及外角

（2）度量外角并计算其和.

（2.1）用标记工具"✎"分别指向五个外角，拖动鼠标将其标记；

（2.2）用箭头工具"▶"指向 $\angle FAE$，按鼠标右键，选取"角度"度量 $\angle FAE$ 大小. 同理度量出其他四个外角的大小；

（2.3）点击"数据"—"计算"计算出五个外角之和（其中 $\angle FAE$ 等是点击绘图区上的度量的角），如图 7.11-2 和图 7.11-3 所示.

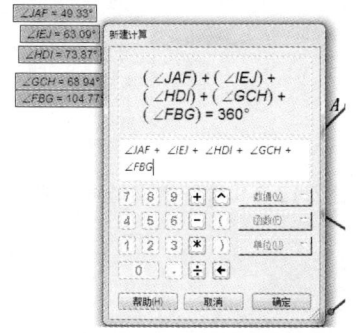

图 7.11-2 计算五个外角之和

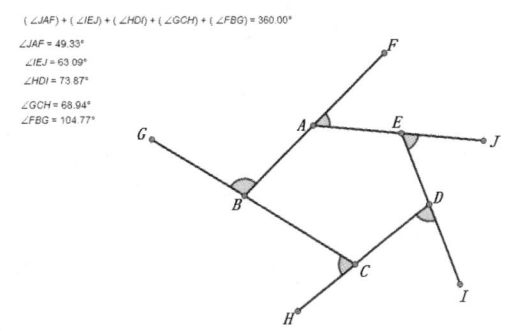

图 7.11-3 五边形外角之和

（2.4）拖动点 $A$ 可改变外角大小，观察五个外角之和.

## 7.12 复杂计算

复杂计算是在简单计算之上加三角函数、超越函数进行的计算.

**例 7.12-1**　绘制函数 $y = \dfrac{1}{4}x^2$ 在区间 $[-2, 3]$ 上的图像.

操作步骤：

（1）用箭头工具""点击"数据"—"新建函数"，输入"$\dfrac{1}{4}x^2 + \sqrt{(x+2)(3-x)}$"，如图 7.12-1 所示.

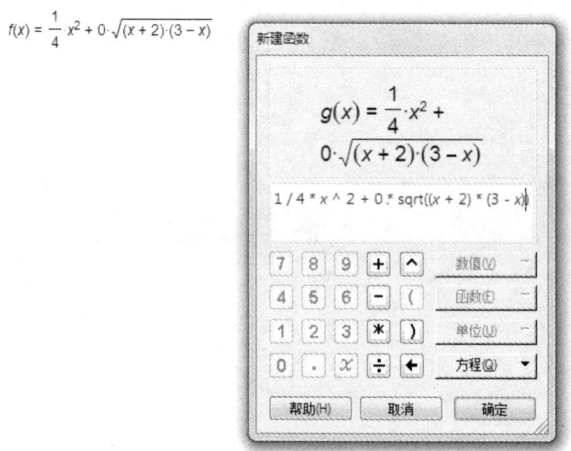

图 7.12-1　构造新函数

（2）将鼠标指向"$f(x) = \dfrac{1}{4} \cdot x^2 + 0 \cdot \sqrt{(x+2) \cdot (3-x)}$"，先按左键选定再按右键，在对话框中选取"绘制函数"得到结果，如图 7.12-2 和图 7.12-3 所示.

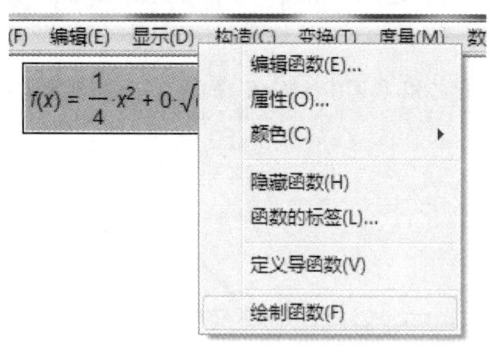 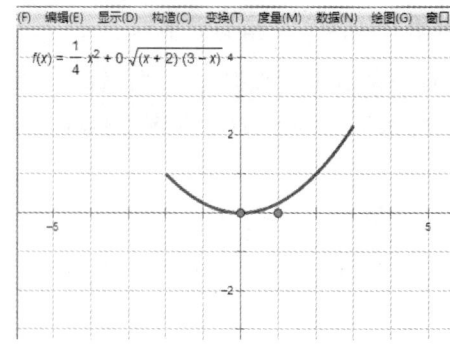

图 7.12-2　绘制新函数菜单　　　　图 7.12-3　绘制定义域内函数

# 第 8 章　参数的使用

参数的使用有别于度量值和计算值的使用,它可被独立地使用而不依赖任何对象.使用参数可进行动态函数的研究、图形的变换、颜色的连续变换等操作.

## 8.1　新建参数

### 8.1.1　新建参数

方法一、用箭头工具"▶"点击"数据"—"新建参数"(图 8.1-1)出现对话框(图 8.1-2),可以看到:参数名称的格式为"t[1]",而显示形式为"$t_1$".参数的单位有三种形式:"无、角度、距离",当选取单位为"无"时,数值后面没有单位;当选取单位为"角度"时,数值后面出现"度";当选择单位为"距离"时,数值后面出现"厘米".

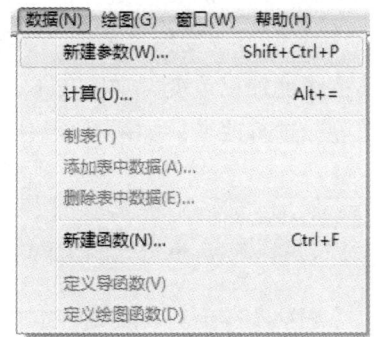

图 8.1-1　新建参数菜单

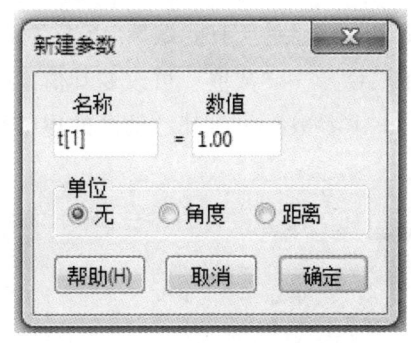

图 8.1-2　新建参数对话框

方法二、在绘制区空白处按鼠标右键,在出现的对话框中有一项就是"新建参数",如图 8.1-3 所示.

图 8.1-3　按右键出现新建参数对话框

### 8.1.2　新建参数的设置与改变

用鼠标指向新建参数 $t_1$ =1.00 按右键出现对话框(图 8.1-4).从对话框中可以看到:

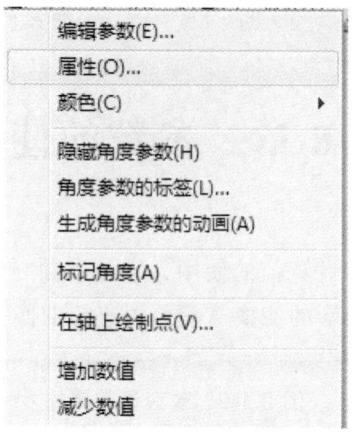

图 8.1-4 参数属性菜单

此时可对参数进行十种操作.

### 1）属性的设置

点击"属性"出现图 8.1-5 所示的对话框. 此时共有四项可供改变，即"对象、标签、数值、参数". 再点击"对象"出现图 8.1-6 所示的对话框. 说明："参数 $t_1$ 是独立的，它的数值不依赖于其他对象"；若在"隐藏"前打上"√"，则参数 $t_1=1.00$ 被隐藏，要再显示出现就点击"显示"—"显示所有隐藏"；点击"属性"—"标签"可改变标签名称，如图 8.1-7 所示；点击"属性"—"数值"可改变其值，也可对其精确度加以改变，如图 8.1-8 所示；点击"属性"—"参数"可对其"动画的连续性、范围等"进行改变，如图 8.1-9 所示.

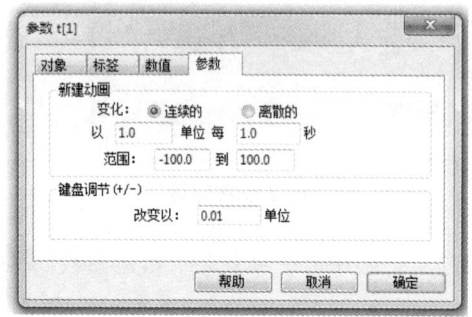

图 8.1-5 参数属性框

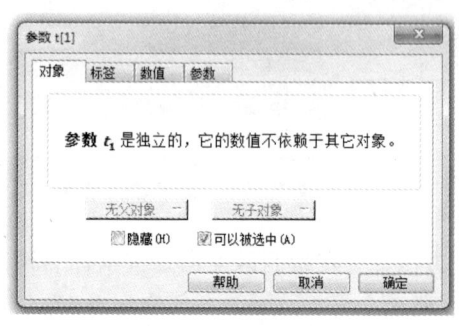

图 8.1-6 对象对话框

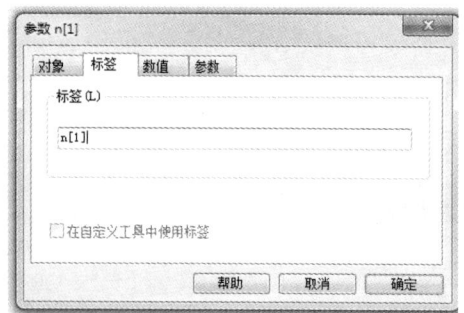

图 8.1-7 改变名称

图 8.1-8 改变数值

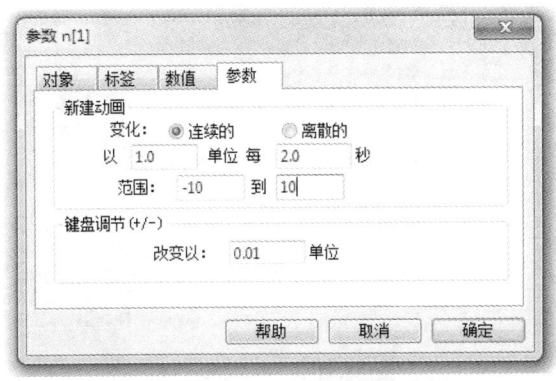

图 8.1-9  改变参数属性

## 2）颜色的设置

用箭头工具"  "指向已建好的参数，按鼠标右键选择"颜色"，如图 8.1-10 所示．在下拉菜单中选择合适的颜色，一旦颜色改变，参数及其数值就用新选择的颜色显示．若下拉菜单的颜色还不丰富就点击下拉菜单下方的"其他"，在其中选取一个点处的颜色，如图 8.1-11 所示．

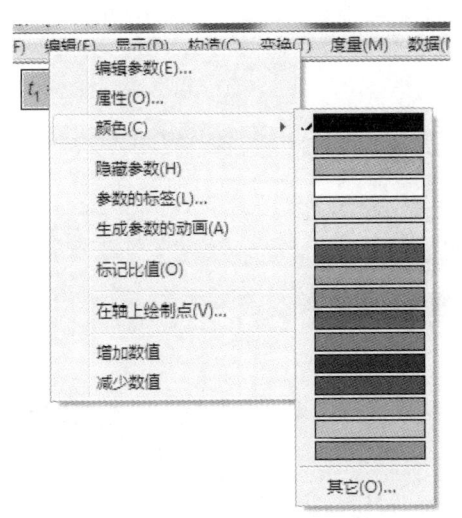

图 8.1-10  下拉菜单改变颜色

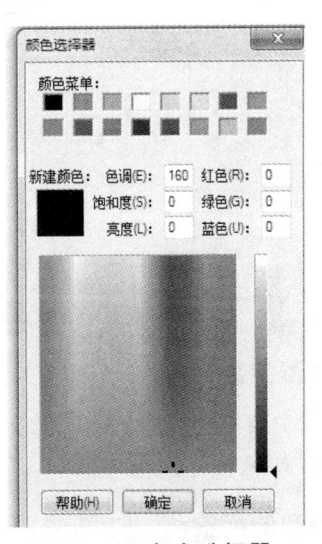

图 8.1-11  颜色选择器

**例 8.1-1**  多彩的圆盘．

操作步骤：

（1）用线段工具"╱"在绘图区任作一条线段 $AB$；

（2）用点工具"●"在线段 $AB$ 上任作一点 $C$，点击"度量"—"点的值"；

（3）用圆工具"○"在绘图区作一圆 $D$，点击"构造"—"圆内部"；

（4）用箭头工具"  "选择"$C$ 在 $\overline{AB}$ 上 $=0.36$"和圆 $D$ 内部，点击"显示"—"颜色"—"参数"，如图 8.1-12 所示．

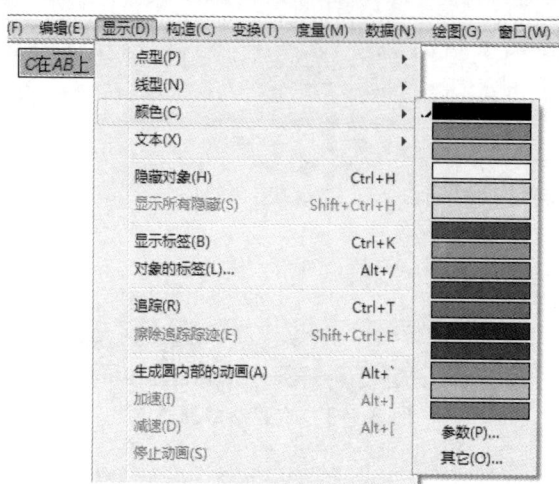

图 8.1-12　设置参数颜色

（5）选择点 C，点击"编辑"—"操作类按钮"—"动画". 点击"动画点"可看到，随着参数 C 值的变化，圆 D 内部的颜色也随之变化，如图 8.1-13 所示.

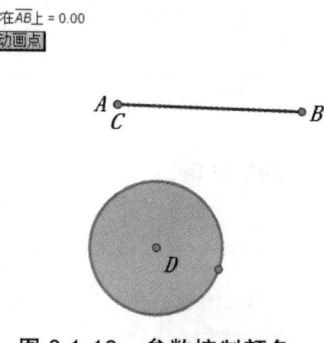

图 8.1-13　参数控制颜色

3）隐藏参数

如果在绘制动画时为了图画的美观，可将参数进行隐藏. 需要显示参数时就点击"显示"—"显示所有隐藏".

4）参数的标签

此项可改变参数的名称，界面和设置方法与 1）相同.

5）生成参数的动画

若一个动画是由参数来控制的，点击此项时参数的数值会不断地变化，同时也生成参数的动画.

例 8.1-2　研究一次函数图像与斜率和截距的关系.

操作步骤：

（1）用箭头工具" "点击"绘图"—"自定义坐标"；

（2）点击"数据"—"新建参数"，建立两个参数并将其名称分别改为 $k$ 和 $b$；

（3）点击"数据"—"新建函数"，建立函数 $f(x) = kx + b$；

（4）将鼠标指向新建函数 $f(x) = kx + b$，按鼠标右键，点击"绘制函数"得到函数图像，如图 8.1-14 所示；

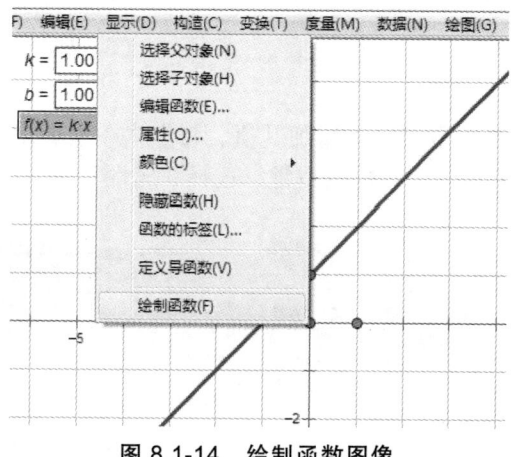

图 8.1-14　绘制函数图像

（5）将鼠标指向参数 $k$ 按右键点击"生成参数的动画"，可以看到，直线随着 $k$ 的变化而绕一个点作旋转变动；

（6）将鼠标指向参数 $b$ 按右键点击"生成参数的动画"，可以看到，直线随着 $b$ 的变化而作平行运动.

**6）标记比值**

使用"标记比值"后可在变换中的缩放、迭代等操作中将其作为缩放或迭代的比值.

**例 8.1-3**　作相似三角形.

操作步骤：

（1）用箭头工具"▶"点击"数据"—"新建参数"，建立参数 $t = 2$，将鼠标指向 $t = 2$ 按右键选择"标记比值"；

（2）用线段工具"╱"在绘图区绘制一个三角形 $ABC$，用点工具"●"在空白处作一点 $D$；

（3）用箭头工具"▶"双击点 $D$ 并选取三角形 $ABC$，点击"变换"—"缩放"得到相似三角形 $A'B'C'$，如图 8.1-15 所示.

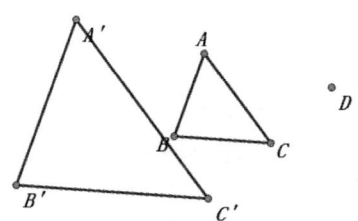

图 8.1-15　用参数标记比作相似三角形

### 7）在轴上绘制点

点击"在轴上绘制点"系统可把参数作为点的横坐标，纵坐标为 0 来绘制点，即点的位置在 X 轴上.

### 8）增加数值

新建参数后，点击"增加数值"可增加其值，每点击一次就增加一个调节值. 调节值的幅度也可调整. 方法是将鼠标指向参数按右键，选择"属性"—"参数"—"键盘调节"，如图 8.1-16 所示.

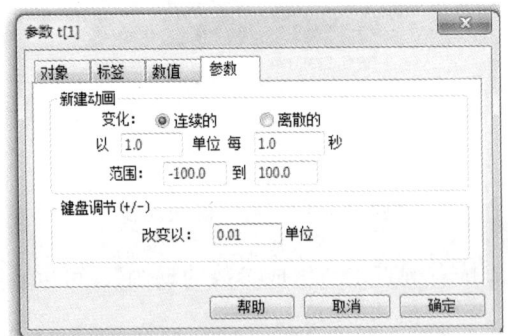

图 8.1-16  参数值增减的调节框

### 9）减少数值

减少数值操作同 8）.

## 8.2  参数的选项与设置

"参数选项"在几何画板中有一些基本的设置或默认值：在单位中，角度为"度"、距离为"厘米"、精确度为"百分之一"；在颜色中，默认"在使用新颜色时自动更新"，等等.

有时在参数建立之前先要对参数进行设置而改变其单位、颜色、文本和工具，这就要从"编辑"—"参数选项"得到其操作对话框，如图 8.2-1 所示. 在图中可以看出共有四项可以设置.

图 8.2-1  参数选项对话框

## 1) 单位设置

单位设置共有单位、精确度和应用三部分，单位有角度、距离和其他三项，如图 8.2-2 所示.

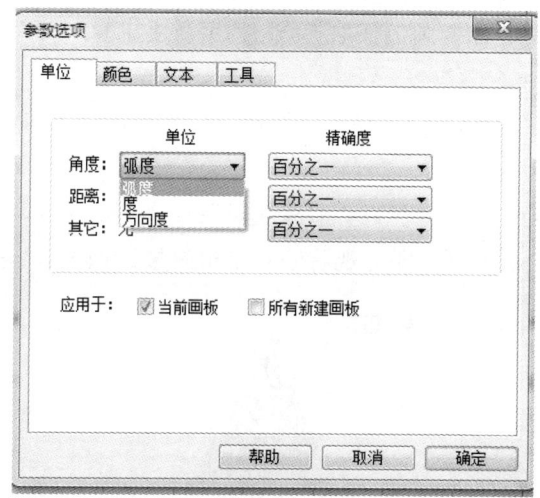

图 8.2-2　参数中单位设置

## 2) 颜色设置

"颜色设置"中有自动更新、淡出时间和应用三项，如图 8.2-3 所示.可对点、线、圆、图、轨迹、背景和对象进行颜色的改变，改变方法是将鼠标指向颜色小块按左键，在出现的颜色选择器中点击某点的颜色即可.图 8.2-4 为改变点、线、圆颜色后的效果.

在"淡入淡出效果时间"前打上"√"后动画在运动时后面的轨迹随时间而淡出.若不打"√"则运动轨迹不改变.

"应用于"后面两项根据需要打√，其默认值为"当前画板".

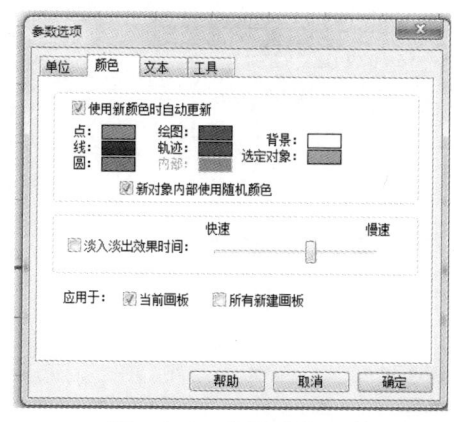

图 8.2-3　参数中颜色设置

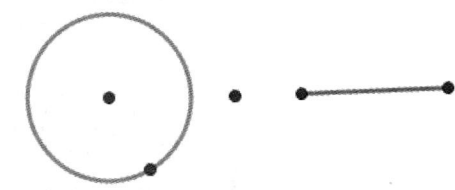

图 8.2-4　改变颜色后的点、线、圆

例 8.2-1　使用淡入淡出效果观看动画效果.

（1）用箭头工具"　"点击"编辑"—"参数选项"—"文本"—"应用所有新建点"；

（2）将鼠标指向自定义工具"▶:"，按左键 3 s，出现菜单后选择"圆锥曲线 A"—"椭圆"，调整点 D 使椭圆形似水平面上放置的效果；

（3）选用线段工具"/"，同时按住"shift"键过点 A 作一垂直线段 AI；

（4）选用点工具"•"在椭圆上任取一点 J，用箭头工具"▶"，选取点 I 和点 J，点击"构造线段"；

（5）选取点 J，点击"编辑"—"操作类按钮"—"动画"，方向选取"双向"，点击"确定"，其他用默认值；

（6）选取线段 IJ，点击"显示"—"追踪线段"；

（7）点击动画按钮"动画点"即可观看淡入淡出效果，如图 8.2-5 所示.

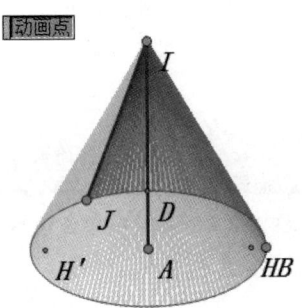

图 8.2-5　淡入淡出效果

### 3）文本设置

"文本设置"共由四个部分组成，即自动显示标签、新对象标签样式、应用于和其他，如图 8.2-6 所示. 在"自动显示标签"中有两个选项：应用于所有新建点和应用于度量过的对象，默认值为"应用于度量过的对象"，若选择"应用于所有新建点"后在绘制点时就自动标记点的标签. 其他选项可根据需要从中选择.

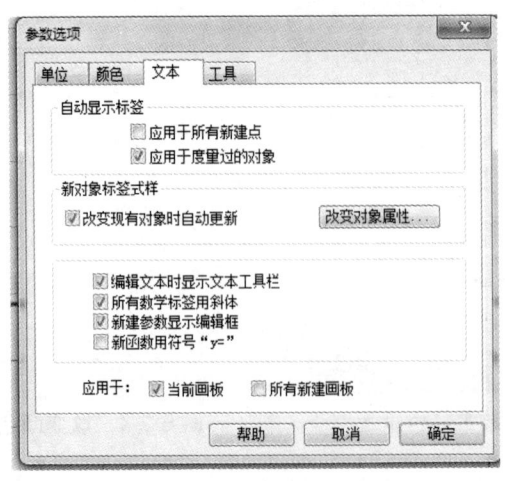

图 8.2-6　参数文本设置

4）工具设置

"文本"由四个部分组成：箭头工具、多边形工具、标记工具、信息工具，如图 8.2-7 所示.

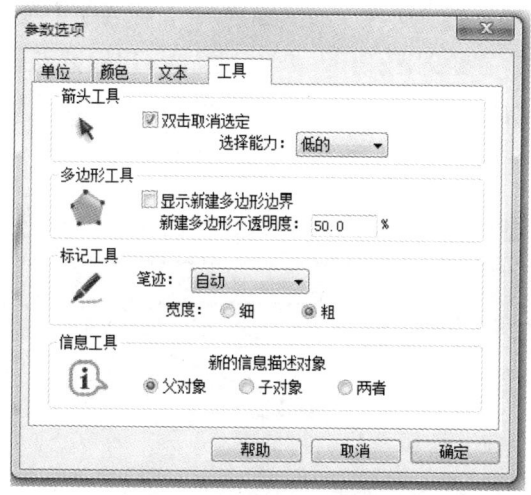

图 8.2-7　参数的工具菜单

（1）箭头工具的默认值是"单击取消选定"．若我们在连续选择多个对象的过程中最后一个没被选中，前面所选对象将全部被取消，要想继续就得从头再来．若将箭头工具改为"双击取消选定"后在没有选取最后一个对象时，可直接对最后一个对象再次选取而不会将前面所选对象丢失．

（2）多边形工具．

在工具栏中有一项是多边形工具"　"，其默认值是不"显示多边形边界"，当勾选"显示多边形边界"后在用多边形工具绘制多边形时就会出现多边形的边界，如图 8.2-8 所示.

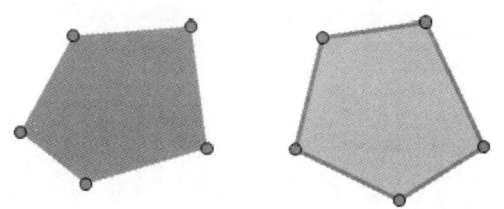

图 8.2-8　多边形有和无边界对比

## 8.3　用参数作指数函数图像

例 8.3-1　绘制函数 $y = A\sin(\omega x + \varphi)$ 的图像.

操作步骤：

（1）用箭头工具"　"点击"绘图"—"定义坐标系"，其原点为 $O$.

（2）点击"编辑"—"参数选项"—"单位"—"角度"，将其单位改为"弧度"．

（3）用线段工具"　"在绘图区任作两条线段 $AB$，$CD$，用箭头工具选取线段 $AB$，$CD$，点击"度量"—"长度"，并将其标签改为 $A$ 和 $\omega$（$\omega, \varphi$ 使用方法：用鼠标依次点击：开始—

所有程序—附件—系统工具—字符映射表，打开"字符映射表"。在其中找到所要的字符，双击之后所选字符就进入到"复制字符"框，点击右边的"复制"，将操作界面回到几何画板中，用鼠标指向参数按右键选择"属性"—"标签"，在标签框中按"ctrl+V"）.

（4）用线段工具" "在绘图区任作一个角∠EFG，用标记工具" "将∠EFG标记，用箭头工具" "指向∠EFG按右键选择"角度"将其度量，再一次将鼠标指向∠EFG按右键选择"属性"—"标记笔"—"逆时针"，如图8.3-1所示.

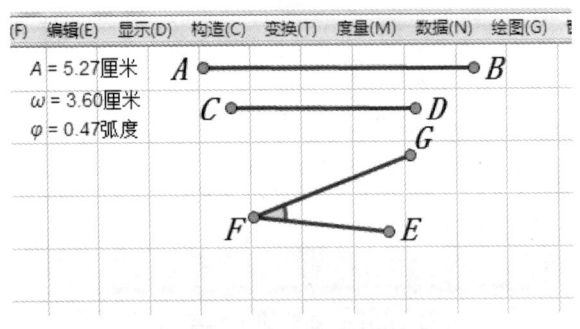

图 8.3-1  设置参数

（5）选取点工具" "在X轴上任作一点H，用箭头工具" "选取点H，点击"度量"—"横坐标"，将其标签改为"X".

（6）点击"数据"—"计算"，计算出$A\sin(\omega x+\varphi)$的值.

（7）依次选取"x"和"$A\sin(\omega x+\varphi)$"，点击"绘图"—"绘制点(x, y)(P)".

（8）依次选取点H和点I，点击"构造"—"轨迹"。得到参数函数的轨迹，如图8.3-2所示.

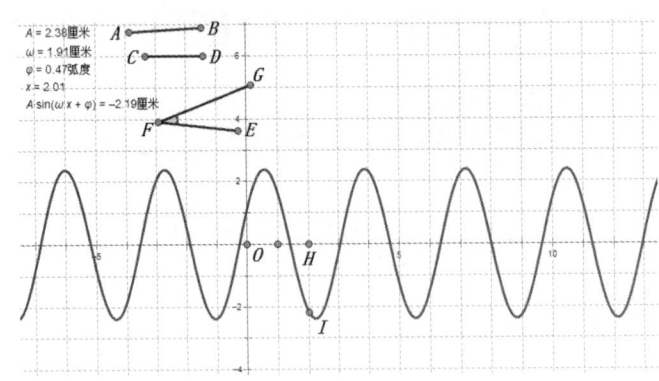

图 8.3-2  参数函数的图像

若要看到函数图像的绘制过程，可用"追踪点"的方法看到效果.

（9）选取点I，点击"显示"—"追踪绘制的点"，选取点H，点击"编辑"—"操作类按钮"—"动画"，并将"动画点"的标签改为"绘制图像".

点击按钮"绘制图像"可看到效果，如图8.3-3所示.

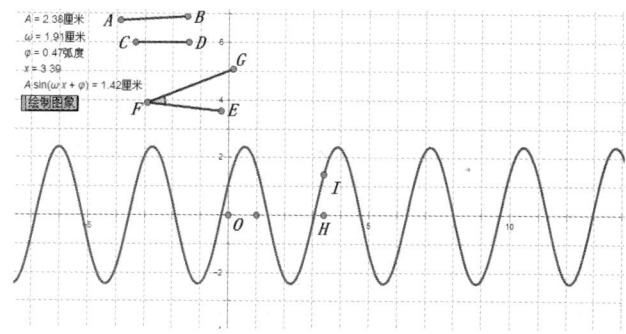

图 8.3-3　动态演示参数函数图像

特别说明：

（1）拖动点 B 可以看到图像由于振幅的改变而改变；

（2）拖动点 D 可以看到图像由于原象的改变而改变；

（3）拖动点 G 可以看到图像由于初象的改变而改变；

（4）参数 A(AB), ω(CD)两线段只要是两条线段均可以，∠EFG 也可以在圆上作出．

例 8.3-2　绘制二次函数 $y=ax^2+bx+c$ 的图像．

操作步骤：

（1）选择箭头工具""，点击"绘图"—"定义坐标系"，并将原点标签改为 O．

（2）用点工具"•"在 X 轴上任作三点 B, C, D，用箭头工具""选取三点 B, C, D 和 X 轴，点击"构造"—"垂线"．

（3）用点工具"•"分别在三条垂线上任取三点 E, F, G，用箭头工具""选取三条垂线，点击"显示"—"隐藏垂线"．

（4）选取点 B, E，点击"构造"—"线段"，构造线段 BE，同样构造线段 CF, DG．

（5）选取线段 BE, CF, DG，点击"度量"度量出三线段的度，并将其标签改为 a, b, c．

（6）用点工具"•"在 X 轴上任选一点 H，用箭头工具""选取点 H，点击"度量"—"横坐标"，并将其标签改为 X，如图 8.3-4 所示．

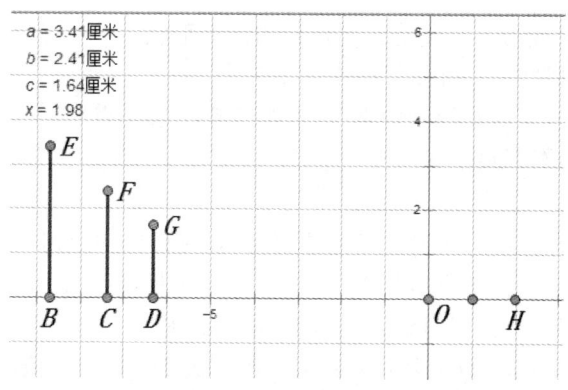

图 8.3-4　参数设置

（7）点击"数据"—"计算"，计算出 $ax^2+bx+c$．

（8）依次选取绘图区右上方的"x"和"$ax^2+bx+c$"，点击"绘制点(x, y)(P)"绘制点 I（若此时看不到所绘制的点，可将线段 BE, CF, DG 缩短以减小参数值）．

（9）依次选取点 H 和 I，点击"构造"—"轨迹"得到二次函数的图像，如图 8.3-5 所示．

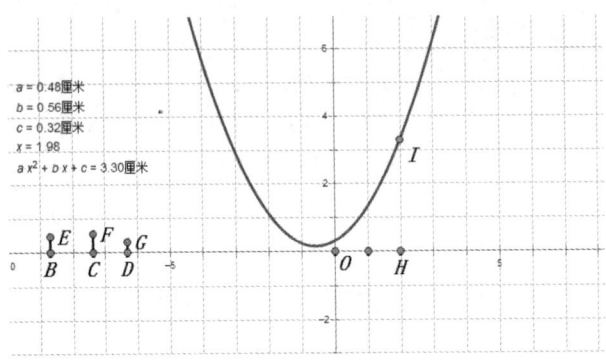

图 8.3-5　二次函数图像

（10）依次选取点 H 和点 I，点击"构造"—"轨迹"．

（11）选取点 H，点击"编辑"—"操作类按钮"—"动画"，并将其标签改为"绘制点"，如图 8.3-6 所示．

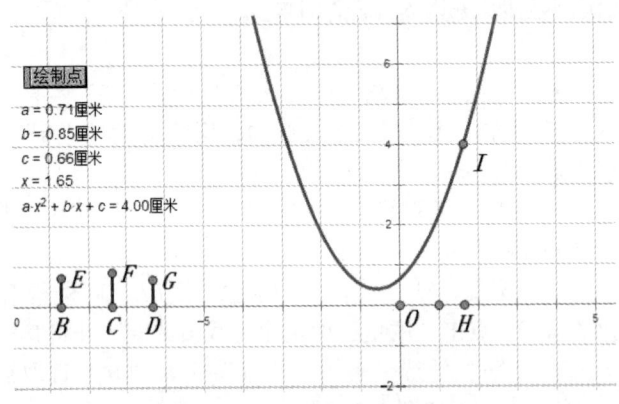

图 8.3-6　动画演示二次曲线

（12）拖动点 E 或 F 或 G，可改变二次函数图像的形状．

若要观察曲线的绘制过程，可如下操作：

（13）选取点 I，点击"追踪绘制的点"，点击按钮"绘制点"．

**例 8.3-3**　绘制圆的渐开线图像．

操作步骤：

（1）用箭头工具"▶"点击编辑"参数选项"，在对话框中点击"角度"—"弧度"；

（2）点击"绘图"—"自定义坐标"，将原点改为字母"O"，单位点设为"A"，依次选取点 O 和 A，点击"构造"—"以圆心和圆周上的点绘圆"；

（3）用点工具"•"在圆 O 上任作一点 C，用箭头工具"▶"依次选取点 A 和 O，点击"构造"—"线段"，同理作线段 OC；

（4）用标记工具"✎"将 ∠AOC 标记，改用箭头工具"▶"将鼠标指向 ∠AOC 内部按右键，在对话框中选"标记笔"—"角定义"—"逆时针"，并在"显示角度方向"前打"√"，如图 8.3-7 所示；

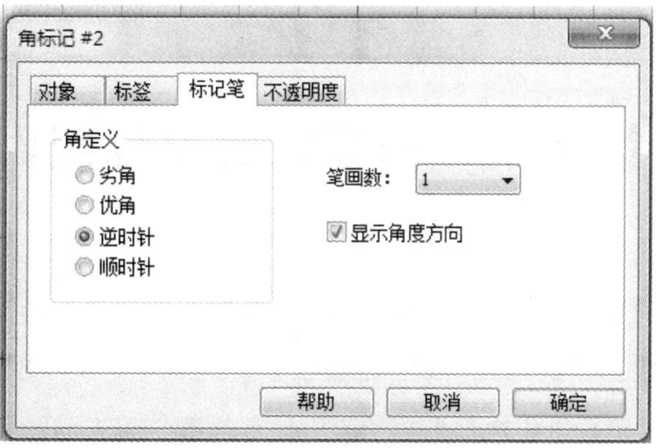


图 8.3-7　设置角的属性

（5）用箭头工具“”指向∠$AOC$ 内部，按右键在出现的对话框中选“角度”，并将其标签改为 $x$；

（6）点击“数据”—“参数”，建立参数 $a=1.00$；

（7）点击“数据”—“计算”，计算出参数“$a(\sin(x)+x\cos(x))$”和“$a(\cos(x)-x\sin(x))$”；

（8）依次选取“$a(\sin(x)+x\cos(x))$”和“$a(\cos(x)-x\sin(x))$”，点击“绘图”—“绘制点(x, y)(P)”，绘制出动点 $D$；

（9）依次选取点 $C$ 和 $D$，点击“构造”—“轨迹”得到圆的渐开线；

（10）选取点 $C$ 和 $D$，点击“构造”—“线段”，选择点 $C$，点击“编辑”—“操作类按钮”—“动画”，如图 8.3-8 所示.

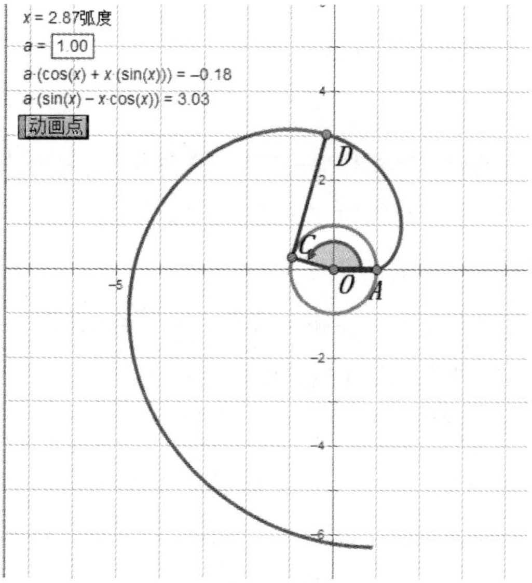


图 8.3-8　圆的渐开线

# 第 9 章  初等代数课件制作

中学阶段数学可以分为代数与几何两大部分. 其中代数以具体的数量关系来说明数、式、形之间的关系，它多以函数的形式出现. 而函数思想是中学生学习数学时所要掌握的一种重要思想，对中学生进行函数思想教学是数学素质教育的重要环节. 进行函数教学的难点就是函数图像与性质，如何用较直观的手段动态地阐述函数图像的形成及函数性质就显得尤为重要.

## 9.1  初等函数性质研究

初等函数是由六个基本初等函数通过有限次的加、减、乘、除而来的. 它是中学数学中代数学的主要内容之一，也是下一阶段学习高等数学的基础.

### 9.1.1  指数函数

形如 $y = a^x (a > 0, a \neq 1)$ 的函数叫做指数函数.

**1）用参数法研究指数函数的图像和性质**

操作步骤：

（1）用箭头工具"![]"点击"绘图"—"自定义坐标"，将原点字母改为"$O$"；

（2）选用线段工具"![]"，同时按住"shift"绘制一条射线 $AB$，选用点"![]"工具在射线 $AB$ 上任选一点 $C$，在 $X$ 坐标轴上任作一点 $D$；

（3）用箭头工具"![]"选取点 $C$，点击"度量"—"点的值"，将其标签改为"$a$"，选取点 $D$，点击"度量"—"横坐标"，将其标签改为"$x$"；

（4）点击"数据"—"计算"，计算出 $a^x$；

（5）依次选取 $x$ 和 $a^x$，点击"绘图"—"绘制点(x, y)(P)"绘制出点 $F$；

（6）依次选取点 $D$ 和 $F$，点击"构造"—"轨迹"得到指数函数图；

（7）选取指数函数图和 $Y$ 轴，点击"构造"—"交点"得到交点 $G$；

（8）选取点 $G$，点击"度量"—"坐标"得到点 $G$ 的坐标；

（9）选取点 $C$，点击"编辑"—"操作类按钮"—"动画"，在对话框中的"动画"—"方向"选"双向"，"速度"选"中速"，如图 9.1-1 所示；

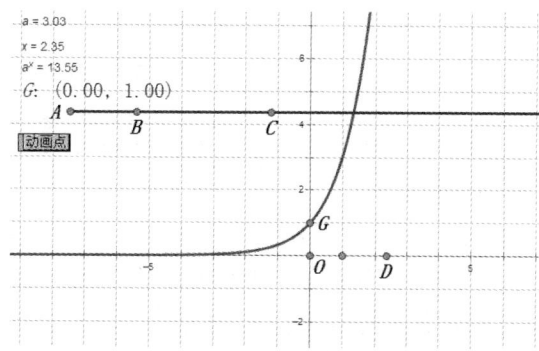

图 9.1-1　指数函数图

特别说明：

（1）点击"动画点"按钮，可以观察到点 $G$ 的坐标不变；

（2）当点 $C$ 在 $AB$ 之间时，其对应的点值即 $x$ 在$(0,1)$内，对应图在第一象限，函数值随 $x$ 的增大而减小；

（3）当点 $C$ 在 $AB$ 之外时，其对应的点值即 $x>1$，对应图在第二象限，函数值随 $x$ 的增大而增大．

**2）用描点法绘制函数 $y=2^x$ 的图像**

操作步骤：

（1）用箭头工具"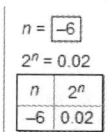"点击"数据"—"新建参数"，建立参数 $n=-6$（单位为"无"）；

（2）点击"数据"—"计算"计算出 $2^n$；

（3）依次选取 $n$ 和 $2^n$，点击"数据"—"制表"得到表的初始形式，如图 9.1-2 所示；

图 9.1-2　数据制表

（4）依次选取参数 $n$ 和表，同时左手按住"shift"键，右手按键盘上的"＋"以增加表的列数；

（5）选取生成的大表，按鼠标右键选择"绘制表中的数据"，在对话框中的坐标系选择"直角坐标系"；点击"绘制"，如图 9.1-3 所示；

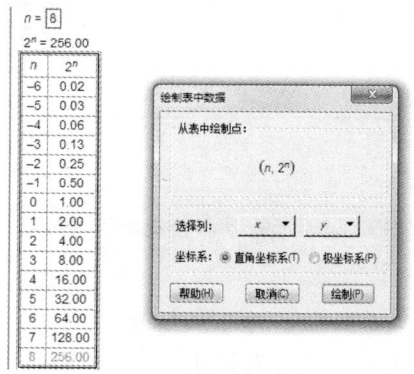

图 9.1-3　绘制表的数据对话框

（6）点击"绘图"—"绘制点"，在对话框中分别输入$(-6,-50)$和$(6,-50)$得到两点$A$和$B$；

（7）选取点$A$和$B$，点击"构造"—"线段"（此时线段$AB$被选定），点击"构造"—"线段上的点"得到点$C$；

（8）选取点$C$，点击"度量"—"横坐标"，将其标签改为"$x$"；

（9）点击"数据"—"计算"计算出$2^x$；

（10）依次选取"$x$"和"$2^x$"，点击"绘图"—"绘制点"得到点$D$；

（11）依次选取点$C$和$D$，点击"变换"—"创建自定义变换"得到变换"$C \to D$变换"，点击"确定"；

（12）依次选取点$A$和$C$，点击"构造"—"线段"得到线段$AC$，选取线段$AC$和点$D$，点击"变换"—"$C \to D$变换"，如图9.1-4所示；

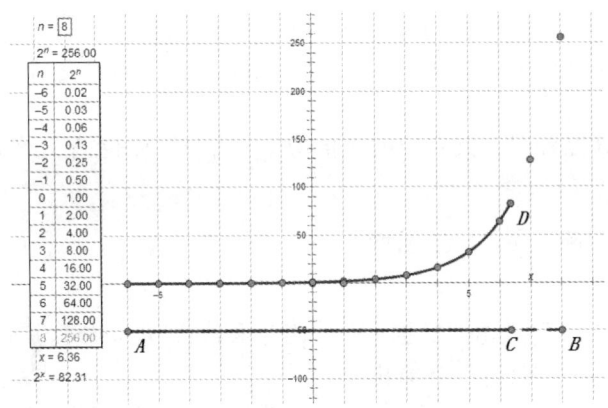

图9.1-4　描点法绘制指数函数图像

（13）用箭头工具"　"选取点$D$，将其标签改为"？"，在屏幕左下方的字体中选择"Windows"，字号改为"24"得到手写形状的鼠标；

（14）选取点$C$，点击"编辑"—"操作类按钮"—"动画"，如图9.1-5所示.

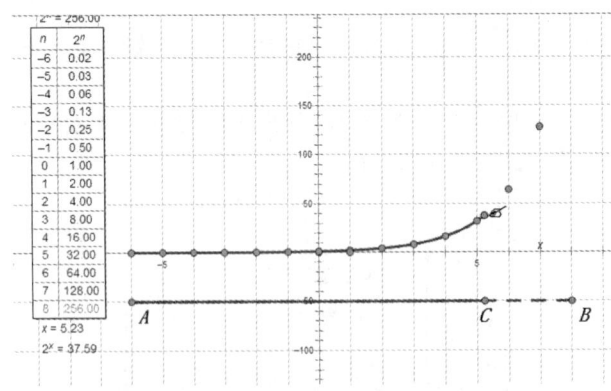

图9.1-5　手形动画绘制指数函数图

## 9.1.2　对数函数

形如$y = \log a^x (a > 0, a \neq 1)$的函数叫做对数函数. 对数函数是指数函数的逆函数. 由于在几何画板中自带的对数函数是常用参数函数,所以要用换底公式将一般参数函数换为两个常用参数之比,即 $\log a^x = \dfrac{\lg x}{\lg a}$.

**1)用参数法研究参数函数的性质**

操作步骤:

(1)用箭头工具" "点击"绘图"—"自定义坐标",将原点字母改为"$O$";

(2)选用线段工具" ",同时按住"shift"绘制一条射线 $AB$,选用点" "工具在射线 $AB$ 上任选一点 $C$,在 $X$ 坐标轴上任作一点 $D$;

(3)用箭头工具" "选取点 $C$,点击"度量"—"点的值",将其标签改为"$a$",选取点 $D$,点击"度量"—"横坐标",将其标签改为"$x$";

(4)点击"数据"—"计算",计算出 $\log(x), \log(a), \dfrac{\log(x)}{\log(a)}$;

(5)依次选取 $x$ 和 $\dfrac{\log(x)}{\log(a)}$,点击"绘图"—"绘制点(x, y)(P)"绘制出点 $F$;

(6)依次选取点 $D$ 和 $F$,点击"构造"—"轨迹"得到指数函数图;

(7)选取指数函数图和 $Y$ 轴,点击"构造"—"交点",得到交点 $G$;

(8)选取点 $G$,点击"度量"—"坐标"得到点 $G$ 的坐标;

(9)选取点 $C$,点击"编辑"—"操作类按钮"—"动画",在对话框中的"动画"—"方向"选"双向","速度"选"中速",如图 9.1-6 所示;

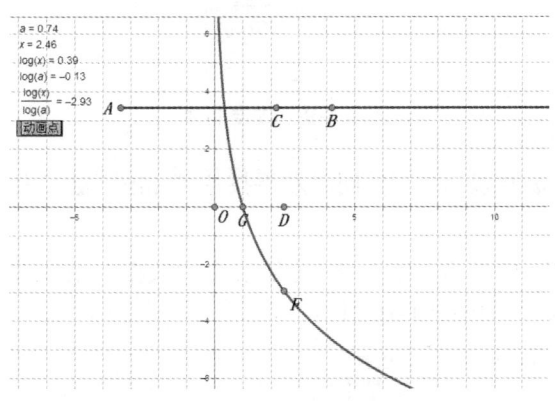

**图 9.1-6 参数函数图像**

(10)选取点 $G$,点击"度量"—"坐标".

特别说明:

(1)点击"动画点"按钮,可以观察到点 $G$ 的坐标不变;

(2)当点 $C$ 在 $AB$ 之间时,其对应的点值即 $x$ 在 $(0,1)$ 内,函数值随 $x$ 的增大而减小;

(3)当点 $C$ 在 $AB$ 之外时,其对应的点值即 $x>1$,函数值随 $x$ 的增大而增大.

**2)用描点法绘制对数函数 $y = \log_2 x$ 的图像**

操作步骤:

(1)用箭头工具" "点击"数据"—"新建参数",建立参数 $n = 0.1$(单位为"无"),

用鼠标指向新建参数 $n = 0.1$，按鼠标右键出现对话框，在其中选择"数值"—"精确度"—"十分之一"（图 9.1-7），在对话框中选择"参数"—"键盘调节"—"改变为 0.3"（图 9.1-8）；

图 9.1-7　数值设置

图 9.1-8　参数设置

（2）点击"绘图"—"定义坐标系"，将原点标签改为"$O$"；

（3）用点工具"·"在 $X$ 轴上任作一点 $B$，选取点 $B$，点击"度量"—"横坐标"，将其标签改为 $x$；

（4）用箭头工具"▶"点击"数据"—"计算"计算出 $\log n, \log 2, \dfrac{\log n}{\log 2}$；

（5）依次选取 $n$ 和 $\dfrac{\log n}{\log 2}$，点击"数据"—"制表"得到数据表的初始表，如图 9.1-9 所示；

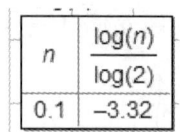

图 9.1-9　数据制表

（6）依次选取参数 $n$ 和表 ，同时左手按住"shift"键，右手按键盘上的"+"以增加表的列数；

（7）选取生成的大表，按鼠标右键选择"绘制表中的数据"，在对话框中的坐标系选择"直角坐标系"；点击"绘制"，如图 9.1-10 所示．

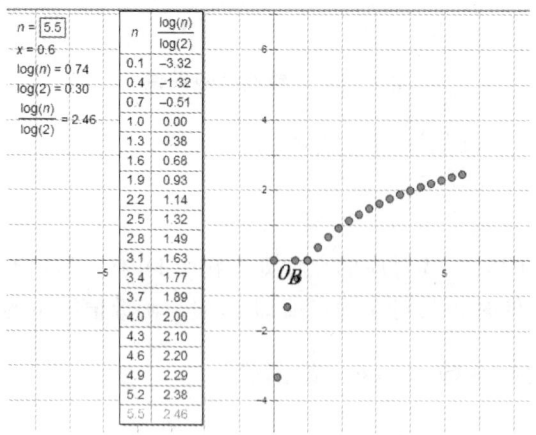

图 9.1-10　绘制表中数据

（8）点击"绘图"—"绘制点"，在对话框中分别输入(0,-4)和(6,-4)得到两点 $E$ 和 $F$；

（9）选取点 $E$ 和 $F$，点击"构造"—"线段"（此时线段 $EF$ 被选定），点击"构造"—"线段上的点"得到点 $G$；

（10）选取点 $G$，点击"度量"—"横坐标"，将其标签改为"$x$"；

（11）点击"数据"—"计算"计算出 $\log x, \dfrac{\log x}{\log 2}$；

（12）依次选取"$x$"和"$\dfrac{\log x}{\log 2}$"，点击"绘图"—"绘制点"得到点 $H$；

（13）依次选取点 $G$ 和 $H$，点击"变换"—"创建自定义变换"得到变换"$G \to H$ 变换"，点击"确定"；

（14）依次选取点 $E$ 和 $G$，点击"构造"—"线段"得到线段 $EG$，选取线段 $EG$ 和点 $H$，点击"变换"—"$G \to H$ 变换"，如图 9.1-11 所示；

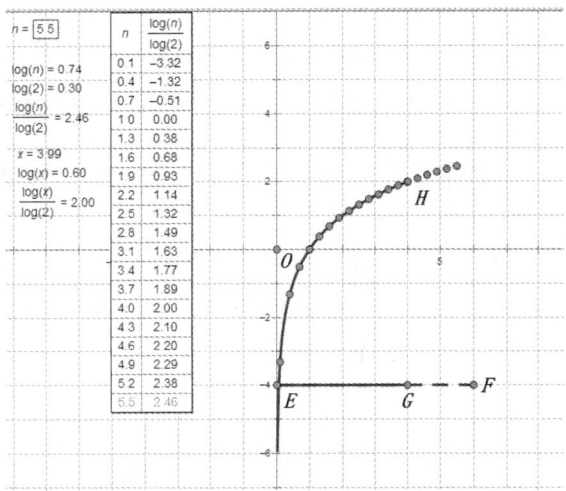

图 9.1-11　描点绘制参数函数图像

（15）用箭头工具"　"选取点 $H$，将其标签改为"？"，在屏幕左下方的字体中选择"Windows"，字号改为"24"得到手写形状的鼠标；

（16）选取点 $G$，点击"编辑"—"操作类按钮"—"动画"，如图 9.1-12 所示；

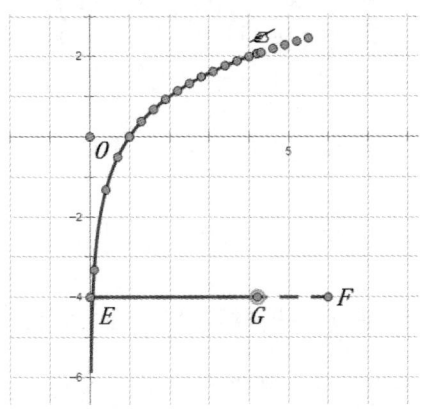

图 9.1-12　手形绘制对数函数图像

（17）选取点 G，点击"编辑"—"操作类按钮"—"动画"。在出现的对话框中选择"动画"—"方向"选"双向"，"速度"选"中速"。点击动画点按钮可看到动画效果。

### 9.1.3 三角函数

三角函数主要有正弦函数、余弦函数、正切函数、余切函数等。

**例 9.1-1** 正弦函数 $y=\sin x$ 的描点法制图。

中学阶段，对正弦函数的图像是如何由圆上一点的运动而产生的不一定很清楚，也就是说，一个是角在不断增大，一个是函数值随之变化，那么这两点是如何生成正弦函数图像的？下面就用描点法作出正弦函数图像。

操作步骤：

（1）用迭代法将单位圆进行 $n$ 等分，构造正弦线。

（1.1）用箭头工具" "点击"绘图"—"自定义坐标系"，将原点的标签记作 A，单位点标签记为 B，在 X 轴负半轴上任取一点 O；

（1.2）依次选取点 A 和 B，点击"变换"—"标记向量"，选取点 O，点击"变换"—"平移"，将点 O 平移到 X 轴上的点 C 处；依次选取点 O 和 C，点击"构造"—"以圆心和圆上的点绘圆"；

（1.3）点击"数据"—"新建参数"，建立参数 $n=12$，点击"数据"—"计算"计算出参数值 $n-1=11$；

（1.4）用点工具" "在圆 O 上任作一点 P，用箭头工具" "点击"编辑"—"参数选项"—"单位"—"角"—"弧度"，点击"数据"—"计算"计算出 $\dfrac{2\pi}{n}*1$ 弧度（注：π 是用 PAI 输入），如图 9.1-13 所示；

图 9.1-13 输入 $\dfrac{2\pi}{n}*1$

（1.5）选取 $\left(\dfrac{2\cdot\pi}{n}\right)\cdot 1$ 弧度 $=\dfrac{\pi}{6}$ 弧度，按鼠标右键，在出现的对话框中选取"标记角度"，双击点 O，选取点 P，点击"变换"—"旋转"，得到点 Q；

（1.6）选取点 O 和 P，点击"构造"—"线段"，构造出线段 OP，选取点 P 和 X 轴，点击"构造"—"垂线",再选取 X 轴,点击"构造"—"交点"得到垂足 M,选取直线 PM,点击"显示"—"隐藏垂线",选取点 P 和 M,点击"构造"—"线段"得到线段 PM;

(1.7)选择"数据"—"新建参数",建立参数 $t=0$,选择"数据"—"计算"计算出 $t+1, \dfrac{t}{n}$,选取线段 PM 和 $\dfrac{t}{n}$,点击"显示"—"颜色",将其颜色设为红色;

(1.8)依次选取点 P,参数 $t, n$,同时按住"shift"点击"变换"—"深度迭代",迭代方式如图 9.1-14,图 9.1-15,点击"结构",若将"生成迭代数据表"前的"√"去掉后就没有数据表(图 9.1-16)。

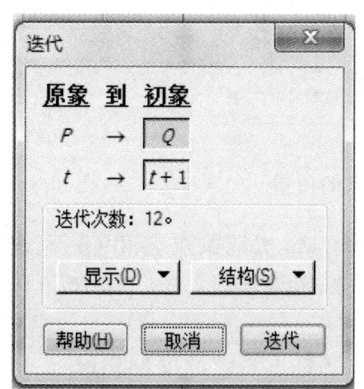

图 9.1-14　深度迭代操作

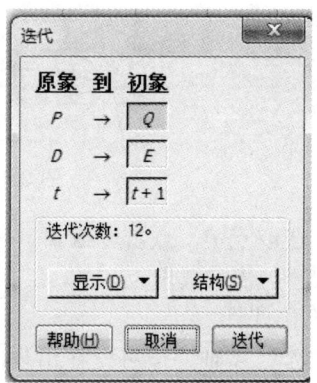

图 9.1-15　深度迭代

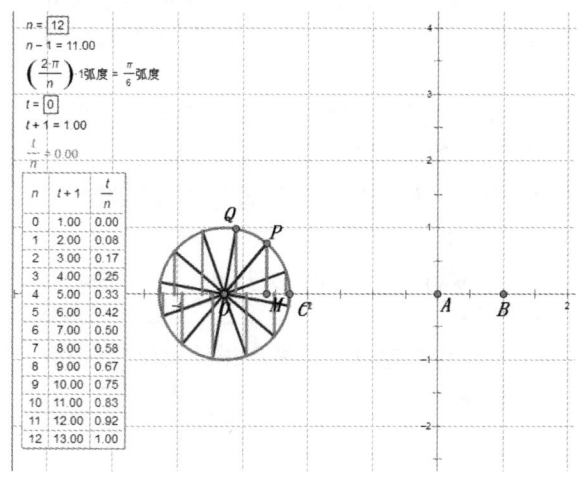

图 9.1-16　十二等分圆

(2)通过正弦线动态平移实现几何法作正弦函数图像.

(2.1)用箭头工具"．"依次选取点 A 和 B,点击"度量"—"距离"得到 AB 的长度,点击"数据"—"计算"计算出 $\left(\dfrac{2\cdot\pi}{n}\right)\cdot AB=0.75$ 厘米的值,用鼠标指向 $\left(\dfrac{2\cdot\pi}{n}\right)\cdot AB=0.75$ 厘米按右键,在出现的对话框中选择"标记距离";

(2.2)在 X 轴上任作一点 D,点击"变换"—"平移"得到点 E(平移变换—极坐标,标记距离,固定角度—0 弧度);

（2.3）依次选取点 $M, D$，点击"构造"—"线段"（此时线段 $MD$ 被选取），点击"构造"—"线段上的点"得到点 $N$；依次选取点 $N, D$，点击"编辑"—"移动"将其标签改为"平移"；依次选取点 $N, M$，点击"编辑"—"移动"将其标签改为"回复 1"；

（2.4）依次选取点 $M, N$，点击"变换"—"标记向量"，选取线段 $MP$ 和点 $P$，点击"变换"—"平移"得到线段 $NP'$，选取线段 $NP'$ 和参数 $\dfrac{t}{n}$，点击"显示"—"颜色"将其颜色设置为红色；

（2.5）连接 $PP'$，依次选取点 $P, D$，参数 $t, n$，同时按住"shift"，点击"变换"—"深度迭代"，如图 9.1-15 和图 9.1-17 所示；

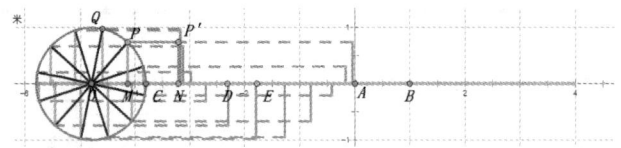

图 9.1-17　迭代生面各点的位置

（2.6）选取点 $P$，点击"编辑"—"从圆中分离点"，依次选取点 $P$ 和 $C$，点击"编辑"—"合并点"，依次选取点 $D$ 和 $A$，点击"编辑"—"操作类按钮"—"移动"。

（3）美化课件.

（3.1）选定 $X$ 轴，按右键在出现的对话框中选择"属性"将"刻度标注设置"为"π的倍数或分数"，在点 $(2π,0)$ 处设为点 $F$，依次选取点 $A, F$，点击"构造"—"线段"（此时线段 $AF$ 被选定），点击"构造"—"线段上的点"$G$，选择线段 $AF$，点击"显示"—"隐藏线段"将线段 $AF$ 隐藏，选取点 $A, G$，点击"构造"—"线段"（此时线段 $AG$ 被选定），点击"构造线段上的点"$H$；

（3.2）用箭头工具选定点 $H$，点击"度量"—"横坐标"得到 $H$ 的横坐标 $x_H$，点击"数据"—"计算"计算出 $\sin(x_H)$，依次选取 $x_H, \sin(x_H)$，点击"绘图"—"绘制点$(x, y)(P)$"得到点 $I$，依次选取点 $H, I$，点击"构造"—"轨迹"得到图像的一部分；

（3.3）依次选取点 $G, F$，点击"编辑"—"操作类按钮"—"移动"将其标签改为"作图"，依次选取点 $G, A$，点击"编辑"—"操作类按钮"—"移动"，在其对话框中"速度"—"高速"，标签改为"回复 2"；

（3.4）选取按钮"回复 1"将其标签改为"描点初始化"，选取"回复 2"将其改为"图像初始化".效果如图 9.1-18 所示.

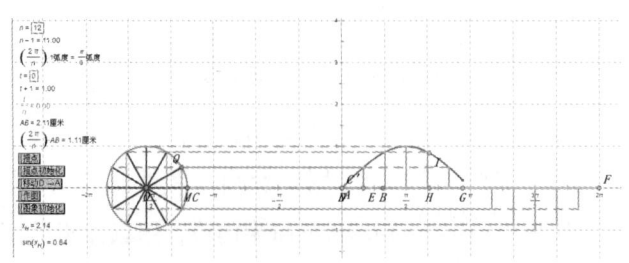

图 9.1-18　分别点击上面各个按钮进行体验

例 9.1-2　构造函数法研究正弦函数 $y = \sin x$，$y = A\sin x$，$y = \sin(\omega x)$，$y = \sin(\omega x + \varphi)$，

$y = A\sin(\omega x + \varphi)$ 之间的图像关系.

操作步骤：

（1）用箭头工具"▶"点击"绘图"—"定义坐标系"，将坐标原点标签改为"$O$"；

（2）用点工具"•"在 $X$ 轴上任作两点 $B, C$，用箭头工具"▶"选取点 $B$ 和 $X$ 轴，点击"构造"—"垂线"，在垂线上任取一点 $D$，选取垂线 $BD$，点击"显示"—"隐藏垂线"，再选取点 $B, D$，点击"构造"—"线段"，构造出线段 $BD$，将其标签改为"$A$"，同理构造出线段 $CE$ 并将标签改为"$\omega$"．用线段工具"╱"在绘图区绘制一个角 $\angle FGH$，并度量其大小，将其标签改为"$\varphi$"，角度单位用弧度（先选定 $\angle FGH$，点击"编辑"—"参数选项"—"单位"—"角度"—"弧度"），如图 9.1-19 所示；

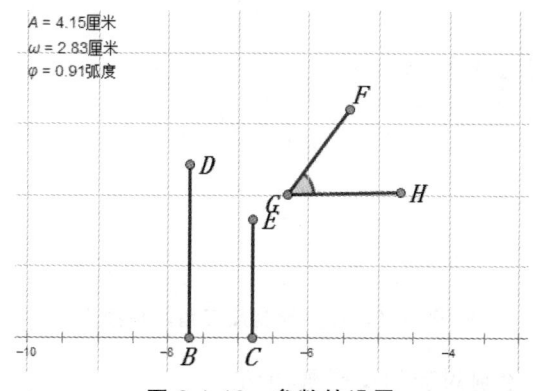

图 9.1-19　参数的设置

（3）鼠标指向 $X$ 轴，按右键"属性"—"坐标轴"—"π的倍数或分数"，点击"绘图"—"绘制新函数"，在出现的对话框中输入"$\sin(x)$"得到正弦函数 $y = \sin x$ 的图像；拖动函数图像两端的箭头调整图像在一个周期内；

（4）点击"数据"—"新建函数"，在对话框内写"$g(x) = A\sin x$""$h(x) = \sin(\omega x)$""$q(x) = \sin(\omega x + \varphi)$""$r(x) = A\sin(\omega x + \varphi)$"；

（5）将鼠标指向函数"$g(x) = A\sin x$"按右键，在出现的对话框中选"绘制函数"，同理将其他几个函数的图像绘制出来；

（6）拖动点 $D$，可观察函数 $g(x) = A\sin x$，$r(x) = A\sin(\omega x + \varphi)$ 的图像变化，同理拖动点 $E$，可观察函数 $h(x) = \sin(\omega x)$ 的图像变化，拖动点 $F$ 可观察图像 $q(x) = \sin(\omega x + \varphi)$，$r(x) = A\sin(\omega x + \varphi)$ 的图像变化，如图 9.1-20 所示.

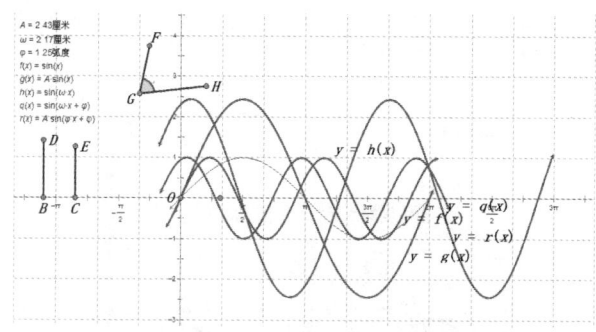

图 9.1-20　正弦函数图像对比

### 9.1.4 反三角函数

**1）利用几何画板自带反函数绘制反函数图像**

几何画板自带有三个反三角函数：arcsin、arccos、arctan. 利用它们可直接绘制反三角函数图像.

具体操作如下：点击"绘图"—"绘制新函数"，在出现的对话框中直接调用相应函数作图即可（选择文本工具，依次点击各图像，出现相对应的函数），如图 9.1-21 所示.

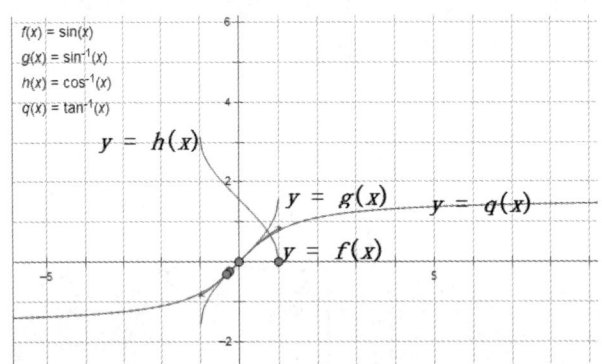

图 9.1-21　直接绘制反三角函数图像

**2）利用原函数图像绘制对应的反函数图像**

例 9.1-3　利用正弦函数图像绘制其反正弦函数图像.

操作步骤：

（1）用箭头工具"![]"点击"绘图"—"定义坐标系"，将原点标签改为"$O$"，单点隐藏，将鼠标指向 $X$ 轴按右键，选择"属性"—"坐标轴"—"π的倍数或分数"，将坐标轴改为以π为单位；

（2）点击"数据"—"新建函数"，构造函数 $y=\sin x$，$x\in\left[-\dfrac{\pi}{2},\dfrac{\pi}{2}\right]$ 的新函数 $y=\sin(x)+0*\mathrm{sqrt}\left(\left(x+\dfrac{\pi}{2}\right)\left(\dfrac{\pi}{2}-x\right)\right)$；

（3）点击"绘图"—"绘制点"分别绘制点：$A\left(-\dfrac{\pi}{2},0\right)$，$B\left(\dfrac{\pi}{2},0\right)$，$C\left(-\dfrac{\pi}{2},-1\right)$，$D\left(\dfrac{\pi}{2},1\right)$，$M(-\pi,-\pi)$，$N(\pi,\pi)$，$M'\left(-1,-\dfrac{\pi}{2}\right)$，$N'\left(1,\dfrac{\pi}{2}\right)$，如图 9.1-22 所示；

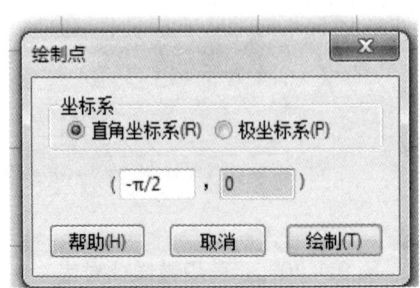

图 9.1-22　绘制点

（4）选取点 $M, N$，点击"构造"—"线段"，双击线段 $MN$ 将 $MN$ 作为反射镜面；

（5）将鼠标指向新建函数 $y = \sin(x) + 0 * \text{sqrt}\left(\left(x + \dfrac{\pi}{2}\right)\left(\dfrac{\pi}{2} - x\right)\right)$ 按右键，选择"绘制函数"（此时函数图像被选定），点击"构造"—"函数图像上的点" $P$，选定点 $P$，点击"度量"—"横坐标"和"纵坐标"分别度量点 $P$ 的横坐标和纵坐标，选择点 $P$，点击"变换"—"反射"得到点 $P'$，并分别度量出点 $P'$ 的纵坐标和横坐标；

（6）依次选取点 $P$ 和 $P'$，点击"构造"—"轨迹"，选择点 $P$，点击"编辑"—"操作类按钮"—"动画"，在出现的对话框中点击"速度为"的右边三角形，将其值改为"0.01"，如图 9.1-23 所示；

图 9.1-23 设置运动速度

（7）选择点 $A, C$，点击"构造"—"线段"，作出线段 $AC$，同理作出线段 $BD$；

（8）选取点 $P$ 和 $X$ 轴，点击"构造"—"垂线"，选择 $X$ 轴，点击"构造"—"交点"得交点 $Q$，选择垂线，点击"显示"—"隐藏垂线"，选择点 $P, Q$，点击"构造"—"线段"得到垂线段 $PQ$. 同理作出垂线段 $P'Q'$；

点击按钮"动画点"观察图像变化和点 $P$ 与 $P'$ 坐标之间的关系. 效果如图 9.1-24 所示.

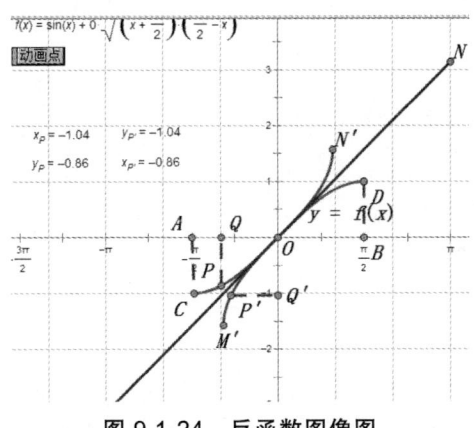

图 9.1-24 反函数图像图

## 9.1.5 幂函数

形如 $y = x^a$ 或 $y = x^{\frac{q}{p}}$ $(p, q \in \mathbf{N})$ 的函数称为幂函数.

1）绘制幂函数的指数为具体数值的图像

**例**9.1-4  绘制下列函数的图像：

① $y = x, y = x^2, y = x^3$；

② $y = x^{-1}, y = x^{-2}, y = x^{-3}$；

③ $y = x^{\frac{1}{2}}, y = x^{\frac{1}{3}}$；

④ $y = x^{-\frac{1}{2}}, y = x^{-\frac{1}{3}}$.

操作步骤：

（1）用箭头工具"＂点击"绘图"—"定义坐标系"，将原点标签改为"$O$"，点击"文件"—"文档选项"，在出现的对话框中的"增加页"中点击"增加页"到 4；

（2）选择第 1 页，点击"绘图"—"绘制新函数"，在对话框中输入"$x$"，如图 9.1-25 所示．点击"确定"将绘制的图像和方程同时选定，点击"显示"—"颜色"，将其颜色设为红色．用文本工具"A"点击所绘制图像，如图 9.1-26 所示；

图 9.1-25

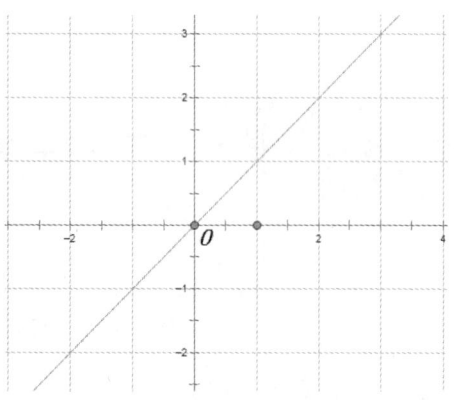

图 9.1-26  $y = x$ 的图像

（3）同理将其他几个函数的图像绘出，并选择所作图像点击"构造"—"交点"，如图 9.1-27 所示；

（4）同理分别在第 2、3、4 页中绘制函数②、③、④的函数图像，如图 9.1-28、图 9.1-29、图 9.1-30 所示.

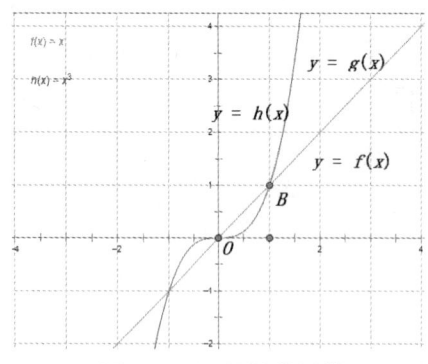

图 9.1-27  函数①图像

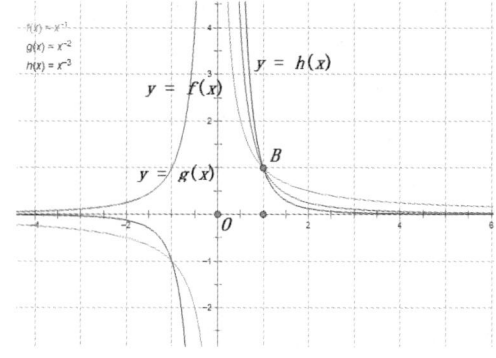

图像 9.1-28  函数②图像

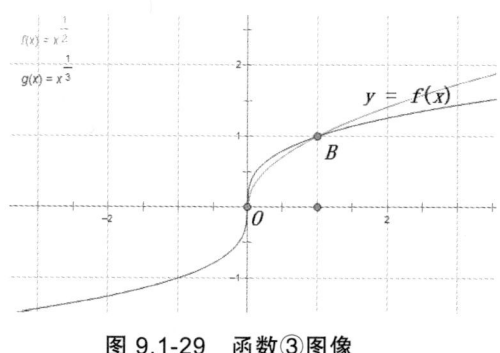
图 9.1-29　函数③图像

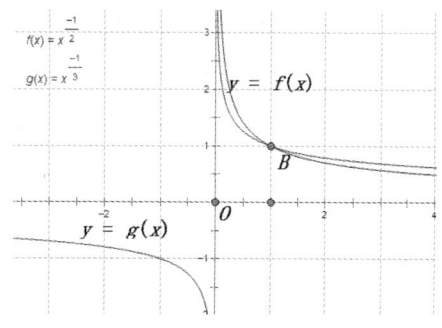
图 9.1-30　函数④图像

特别说明：通过观察这四组函数方程的特点及图像的特点可以看出幂函数的图像性质．

### 2）参数法绘制幂函数

操作步骤：

（1）用箭头工具"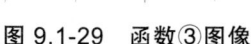"点击"绘图"—"定义坐标系"，将其原点标签改为"$O$"．

（2）点击"绘图"—"绘制点"—"直角坐标系"绘制出点 $B(-4,0)$ 和 $C(4,0)$，点击"完成"得到线段 $BC$（此时线段 $BC$ 被选定），点击"构造"—"线段上的点"$D$，点击"度量"—"横坐标"．将鼠标指向刚度量的横坐标按右键选择"属性"—"标签"，点击计算机"开始"按钮—"所有程序"—"附件"—"系统工具"—"字符映射表"，从中找到字符"$\alpha$"，点击对话框中"选择"—"复制"，如图 9.1-31 所示．再在点 $D$ 的标签属性对话框中将 $\alpha$ 粘贴到位．如图 9.1-32 所示．

图 9.1-31　字符映射表

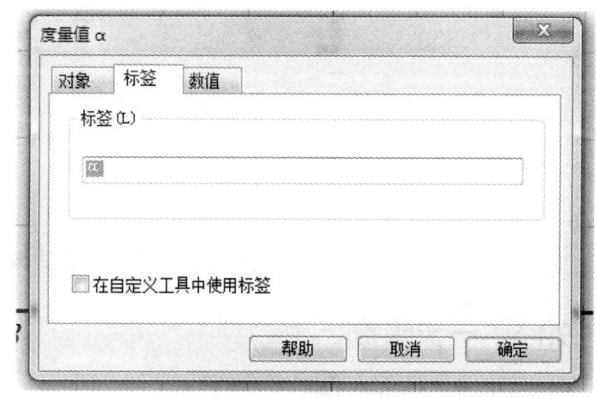
图 9.1-32　将字符 $\alpha$ 粘贴到标签

（3）点击"数据"—"新建函数"，建立函数 $y = x^a$，将鼠标指向新建函数按右键选"绘制函数"．

（4）选择点 $D$，点击"编辑"—"操作类按钮"—"动画"得到动画按钮，如图 9.1-33 所示．

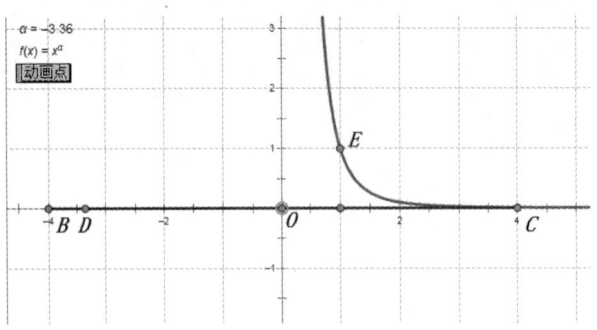

图 9.1-33 参数法绘制幂函数图像

（5）点击"绘图"—"绘制点" $E(1,1)$.

特别说明：点击动画按钮"动画点"可观察参数 $a$ 的变化及函数图像的变化，从而探究幂函数的图像性质.

（6）将函数：

① $y=x, y=x^2, y=x^3$ ；　　　　　② $y=x^{-1}, y=x^{-2}, y=x^{-3}$ ；

③ $y=x^{\frac{1}{2}}, y=x^{\frac{1}{3}}$ ；　　　　　　④ $y=x^{-\frac{1}{2}}, y=x^{-\frac{1}{3}}$.

的图像全部绘制出来，再对照研究幂函数的图像性质，如图 9.1-34 所示.

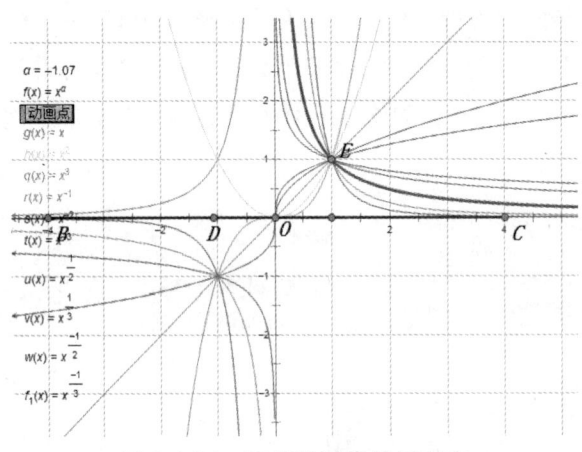

图 9.1-34 幂函数图像性质研究

## 9.1.6 一次函数

形如 $y=kx+b$ 的函数称为一次函数.

### 1）给定 $k, b$ 值探究函数 $y=kx+b$ 与 $y=kx$ 图像之间的关系

**例 9.1-5** 绘制函数 $y=2x+3, y=2x-3$ 与 $y=2x$，并研究这三个函数图像之间的关系.

操作步骤：

（1）用箭头工具"　"点击"绘图"—"定义坐标系"，将原点标签改为"$O$".

（2）点击"数据"—"新建参数"，建立参数 $n=0$，点击"数据"—"计算"计算出 $2n$，$2n+3$，$2n-3$.

（3）依次选择 $n$，$2n$，$2n+3$，$2n-3$，点击"数据"—"制表"，如图 9.1-35 所示.

第 9 章 初等代数课件制作

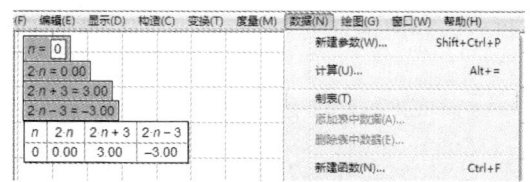

图 9.1-35  绘制数据表

（4）选取参数 $n=0$，按右键在出现的对话框中选择"参数"—"新建动画"—"变化"—"离散的"，范围"0，10"，键盘调节"改变以 1.0 单位"，如图 9.1-36 所示.

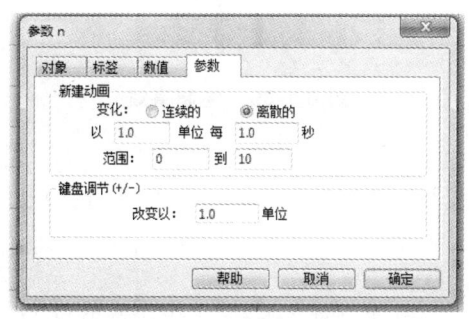

图 9.1-36  设置参数 $n$

（5）依次选择 $n$ 和表 | $n$ | $2 \cdot n$ | $2 \cdot n+3$ | $2 \cdot n-3$ |
|---|---|---|---|
| 0 | 0.00 | 3.00 | -3.00 |

，左手按住"shift"右手按键盘上的"+"一次，得到表（图 9.1-37）.

| $n$ | $2 \cdot n$ | $2 \cdot n+3$ | $2 \cdot n-3$ |
|---|---|---|---|
| 0 | 0.00 | 3.00 | -3.00 |
| 1 | 2.00 | 5.00 | -1.00 |

图 9.1-37  生成表

（6）将鼠标指向生成的表，按右键在出现的对话框中选择"绘制表的数据"，在出现的又一个对话框中分别点击"选择列"中的"$X$"和"$Y$"来选择点的横坐标和纵坐标，如图 9.1-38 所示. 将出现的点标记为"$O$"和"$B$". 分别选择点 $O$ 和 $B$，点击"构造"—"直线"得到一条直线. 选择所绘制线段，点击"度量"—"方程"得到该直线方程的解析式：$y=2.00x$.

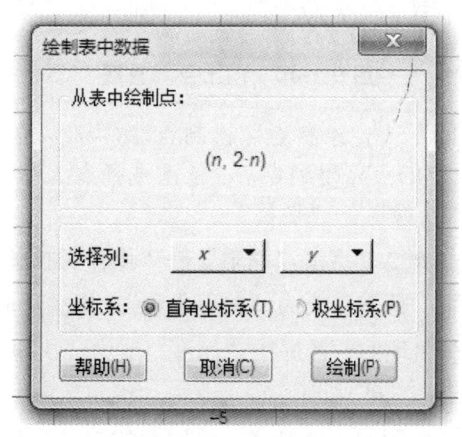

图 9.1-38  绘制表中数据

（7）用同样的方法绘制出另外两条直线方程的图形，如图 9.1-39 所示.

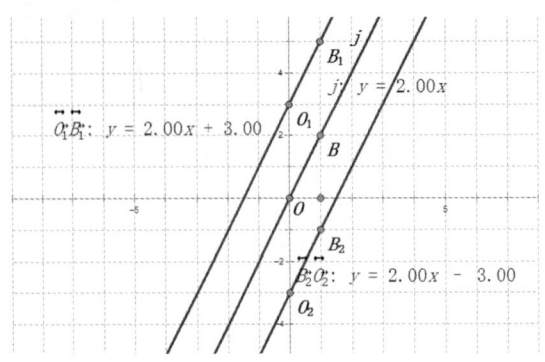

图 9.1-39　绘制直线

（8）点击"绘图"—"绘制点"分别绘制点 $K(-8,0)$，$L(-8,3)$，连接线段 $KL$，选择线段 $KL$，点击"构造"—"线段上的点"得到点 $M$；依次选择点 $K,M$，点击"变换"—"标记向量"，选择直线 $y=2x$，点击"变换"—"平移".

（9）依次选取点 $M,L$，点击"编辑"—"操作类按钮"—"移动"，在出现的对话框中"速度"改为"慢速"，"标签"改为"向上平移"；依次选取点 $M,K$，点击"编辑"—"操作类按钮"—"移动"，在出现的对话框中"速度"改为"快速"，"标签"改为"回位".

特别说明：当直线 $y=2x$ 向上平移一定距离后暂停，选取移动所得直线，点击"度量"—"方程"将其方程度量出来，之后点击按钮"向上平移"和"回位"时观察其方程表达式的变化及方程表达式与 $y=2x, y=2x+3, y=2x-3$ 之间的关系，如图 9.1-40 所示.

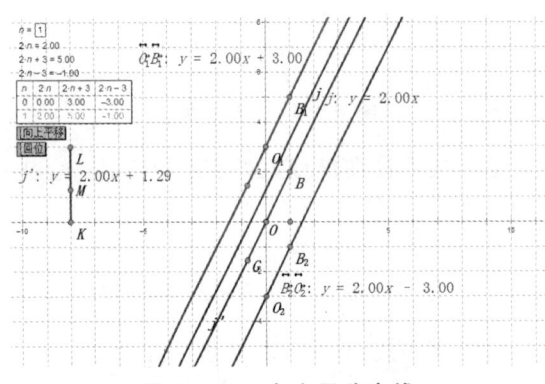

图 9.1-40　向上平移直线

（10）同（8）点击"绘图"—"绘制点"绘制点 $N(-8,-3)$，连接线段 $KN$，选择线段 $KN$，点击"构造"—"线段上的点"得到点 $R$；依次选择点 $K,R$，点击"变换"—"标记向量"，选择直线 $y=2x$ 点击"变换"—"平移".

（11）同（9）依次选取点 $R,N$，点击"编辑"—"操作类按钮"—"移动"，在出现的对话框中"速度"改为"慢速"，"标签"改为"向下平移"；依次选取点 $R,K$，点击"编辑"—"操作类按钮"—"移动"，在出现的对话框中"速度"改为"快速"，"标签"改为"回位2".

（12）依次选取按钮"回位"和"回位2"，点击"编辑"—"操作类按钮"—"系列"，将其标签改为"回位". 效果如图 9.1-41 所示. 将原两按钮"回位"和"回位2"隐藏.

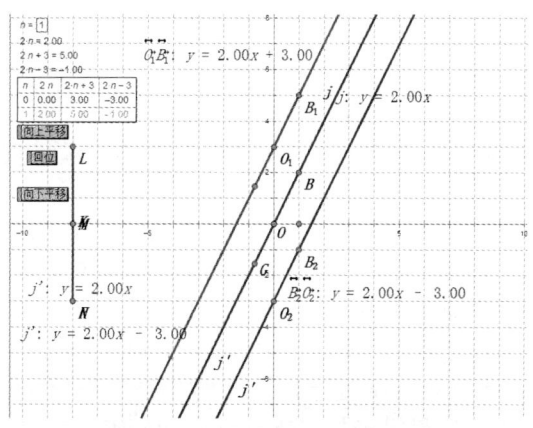

图 9.1-41　平移一次函数图像

**2）用参数法探究函数 $y=kx+b$ 与 $y=kx$ 图像之间的关系**

（1）固定 $k$ 值，改变 $b$ 探究两函数 $y=kx+b$ 与 $y=kx$ 图像之间的关系．

操作步骤：

（1.1）用箭头工具"　"点击"绘图"—"定义坐标系"将其原点标签改为"$O$"；

（1.2）用线段工具"　"在绘图区任作一线段 $BC$，用箭头工具"　"选定线段 $BC$，点击"度量"—"度量"并将其标签改为"$k$"；

（1.3）点击"绘图"—"绘制点"绘制出点 $D(-6,6)$，$E(-6,-6)$，选取点 $DE$，点击"构造"—"线段"（此时线段被选择），点击"构造"—"线段上的点"得到点 $F$，点击"度量"—"纵坐标"将刚度量出来的点 $F$ 的纵坐标标签改为"$b$"；

（1.4）点击"数据"—"新建函数"，建立函数 $f(x)=kx+b$，将鼠标指向新建函数，按右键在出现的对话框中选择"绘制函数"得到函数图像，选择图像与 $y$ 轴，点击"构造"—"交点"得到交点 $G$；

（1.5）选择点 $G$，点击"度量"—"纵坐标"（用作图像移动时图像与 $y$ 轴的交点值跟参数 $b$ 的对照）；

（1.6）点击"绘图"—"绘制点"绘制出点 $H(1,3.76)$，选择两点 $O,H$，点击"构造"—"线段"绘制出直线 $f(x)=kx$，效果如图 9.1-42 所示．

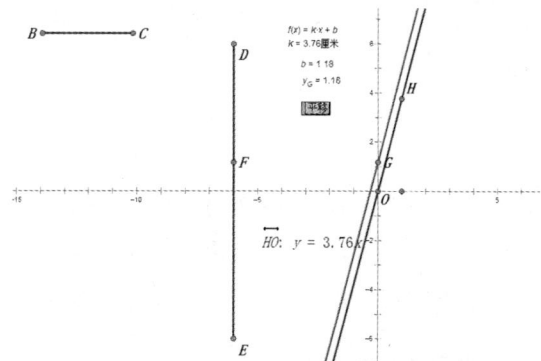

图 9.1-42　改变参数 $b$ 的效果

特别说明：
① 点击按钮"平移"时观察运动直线在 $y$ 轴上的交点值与参数 $b$ 的数值关系；
② 观察直线向上或向下移动时参数 $b$ 的正负号变化.
（2）固定 $b$ 值，改变 $k$ 探究两函数 $y=kx+b$ 与 $y=kx$ 图像之间的关系.
操作步骤：
（2.1）用箭头工具"　"点击"绘图"—"定义坐标系"将其原点标签改为"$O$"；
（2.2）用线段工具"　"在绘图区任作一线段 $BC$，用箭头工具"　"选定线段 $BC$，点击"度量"—"度量"并将其标签改为"$b$"；
（3）点击"绘图"—"绘制点"绘制出点 $D(0,b)$，$E(-6,6)$，$F(-6,-6)$，选取点 $EF$，点击"构造"—"线段"（此时线段被选择），点击"构造"—"线段上的点"得到点 $G$，点击"度量"—"纵坐标"将刚度量出来的点 $F$ 的纵坐标标签改为"$k$"；
（4）点击"数据"—"新建函数"建立函数 $f(x)=kx+b$，将鼠标指向新建函数，按右键在出现的对话框中选择"绘制函数"得到函数图像；
（5）选取点 $G$，点击"编辑"—"操作类按钮"—"动画"并将其标签改为"改变 $k$ 值".
特别说明：点击按钮"改变 $k$ 值"观察直线的图像与参数 $k$ 的变化值之间的关系，如图 9.1-43 所示.

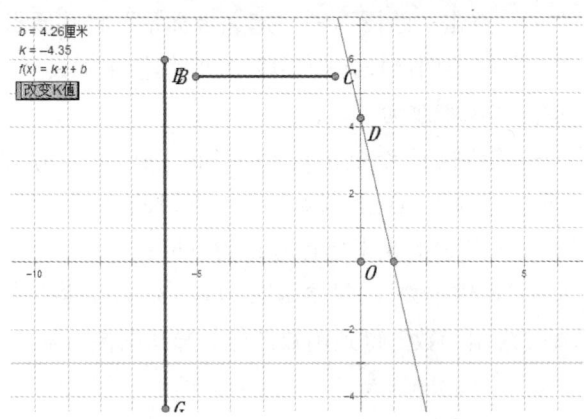

图 9.1-43　改变 $k$ 值的一次图像

### 9.1.7　反比例函数

形如 $y=\dfrac{k}{x}$ 的函数称为反比例函数.

（1）用参数法绘制函数 $y=\dfrac{k}{x}$.

操作步骤：
（1.1）用箭头工具"　"点击"绘图"—"定义坐标"并将其原点标签改为"$O$"，点击"绘图"—"绘制点"绘制出点 $B(-3,-3)$，$C(-3,3)$，点击"构造"—"线段"，再点击"构造"—"线段上的点" $D$，点击"度量"—"纵坐标"并将其标签改为"$k$"；
（1.2）点击"数据"—"新建函数"建立函数 $f(x)=\dfrac{k}{x}$，将鼠标指向新建函数按右键选择"绘制函数"得到函数图像，如图 9.1-44 所示.

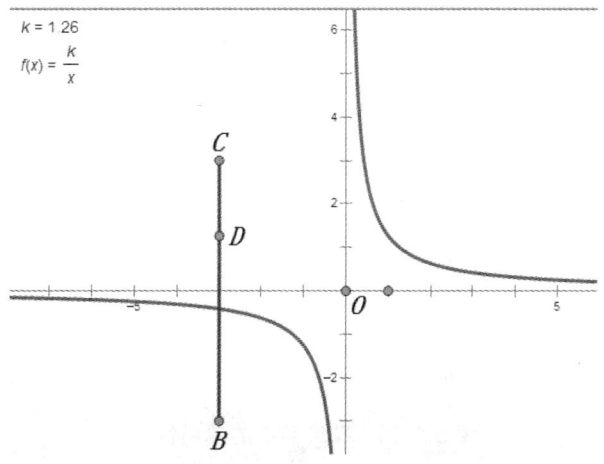

图 9.1-44　反比例函数图像

（1.3）选择点 $D$，点击"编辑"—"操作类按钮"—"动画"，在出现的对话框中点击"标签"将其标签改为"改变 $k$ 值"，点击"动画"将"速度"设为"中速"，"方向"设为"双向"，如图 9.1-45 所示.

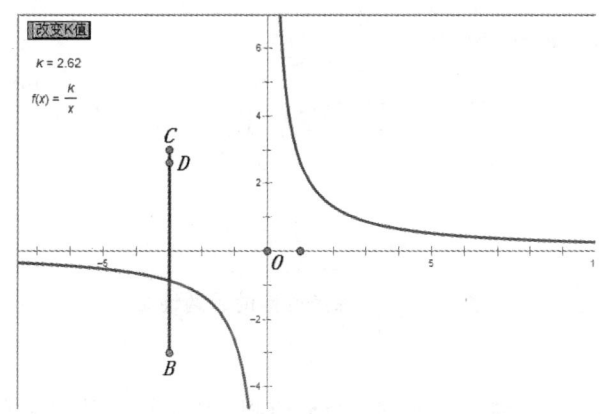

图 9.1-45　动画按钮的反比例函数图像

特别说明：点击按钮"改变 $k$ 值"，观察 $k$ 值的变化，同时观察函数图像的变化，从而研究反比例函数图像的性质.

（2）探究函数 $y = \dfrac{k}{x}$ 的单调性.

（2.1）点击"改变 $k$ 值"按钮，当其 $k$ 值为负时暂停. 将鼠标指向左边一支图像上按一次左键，点击"构造"—"函数图像上的点"构造出两个点 $E, F$，并构造出这两点与 $X, Y$ 轴的垂线段；

（2.2）选取点 $E, F$，点击"度量"—"横坐标"，得到两点的横坐标，同样得出两点的纵坐标，如图 9.1-46 所示；

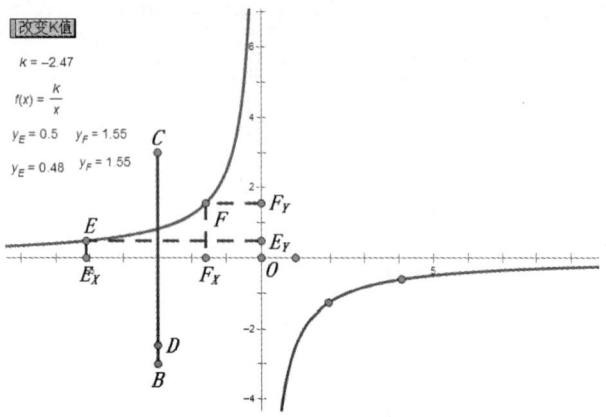

图 9.1-46　探究函数的单调性 1

（2.3）同（2.2）在函数图像的另一支上构造两点探究其单调性，如图 9.1-47 所示.

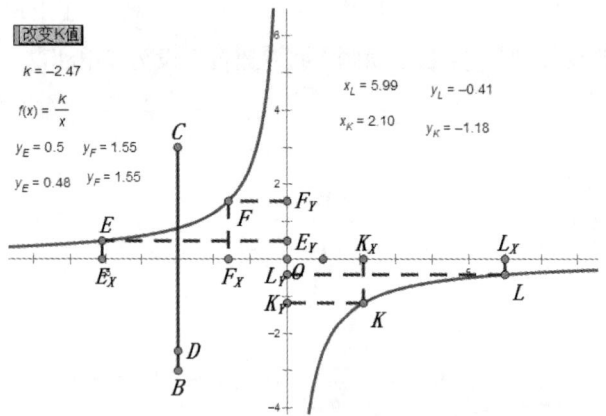

图 9.1-47　探究函数的单调性 2

特别说明：

① 拖动点 $E, F, K, L$，观察其对应的 $x$ 坐标值和 $y$ 坐标值，从而探究函数的单调性；

② 点击按钮"改变 $k$ 值"，当其值为正时探究方法一样.

（3）探究函数 $y = \dfrac{k}{x}$ 的对称性.

（3.1）在上述图像基础上将点 $F, K, L$ 及与 $X, Y$ 轴的垂线、交点隐藏（先选定再点击"显示"—"隐藏对象"）；

（3.2）点击"绘图"—"绘制点"绘制出两点 $Q(-1,1)$，$R(1,-1)$，选择这两点点击"构造"—"直线"得直线 $QR$；

（3.3）用箭头工具"　"双击直线 $QR$，选定点 $E$，点击"变换"—"反射"得到点 $E$ 关于直线 $QR$ 对称的点 $E'$；

（3.4）选取点 $E'$，点击"度量"—"纵坐标"及"横坐标"；

（3.5）点击"数据"—"计算"计算出 $\dfrac{x_E + x_{E'}}{2} = -2.80$ 和 $\dfrac{y_E + y_{E'}}{2} = 2.80$，将两计算结果

对比探究其关系,从而得出反比例函数图像当其 $k<0$ 时图像关于直线 $y=-x$ 对称,如图 9.1-48 所示.

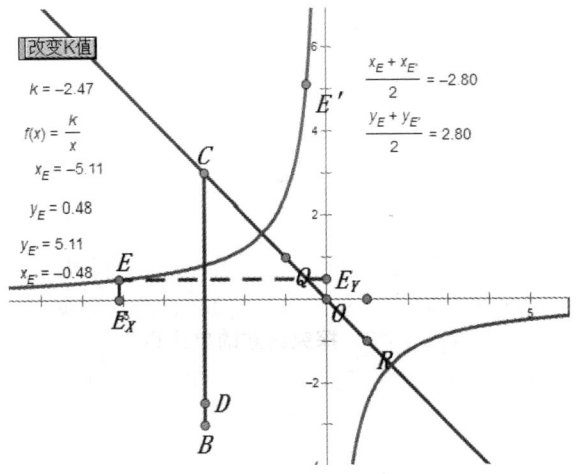

图 9.1-48　反比例函数图像的对称性

特别说明:当参数 $k>0$ 时利用上述方法可得到其图像关于直线 $y=x$ 对称.

## 9.2　方程求解

利用几何画板可以近似求出形如 $f(x)=0$ 或由两条方程 $\begin{cases} f(x)=0 \\ g(x)=0 \end{cases}$ 组成的解.其原理是二分法或求出函数图像与 $X$ 轴交点的横坐标.

**例 9.2-1**　求方程 $4x^3-3x^2+x-5=0$ 近似解.

操作步骤:

(1)用箭头工具""点击"绘图"—"定义坐标系"将其原点标签改为"$O$";

(2)点击"数据"—"新建函数"建立函数 $4x^3-3x^2+x-5=0$,将鼠标指向新建函数按右键,选择"绘制函数"得到函数图像;

(3)选择新建函数和 $X$ 轴,点击"构造"—"交点"得到交点 $A$,点击"度量"—"横坐标"得到 $A$ 点的横坐标,即方程 $4x^3-3x^2+x-5=0$ 的近似解,如图 9.2-1 所示.

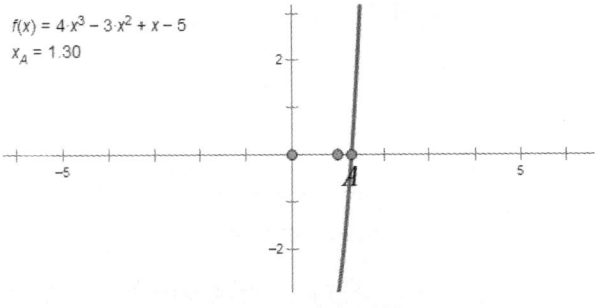

图 9.2-1　方程近似

## 9.3 数列图像

数列是高中阶段代数部分中重要的内容之一,主要研究已知通项求第 $n$ 项、已知通项求前 $n$ 项和等.下面就探究这两方面的内容.

### 9.3.1 已知数列通项作数列的图像

**例 9.3-1** 已知数列 $a_n = 3(n-1)+4$ 作数列图像.

操作步骤:

(1)用箭头工具"▶"点击"绘图"—"定义坐标系",将其原点标签改为"$O$".

(2)点击"数据"—"新建参数"建立参数 $n = 0$,点击"数据"—"计算"计算出 $n+1$, $f(n+1)$.

(3)依次选取 $n, n+1, f(n+1)$,点击"数据"—"制表",如图 9.3-1 所示.

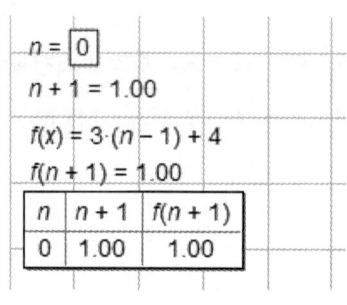

图 9.3-1 生成初表

(4)依次选取参数 $n$ 和初表,按住"shift"键,同时按键盘上的"+"生成一个大表,如图 9.3-2 所示.

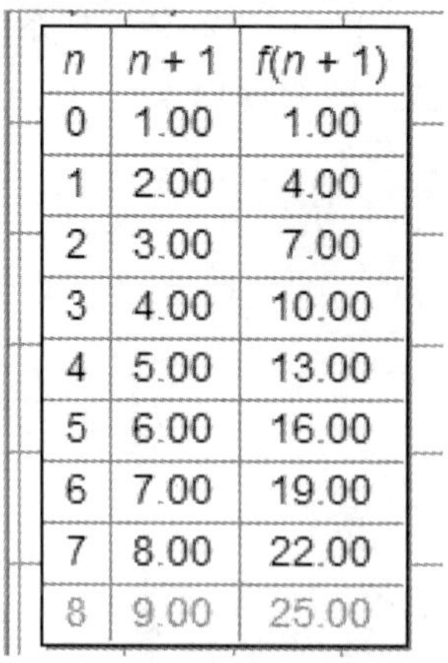

| $n$ | $n + 1$ | $f(n + 1)$ |
|---|---|---|
| 0 | 1.00 | 1.00 |
| 1 | 2.00 | 4.00 |
| 2 | 3.00 | 7.00 |
| 3 | 4.00 | 10.00 |
| 4 | 5.00 | 13.00 |
| 5 | 6.00 | 16.00 |
| 6 | 7.00 | 19.00 |
| 7 | 8.00 | 22.00 |
| 8 | 9.00 | 25.00 |

图 9.3-2 生成大表

(5)将鼠标指向生成的大表,按右键选择"绘制表中数据"得到数列对应的图像,如图 9.3-3 所示.

第 9 章 初等代数课件制作

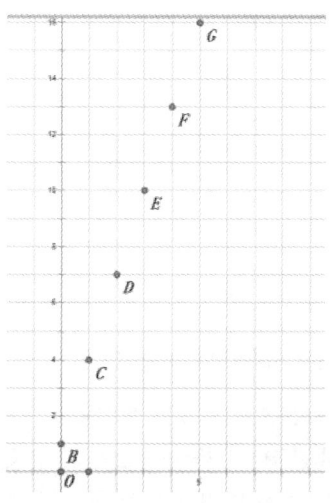

图 9.3-3 数列图像

（6）将绘制的数列点的标签 $BCD\cdots G$ 改为 $n_1, n_2, n_3, \cdots, n_7$，这些点的纵坐标即为数列的各项值.

### 9.3.2 已知数列通项求数列的前 $n$ 项和

**例 9.3-2** 求数列 $a_n = 3(n-1)+4$ 的前 $n$ 和.

操作步骤：

（1）用箭头工具 " "点击"绘图"—"定义坐标系"，将其原点标签改为"$O$"；

（2）点击"数据"—"新建参数"建立参数 $n=0$，$s=0$，点击"数据"—"新建函数"建立函数 $f(x)=3(n-1)+4$；

（3）点击"数据"—"计算"计算出 $n+1, f(n+1), s+f(n+1)$；

（4）依次选取 $n, n+1, f(n)$(即 $a_n$), $f(n+1)$(即 $a_n(n+1)$), $s+f(n+1), f(n)$，点击"数据"—"制表"得到初始表；

（5）依次选取 $n$ 和初始表，按住"shift"键同时按键盘上的"+"即可生成新的大表，如图 9.3-4 所示.

| n | n + 1 | $a_n$ | $a_n(n+1)$ | $s + a_n(n+1)$ | $a_n(n)$ |
|---|---|---|---|---|---|
| 0 | 4.00 | $a_n(x) = 3 \cdot (n-1) + 4$ | 10.00 | 10.00 | 10.00 |
| 1 | 5.00 | $a_n(x) = 3 \cdot (n-1) + 4$ | 13.00 | 23.00 | 13.00 |
| 2 | 6.00 | $a_n(x) = 3 \cdot (n-1) + 4$ | 16.00 | 39.00 | 16.00 |
| 3 | 7.00 | $a_n(x) = 3 \cdot (n-1) + 4$ | 19.00 | 58.00 | 19.00 |
| 4 | 8.00 | $a_n(x) = 3 \cdot (n-1) + 4$ | 22.00 | 80.00 | 22.00 |
| 5 | 9.00 | $a_n(x) = 3 \cdot (n-1) + 4$ | 25.00 | 105.00 | 25.00 |
| 6 | 10.00 | $a_n(x) = 3 \cdot (n-1) + 4$ | 28.00 | 133.00 | 28.00 |
| 7 | 11.00 | $a_n(x) = 3 \cdot (n-1) + 4$ | 31.00 | 164.00 | 31.00 |
| 8 | 12.00 | $a_n(x) = 3 \cdot (n-1) + 4$ | 34.00 | 198.00 | 34.00 |
| 9 | 13.00 | $a_n(x) = 3 \cdot (n-1) + 4$ | 37.00 | 235.00 | 37.00 |
| 10 | 14.00 | $a_n(x) = 3 \cdot (n-1) + 4$ | 40.00 | 275.00 | 40.00 |

图 9.3-4 前 $n$ 项的和

从表中可以看出，n+1 是第 $n$ 项的序号，$s + a_n(n+1)$ 就是前 $n$ 项的和．

## 9.4 分段函数

分段函数及函数在某一定义域内作图，其原理相同，主要是先构造一个函数再对该函数进行作图．

分段函数的函数构造方法有一定的技巧，主要体现在如何将分段函数写成一个函数式．

### 1）函数定义域是其定义域的一部分的图像处理方法

**例 9.4-1**　作函数 $y = x^2 + 2x - 6(-3 \leqslant x \leqslant 2)$ 的图像．

**分析**：$y = x^2 + 2x - 6$ 的定义域是 **R**，$-3 \leqslant x \leqslant 2$ 是其定义域上一部分，要绘制这一区域的图像就要构造一个函数，使其对应关系与原函数相同，但定义域为 $-3 \leqslant x \leqslant 2$．构造如下：

$$f(x) = x^2 + 2x - 6 + 0 * \sqrt{(x+3)(2-x)}$$

然后绘制函数 $f(x)$．

操作步骤：

（1）用箭头工具"　"点击"绘图"—"定义坐标系"，将其原点标签改为"$O$"；

（2）点击"数据"—"新建函数"建立函数 $f(x) = x^2 + 2x - 6 + 0 * \sqrt{(x+3)(2-x)}$；

（3）将鼠标指向新建函数按右键选择"绘制函数"，效果如图 9.4-1 所示．

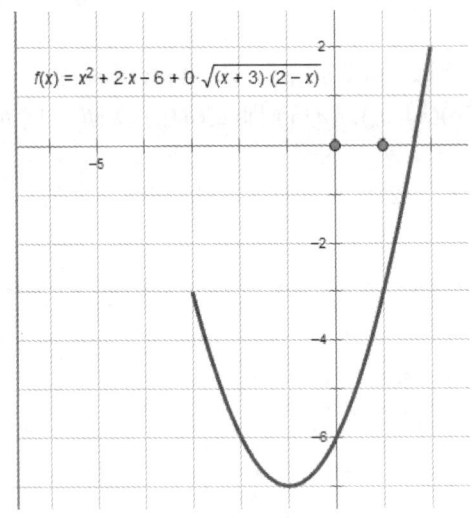

图 9.4-1　绘制带定义域的函数图像

特别说明：

（1）当所绘制图像较大时，为节省空间，可将鼠标指向坐标轴的数字上，当箭头变成左右指向图标时，拖动鼠标即可改变单位长度，从而改变坐标大小．

（2）函数 $f(x)$ 中的 $0 * \sqrt{(x+3)(2-x)}$ 把函数定义域限定在 $-3 \leqslant x \leqslant 2$ 内，并且在定义域范

围内其值恒为 0，因此不改变原函数的值.

构造函数思想：

上例中定义域限为 $-3 \leqslant x \leqslant 2$，构造出 $0*\sqrt{(x+3)(2-x)}$. 从而可以看出，$0*\sqrt{(x+3)(2-x)}$ 恒为 0 又不改变函数的值，但由于是开平方，故被开方式应大于或等于 0，即 $(x+3)(2-x) \geqslant 0$. 解之得 $-3 \leqslant x \leqslant 2$，这正好是函数给出的定义域. 因此，我们可以构造出以下几种形式的函数：

（1）函数 $f(x)$，定义域为 $[a, b]$，构造函数：$y = f(x) + 0*\sqrt{(x-a)(b-x)}$；

（2）函数 $f(x)$，定义域为 $(a, b]$，构造函数：$y = f(x) + 0*\sqrt{\dfrac{b-x}{x-a}}$；

（3）函数 $f(x)$，定义域为 $[a, b)$，构造函数：$y = f(x) + 0*\sqrt{\dfrac{x-a}{b-x}}$；

（4）函数 $f(x)$，定义域为 $(a, b)$，构造函数：$y = f(x) + 0*\log(x-a)(b-x)$；

（5）函数 $f(x)$，定义域为 $(a, +\infty)$，构造函数：$y = f(x) + 0*\log(x-a)$；

（6）函数 $f(x)$，定义域为 $[a, +\infty]$，构造函数：$y = f(x) + 0*\sqrt{x-a}$；

（7）函数 $f(x)$，定义域为 $(-\infty, b)$，构造函数：$y = f(x) + 0*\log(b-x)$；

（8）函数 $f(x)$，定义域为 $(-\infty, b]$，构造函数：$y = f(x) + 0*\sqrt{b-x}$.

**2）分段函数的图像**

例 9.4-2　作分段函数 $f(x) = \begin{cases} 2x+6 & (x<2) \\ x^2 & (-2 \leqslant x < 2) \\ -2x+4 & (x \geqslant 2) \end{cases}$ 的图像.

问题分析：我们照搬上面的构造方法将其构造成三个函数：

① $f_1(x) = 2x + 6 + 0*\log(-2-x)$；

② $f_2(x) = x^2 + 0*\sqrt{\dfrac{x+2}{2-x}}$；

③ $f_3(x) = -2x + 4 + 0*\sqrt{x-2}$.

然后分别绘制这三个函数的图像. 从表面上看我们绘制了函数的图像，但其本质是三个函数的重叠，而不是一个函数的体现. 我们可以在图像上任取一点，再移动这点可以发现，该点不能在三个图像上连续移动. 正确的做法是构造出一个函数再绘图.

构造方法：

（1）首先定义函数：① $f_1(x) = 2x + 6$；② $f_2(x) = x^2$；③ $f_3(x) = -2x + 4$.

（2）然后构造函数：$g(x) = \dfrac{1 + \operatorname{sgn}(-2-x)}{2} f_1(x) + \dfrac{\operatorname{sgn}(x+2) + \operatorname{sgn}(2-x)}{2} f_2(x) + \dfrac{1 + \operatorname{sgn}(x-2)}{2} f_3(x)$.

（3）绘制 $g(x)$ 的图，效果如图 9.4-2 所示.

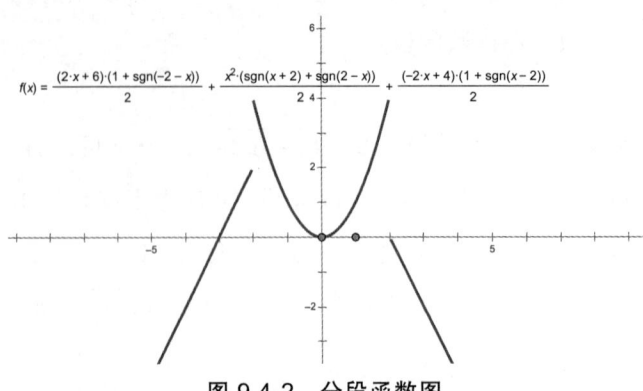

图 9.4-2　分段函数图

从画面上来看，这一做法的结果是 $g(x)$ 的图与 $f(x)$ 的图完全相同，并且满足上面所说的三个基本要求．因此这一构造法成为经典，被列入几何画板常用自定义工具中．实际上，这种构造仍然只是障眼法，它根本上忽视了分段点的归属．现在我们分析 $g(x)$ 中构造的三个式子 $\dfrac{1+\mathrm{sgn}(-2-x)}{2}$，$\dfrac{\mathrm{sgn}(x+2)+\mathrm{sgn}(2-x)}{2}$，$\dfrac{1+\mathrm{sgn}(x-2)}{2}$．其原理是在它所匹配各段函数定义域范围内取值为 1，其他范围内取值为 0，而在非分段点处 $g(x)$ 与 $f(x)$ 的值完全相同．现考察其在分段点处的情形，当 $x=-2$ 时，它们的值分别为 0.5，0.5 和 0．又 $f_1(-2)=2$，$f_2(-2)=4$，$f_3(-2)=8$，所以

$$g(-2)=0.5,\quad f_1(-2)+0.5f_2(-2)=3.$$

而 $f(-2)=4$，显然 $f(-2)\neq g(-2)$；在 $x=2$ 时，三个式子的值分别为 0, 0.5 和 0.5，而 $f(2)=0$，$g(2)=2$，同样 $f(2)\neq g(2)$．这说明 $g(x)$ 与 $f(x)$ 并不是相同的函数．那么为什么从图上看不出来呢，原因是几何画板中存在这样的 bug，使函数图中单个点不会被显示．这一点也许是人们没有意识到或是有意加以利用．若没有这个 bug，且函数的图在分段点处不连续，那必然在分段点处出现一个孤立点．

那么，如何在几何画板中实现真正意义上的分段函数呢？下面给出方法，步骤如下：

（1）定义函数：① $f_1(x)=2x+6$；② $f_2(x)=x^2$；③ $f_3(x)=-2x+4$．

（2）构造三个函数作为各段的选择因子：

$k_1(x)=\mathrm{sgn}(1+\mathrm{sgn}(-2-x))*\mathrm{sgn}(\mathrm{abs}(-2-x))$，该函数只有当 $x<-2$ 时值为 1，其余为 0；

$k_2(x)=\mathrm{sgn}(1+\mathrm{sgn}((x+2)(2-x)))*\mathrm{sgn}(\mathrm{abs}(2-x))$，该函数只有当 $-2\leqslant x<2$ 时值为 1，其余为 0；

$k_3(x)=\mathrm{sgn}(1+\mathrm{sgn}(x-2))$，该函数只有当 $x\geqslant 2$ 时值为 1，其余为 0．

（3）构造函数：$g(x)=k_1(x)*f_1(x)+k_2(x)*f_2(x)+k_3(x)*f_3(x)$．

（4）选中函数 $g(x)$，绘制函数即得 $f(x)$ 的图．

分析这一方法的基本原理：若一个含有 $n$ 段的分段函数 $f(x)$ 中，函数 $f_i(x)(i=1,2,\cdots,n)$ 的原始定义域的交集与 $f(x)$ 的定义域相同，则针对 $f_i(x)$ 的自变量 $x$ 限定范围内，构造相应的选择因子 $k_i(x)$，其中 $k_i(x)(i=1,2,\cdots,n)$ 的取值只为 0 或 1，而且这 $n$ 个中只能有一个为 1；再构造函数 $g(x)=\sum\limits_{i=1}^{n}k_i(x)f_i(x)$，则 $g(x)$ 与 $f(x)$ 是相同的函数．

一般地，利用画板中的 sgn（ ）和 abs（ ）函数可以构造 8 个不同类型的选择因子函数．

根据分段函数中各段限定定义域的模型选择相匹配的选择因子函数，构造 $g(x) = \sum_{i=1}^{n} k_i(x) f_i(x)$ 便可达到要求. 具体的 $k_i(x)$ 应根据 $f_i(x)$ 的自变量 $x$ 限定形式分别作如下构造：

（1）当 $x \leq a$ 时选中：$k_i(x) = \text{sgn}(1 + \text{sgn}(a-x))$；

（2）当 $x < a$ 时选中：$k_i(x) = \text{sgn}(1 + \text{sgn}(a-x)) * \text{sgn}(\text{abs}(a-x))$；

（3）当 $x \geq a$ 时选中：$k_i(x) = \text{sgn}(1 + \text{sgn}(x-a))$；

（4）当 $x > a$ 时选中：$k_i(x) = \text{sgn}(1 + \text{sgn}(x-a)) * \text{sgn}(\text{abs}(x-a))$；

（5）当 $a \leq x \leq b$ 时选中：$k_i(x) = \text{sgn}(1 + \text{sgn}(x-a)(b-x))$；

（6）当 $a < x \leq b$ 时选中：$k_i(x) = \text{sgn}(1 + \text{sgn}(x-a)(b-x)) * \text{sgn}(\text{abs}(x-a))$；

（7）当 $a \leq x < b$ 时选中：$k_i(x) = \text{sgn}(1 + \text{sgn}(x-a)(b-x)) * \text{sgn}(\text{abs}(b-x))$；

（8）当 $a < x < b$ 时选中：$k_i(x) = \text{sgn}(1 + \text{sgn}(x-a)(b-x)) * \text{sgn}(\text{abs}(x-a)(b-x))$.

对于 $f_i(x)$ 中原始定义域交集与 $f(x)$ 的定义域不同的问题，直接按上述方法可能得不到 $g(x) = \sum_{i=1}^{n} k_i(x) f_i(x)$ 的图像，因为 $g(x)$ 的定义域就是 $f_i(x)$ $(i=1,2,\cdots,n)$ 限定定义域的交集. 在此情况下所构造的 $g(x)$ 是无意义的. 例如：$f(x) = \begin{cases} 0, & x < 0 \\ \sqrt{x(1-x)}, & 0 \leq x \leq 1 \\ \ln(x-1), & x > 1 \end{cases}$，此时按上述方法构造的 $g(x)$ 的定义域为 $\varnothing$. 要解决这一问题可以用画板提供的取绝对值函数 abs( ) 对 $f_i(x)$ 的原始定义域进行扩展. 本例中，$f_1(x) = 0, f_2(x) = \sqrt{x(1-x)}, f_3(x) = \ln(x-1)$，三个函数的定义域交集为 $\varnothing$，$f(x)$ 的定义域为 $\mathbf{R}$，可将 $f_2(x)$ 和 $f_3(x)$ 改写为下列方式把定义域扩展.

$$f_2(x) = \sqrt{\text{abs}(x(1-x))}, \quad f_3(x) = \ln(\text{abs}(x - \text{sgn}(\text{abs}(x-1))))$$

其中 $f_3(x)$ 中把 1 改为 $\text{sgn}(\text{abs}(x-1))$ 的目的是把原来 $x=1$ 时 $\ln(x-1)$ 无意义变为有意义. 再构造选择因子函数：

$$k_1(x) = \text{sgn}(1 + \text{sgn}(-x)) * \text{sgn}(\text{abs}(x))$$

$$k_2(x) = \text{sgn}(1 + \text{sgn}(x*(1-x)))$$

$$k_3(x) = \text{sgn}(1 + \text{sgn}(x-1)) * \text{sgn}(\text{abs}(x-1))$$

由于 $k_i(x)$ 的特性，扩展部分的相应 $f_2(x)$ 和 $f_3(x)$ 的函数值为 0. 在此基础上构造的 $g(x) = k_1(x) * f_1(x) + k_2(x) * f_2(x) + k_3(x) * f_3(x)$ 与 $f(x)$ 则是等价的.

## 9.5 二次函数的图像和性质

形如 $y = ax^2 + bx + c (a \neq 0)$ 的函数称为二次函数，其图像可由 $y = x^2$ 得到.

**1）用参数法绘制二次函数 $y = ax^2 + bx + c(a \neq 0)$ 的图像**

操作步骤：

（1）用箭头工具"![]"点击"绘图"—"定义坐标系"，将其原点标签改为"$O$"；

（2）点击"绘图"—"绘制点"绘制出点 $B(-5,-5)$，$C(-5,5)$，点击"构造"—"线段"（此时线段 $BC$ 被选定）.用点工具"·"在线段 $BC$ 上任作三点 $D,E,F$，用箭头工具选取三点，点击"度量"—"纵坐标"将其标签分别改为"$a,b,c$"；

（3）点击"数据"—"新建函数"建立函数 $ax^2+bx+c$，将鼠标指向该函数方程按右键选择"绘制函数"得到函数图像；

（4）选择点 $D$，点击编辑"操作类按钮"—"动画"得到动画点按钮，将其标签改为"改变 $a$".同理将 $E,F$ 作出相应的动画按钮"改变 $b$""改变 $c$"，如图 9.5-1 所示.

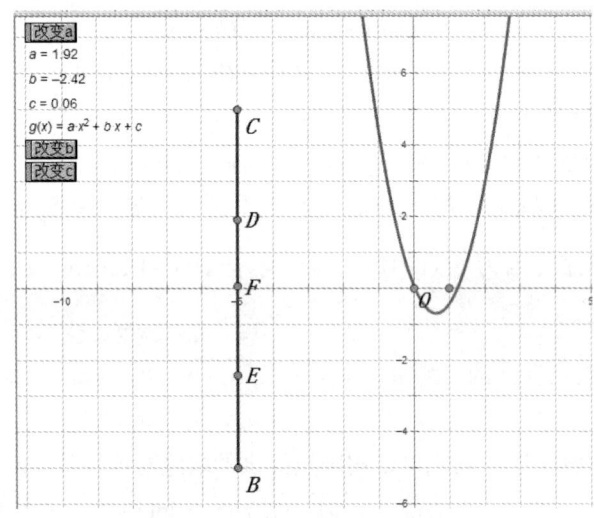

图 9.5-1　参数式二次函数图像

特别说明：点击三个按钮可研究二次函数图像的性质.

**2）用平移法绘制二次函数 $y=2x^2+3x+4$ 的图像**

操作步骤：

（1）将二次函数 $y=2x^2+3x+4$ 配方为 $y=2\left(x+\dfrac{3}{4}\right)^2+\dfrac{23}{8}$；

（2）用箭头工具"▸"点击"绘图"—"绘制新函数"绘制出 $y=2x^2$，$y=2\left(x+\dfrac{3}{4}\right)^2$，$y=2\left(x+\dfrac{3}{4}\right)^2+\dfrac{23}{8}$，选择文本工具"A"点击所绘制的函数图像，将其标签名称标注；

（3）点击"绘图"—"绘制点"绘制出点 $B(4,-1)$，$C(4,1)$，$D(4,0)$，选取点 $B,C$，点击"构造"—"直线"构造出直线 $BC$，点击"构造"—"直线上的点"构造出点 $E$，点击"度量"—"纵坐标"得到点 $E$ 的纵坐标并将其标签改为"$h$"；

（4）点击"绘图"—"绘制点"绘制出点 $F(-4,0)$，选取点 $D,F$，点击"构造"—"构造线段"得到线段 $DF$，点击"构造"—"线段上的点"得到点 $G$，点击"度量"—"横坐标"度量出点 $G$ 的横坐标，将其标签改为"$k$"；

（5）点击"绘图"—"绘制新函数"绘制出"$2(x+k)^2+h$"；依次选取新作的两个按钮，

点击"编辑"—"操作类按钮"—"系列"将其标签改为"初始化";

（6）点击"绘图"—"绘制点"绘制出点 $I(4, 23/8)$，依次选取点 $E, I$，点击"编辑"—"操作类按钮"—"移动"将其标签改为"向上移动"，效果如图 9.5-2 所示.

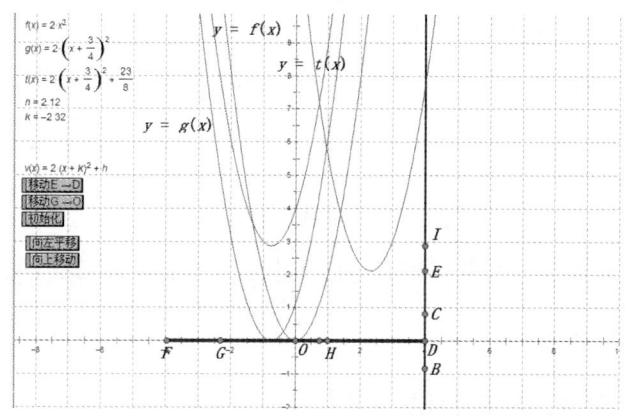

**图 9.5-2　平移法绘制二次函数图像**

特别说明：点击按钮"向左平移"可观察图像向左移动，点击"向上移动"可观察到图像向上移动.

## 9.6　二元一次不等式组的解

解题基本思想：

将每一个不等式写出相应的方程，并写成显示函数的形式，再画出其图像求出其交点，将每一个不等式的解用不同的颜色标出，再求出其交集.

例 9.6-1　解不等式组 $\begin{cases} 2x - 3y > 5 \\ x + 2y \leqslant 6 \end{cases}$

操作步骤：

（1）写出两不等式相应的方程：$y = \dfrac{2}{3}x - \dfrac{5}{3}, y = -\dfrac{1}{2}x + 3$；

（2）用箭头工具"[箭头]"点击"绘图"—"定义坐标系"，将原点标签改为"$O$"；

（3）点击"绘图"—"绘制新函数"分别绘制出函数 $y = \dfrac{2}{3}x - \dfrac{5}{3}, y = -\dfrac{1}{2}x + 3$，选定两条直线点击"构造"—"交点"得到交点 $B$；

（4）选择函数 $y = \dfrac{2}{3}x - \dfrac{5}{3}$ 的图像，点击"构造"—"直线上的点"作出两点 $C, D$，选定点 $D$ 和 $X$ 轴，点击"构造"—"垂线"，再选定点 $C$，点击"构造"—"垂线"，选取两垂线，点击"构造"—"交点"得到交点 $E$，选取三点 $C, D, E$，点击"构造"—"三角形内部"；

（5）同（4）作出另外一个三角形区域；两区域相交部分就是不等式组的解，如图 9.6-1 所示.

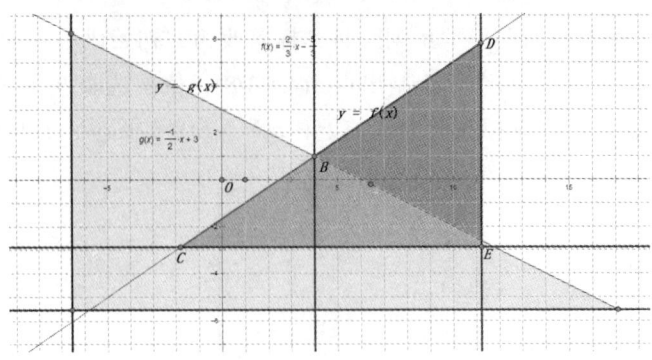

图 9.6-1　不等式解的区域

特别说明：拖动两直线上的点其相应的面积也随之变化，不等式的解就是将重叠部分面积扩大的三角形区域.

## 9.7　一元二次不等式的解

解一元二次不等式是通过一元二次函数图像与 $X$ 轴的交点（若相交）来确定其解集的.

**例 9.7**　解不等式 $x^2-2x-5>0$.

操作步骤：

（1）用箭头工具"  "点击"绘图"—"定义坐标系"，将原点标签改为"$O$"；

（2）点击"绘图"—"绘制新函数"绘制出函数 $y=x^2-2x-5$，再选择 $X$ 轴，点击"构造"—"交点"得到两交点 $B,C$；

（3）选择 $X$ 轴，点击"构造"—"轴上的点"得到动点 $D$，点击"度量"—"横坐标"得到坐标值 $x_D$，点击"绘图"—"绘制点"得到点 $E(x_D, x_D^2-2x_D-5)$，选取这两点 $D, E$，点击"构造"—"线段"得到线段 $DE$；

（4）选取点 $D$，点击"编辑"—"操作类按钮"—"动画"，在出现的对话框中"方向"选"向前"；

（5）依次选取点 $D$ 和线段 $DE$，点击"显示"—"追踪对象"．效果如图 9.7-1 所示；

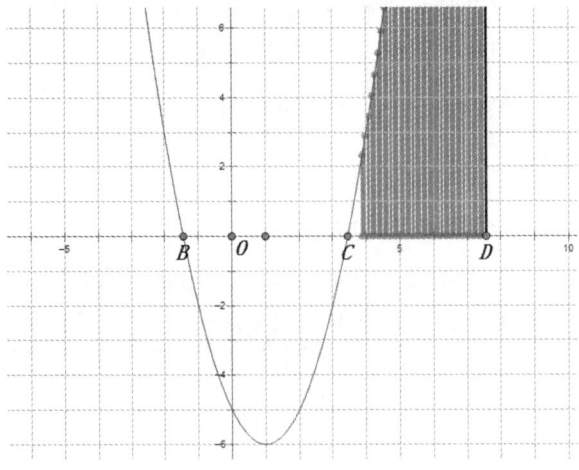

图 9.7-1　解区域图

(6) 同理作出解的另一部分区域图;

(7) 依次选取两个按钮,点击"编辑"—"操作类按钮"—"系列",点击该按钮可观察其解的区域,如图 9.7-2 所示.

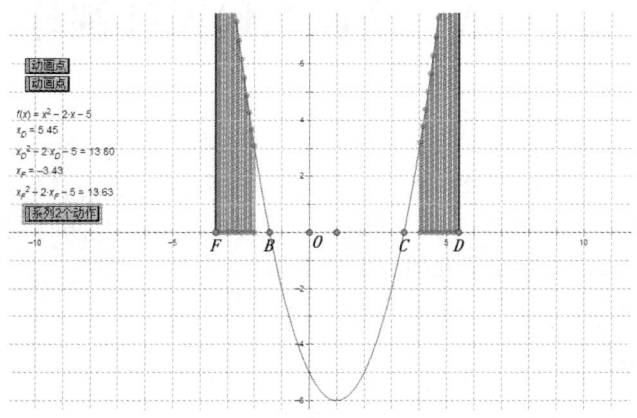

图 9.7-2　不等式解的区域

特别说明:若不等式小于 0 时,其相应的解区域就是 $X$ 轴下方与抛物线相交的部分.

# 第 10 章 平面几何课件制作

平面几何是学习解析几何和立体几何的基础，它主要研究点、线、面、三角形、四边形、圆等内容. 就初中生来讲，初次学习几何总有不太习惯的地方，而几何画板却能为之提供数与形相结合的手段和方法，所以说利用几何画板来学习平面几何可以起到事半功倍的效果. 下面结合实例讲解几何画板在平面几何方面的应用.

## 10.1 三角形

### 10.1.1 特殊三角形的绘制

**例 10.1-1** 直角三角形的绘制.

方法一：利用几何画板自带工具作三角形.

用箭头工具" "指向自定义工具" " 3 s，在出现的下拉菜单中点击"三角形"，根据需要选择三角形，再将鼠标移动绘图区绘制三角形，如图 10.1-1 所示.

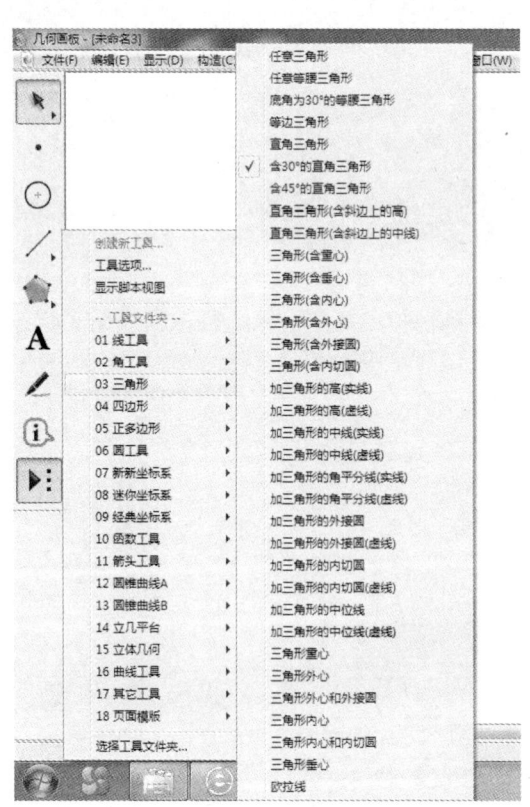

图 10.1-1 自定义工具绘制三角形菜单

特别说明：从上图可以看出，利用自定义工具可以作出许多三角形，这些三角形可直接用于课件制作或作为工具来应用，但若用这些三角形进行再制作时有些动画就不能实现，因此需要自我制作所要的各种三角形.

方法二：直接绘制直角三角形.

操作步骤：

（1）选择线段工具"╱"并按住"shift"键绘制一条水平线段 $AB$；

（2）依次选取点 $A$ 和线段 $AB$，点击"构造"—"垂线"；

（3）选择点工具"·"在垂线上任选一点 $C$，选取垂线，点击"显示"—"隐藏垂线"；

（4）依次选择点 $A, B, C$，点击"构造"—"线段"得到三角形 $ABC$；

（5）用标记工具"╱"将鼠标指向角 $A$，拖动鼠标出现角的标记. 按右键选择"不透明"—"透明"得到效果图，如图 10.1-2 所示.

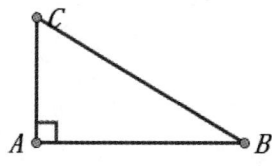

图 10.1-2　直角三角形

**例 10.1-2**　绘制 30°角的直角三角形.

操作步骤：

（1）选择线段工具"╱"并按住"shift"键绘制一条水平线段 $AB$；

（2）点击"构造"—"中点"得到中点 $C$，依次选取点 $C$ 和 $A$，点击"构造"—"以圆心和圆周上的点绘圆"得到圆 $C$；

（3）依次选取点 $B$ 和 $C$，点击"构造"—"以圆心和圆周上的点绘圆"得到圆 $B$；

（4）选择两圆，点击"构造"—"交点"得到其中一个交点 $D$；

（5）选择两圆，点击"显示"—"隐藏圆"；

（6）依次选取点 $A, B, D$，点击"构造"—"线段"得到直角三角形 $ABD$；

（7）用标记工具"╱"将鼠标指向角 $D$，拖动鼠标出现角的标记. 按右键选择"不透明"—"透明"得到效果图，如图 10.1-3 所示.

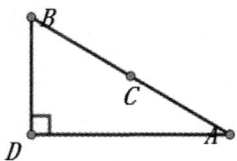

图 10.1-3　含 30 度角的直角三角形

## 10.1.2　三角形的各种"心"和"圆"

**例 10.1-3**　三角形的内心和外切圆.

操作步骤：

（1）选择线段工具"╱"在绘图区任作一个三角形 $ABC$；

（2）依次选取点 $B, A, C$，点击"构造"—"角平分线"，同理作出角 $ABC$ 的角平分线，选择两条角平分线，点击"构造"—"交点"得到内心点 $D$；

（3）选择两条角平分线，点击"显示"—"隐藏平分线"将其隐藏；

（4）选取点 $D$ 和线段 $AB$，点击"构造"—"垂线"，选取线段 $AB$，点击"构造"—"交点"得到垂足点 $E$ 点；

（5）选取垂线 $DE$，点击"显示"—"隐藏垂线"；

（6）依次选取点 $D$ 和点 $E$，点击"以圆心和圆上的点绘圆"得到内切圆 $D$，如图 10.1-4 所示.

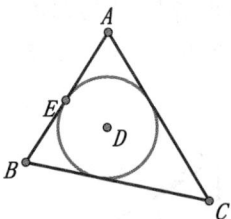

图 10.1-4　三角形的内切圆和内心

例 10.1-4　三角形的外心和外接圆.

操作步骤：

（1）选择线段工具"╱"在绘图区任作一个三角形 $ABC$；

（2）用箭头工具"▶"选取线段 $AB$，点击"构造"—"中点"，再选取线段 $AB$，点击"构造"—"垂线"，同理作出线段 $BC$ 的中垂线段；

（3）选取两条垂线段，点击"构造"—"交点"得到交点 $F$，即垂心；

（4）选取两垂线段，点击"显示"—"隐藏垂线"；

（5）依次选取点 $F$ 和 $A$，点击"构造"—"以圆心和圆上的点绘圆"得到外接圆，如图 10.1-5 所示.

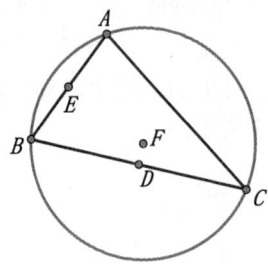

图 10.1-5　三角形外接圆

例 10.1-5　全等三角形.

方法一：利用复制、粘贴得到全等三角形.

操作步骤：

（1）选择线段工具"╱"在绘图区任作一个三角形 $ABC$；

（2）选择箭头工具"▶"，按住鼠标左键拖动鼠标将三角形 $ABC$ 框定，点击"编辑"—"复制"，在绘图区的空白处按鼠标右键，在出现的对话框中选择"粘贴"得到全等三角形 $DEF$（此时三角形 $DEF$ 被选定）；

（3）选取三角形 DEF 的一边拖动到适当位置松开鼠标即可，如图 10.1-6 所示．

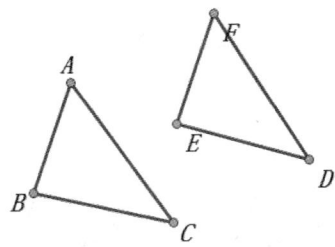

图 10.1-6　全等三角形 1

特别说明：

（1）用这种方法作出的全等三角形，在第一次选择一边拖动三角形时三角形不会发生形状上的改变．当再一次拖动三角形时其图形就会发生改变．

（2）若想在拖动三角形时三角形不改变其形状，可先将三角形全选再进行拖动．

方法二：利用反射得到全等三角形．

操作步骤：

（1）选择线段工具"  "在绘图区任作一个三角形 ABC；

（2）在三角形 ABC 旁边任作一条线段 DE，用箭头工具"  "双击线段 DE；

（3）按住鼠标左键拖动鼠标框定三角形 ABC，点击"变换"—"反射"得到全等三角形 $A'B'C'$，如图 10.1-7 所示．

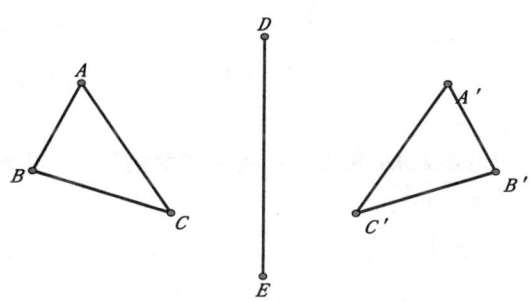

图 10.1-7　全等三角形 2

特别说明：

（1）用这种方法得到的全等三角形在改变任意一个三角形的点、边时，另一个三角形的对应的点、边也随之改变，保持良好的全等性；

（2）改变反射轴的斜率，可以改变三角形的相对位置；

（3）当全选一个三角形时，拖动三角形的位置，可得到两三角形的相对位置．

方法三：利用标记向量、平移得到全等三角形．

操作步骤：

（1）选择线段工具"  "在绘图区任作一个三角形 ABC；

（2）在三角形 ABC 旁边任作一条线段 DE，用箭头工具"  "依次点击点 D 和 E，点击"变换"—"标记向量"；

（3）点击"变换"—"平移"得到全等三角形 $A'B'C'$，如图 10.1-8 所示.

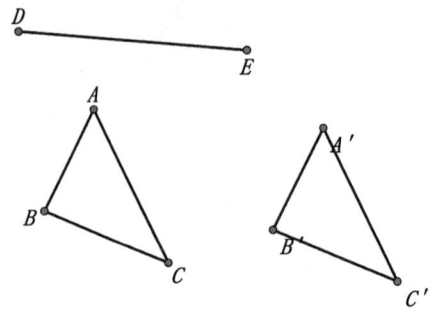

图 10.1-8　全等三角形 3

特别说明：
（1）拖动线段 $DE$ 上的一个端点可改变三角形的大小或相对位置.
（2）拖动任意一个三角形的点或边时，相应三角形的点或边也随之改变.

### 10.1.3　三角形相关内容的验证

**例 10.1-6**　全等三角形的演示.

方法一：利用绘制两正方形验证三角形全等.

操作步骤：

（1）选择线段工具"╱"在绘图区任作一个三角形 $ABC$；

（2）用箭头工具"▶"双击点 $A$，选定线段 $AB$ 及点 $B$，点击"变换"—"旋转"，在出现的对话框中的"旋转参数"—"角度"选"-90"（依线段 $AB$ 的位置而定，目的是在三角形的外侧作正方形）；

（3）同理双击点 $B$，选择线段 $AB$ 和点 $A$，点击"变换"—"旋转"，在出现的对话框中的"旋转参数"—"角度"选"90"；

（4）选取两点 $A'$ 和 $B'$，点击"构造"—"线段"得到一个正方形. 将其顶点标签改为 $A,B,D,E$；

（5）同上作出以边 $AC$ 为边的正方形 $ACFG$；

（6）选取点 $C,E$，点击"构造"—"线段"，选取点 $B,G$，点击"构造"—"线段"；

（7）依次选取点 $A$ 和 $B$，点击"构造"—"以圆心和圆上的点绘圆"得到圆 $C_1$，同理作出圆 $C_2$；

（8）依次选取点 $E,A,C$，点击"度量"—"标记角度"，用点工具"·"在圆 $C_2$ 上任取一点 $H$，连接点 $A,H$，交圆 $C_1$ 于点 $I$；

（9）用箭头工具"▶"双击点 $A$，选取点 $H$，点击"变换"—"旋转"，在出现的对话框中选择"按标记"旋转得到点 $J$，依次选取点 $A,I,J$，点击"构造"—"线段"得到三角形 $AIJ$；

（10）依次选取点 $J,C$，点击"编辑"—"操作类按钮"—"移动"，将其标签改为"初始化"；再依次选取点 $J,G$，点击"编辑"—"操作类按钮"—"移动"，将其标签改为"验证全等"；

（11）将不要的圆 $C_1$ 和 $C_2$ 及两正方形隐藏，效果如图 10.1-9 所示.

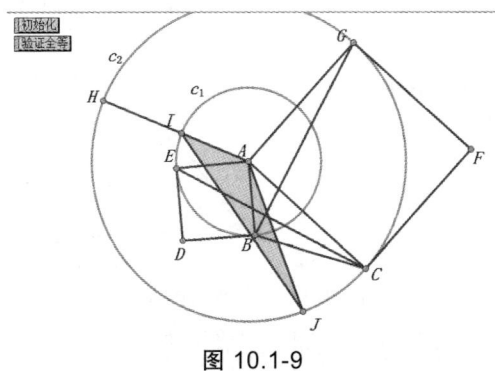

图 10.1-9

方法二：旋转第三个三角形验证全等.

操作步骤：

（1）选择线段工具""在绘图区任作一个三角形 $ABC$，按住"shift"键作一条垂线段 $DE$，用箭头工具双击线段 $DE$，选定三角形 $ABC$，点击"变换"—"反射"得到全等三角形 $A'B'C'$；

（2）选择点工具"·"在两个三角形之间任作三点 $F, G, H$；

（3）用箭头工具"▶"依次选取点 $A, F, A'$，点击"构造"—"过三点的弧"，同理作出另外两条弧；

（4）选择点工具"·"在三条弧上各任作一点 $I, J, K$；用箭头工具"▶"依次选取点 $I, J, K$，点击"构造"—"三角形内部"；

（5）依次成对选取点 $I$ 与 $A$，$J$ 与 $B$，$K$ 与 $C$，点击"编辑"—"操作类按钮"—"移动"将其标签改为"向右"，同理作出另一个按钮"向左"，如图 10.1-10 所示；

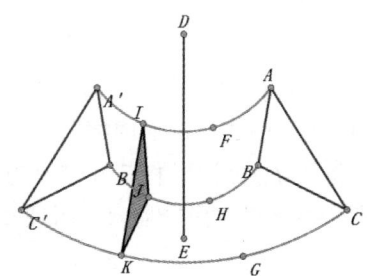

图 10.1-10　旋转法验证全等

（6）将辅助三条弧线、反射线段及弧上的点隐藏. 效果更好.

例 10.1-7　验证三角形内角和等于 180 度.

方法一：度量求和法.

操作步骤：

（1）选择线段工具" "在绘图区任作一个三角形 $ABC$；

（2）选择箭头工具"▶"依次选取点 $C, A, B$，点击"度量"—"角度"得到 $\angle ABC$ 的度数. 同理得到 $\angle BCA$ 和 $\angle CAB$ 的度数；

（3）点击"数据"—"计算"计算出∠ABC+∠BCA+∠CAB；
（4）观察三角之和，同时拖动三角形的一个顶点，观察其和的变化，如图10.1-11所示.

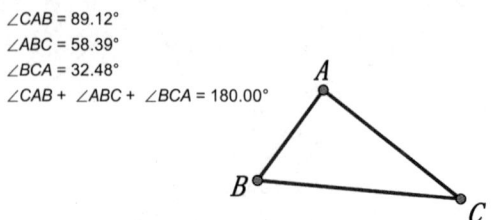

图 10.1-11　三角形内角和

方法二：用拼图法证明三角形内角和为180度.
操作步骤：
（1）选择线段工具" "在绘图区任作一个三角形ABC；
（2）选择箭头工具" "依次选取点C, A, B，点击"度量"—"角度"得到∠ABC的度数. 同理得到∠BCA和∠CAB的度数；
（3）选择线段工具" "绘制一条小的线段DE，选择点工具" "在绘图区任作三点F, G, H，选取这三点和线段DE，点击"构造"—"以圆心和半径绘圆"得到三个等圆；
（4）选择标记工具" "将三角形ABC的三个角标记为1, 2, 3，再用文字工具分别在三角形的三个顶点处点击，将1, 2, 3标记出来，并调整其位置，如图10.1-12所示；

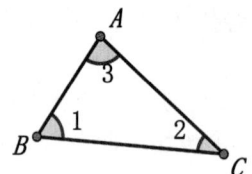

图 10.1-12　标记三角形三个内角为1, 2, 3

（5）选择点工具" "在圆F上任作一点I，选择箭头工具" "双击点F，再选取点I，点击"变换"—"旋转"，当出现对话框时点击已度量好的角∠BCA，点击"旋转"得到点I'；依次选取三点I, F, I'，点击"构造"—"三角形内部"；
（6）选择文本工具" "将∠IFI'标记，将其标签改为"1"，选择箭头工具" "点击∠IFI'出现数字1，调整其位置；将字母F, I, I'隐藏. 同理在另两圆上分别作出角2, 3，如图10.1-13所示；

图 10.1-13　构造三角形三内角

（7）选择箭头工具将三个角移动到三角形ABC的相应位置；

（8）选择∠1的顶点和∠2的顶点，点击"编辑"—"操作类按钮"—"移动"得到按钮"移动J→K"，同理选择∠3的顶点和∠2的顶点，点击"编辑"—"操作类按钮"—"移动"得到按钮"移动L→K"；

（9）依次点击两个按钮.选择∠3的左边的边顶点和∠1的上边的边顶点，点击"编辑"—"操作类按钮"—"移动"得到按钮"移动点"；点击"移动点"得到效果，如图10.1-14所示.；

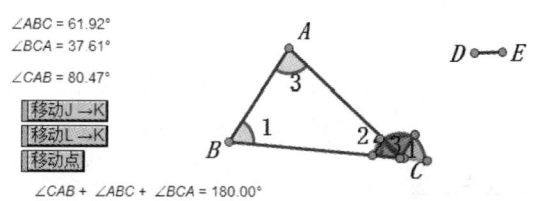

图 10.1-14　三角形三内角构成平角

（10）依次选择三个按钮，点击"编辑"—"操作类按钮"—"系列"，在对话框中选择"依次"并将其标签改为"三内角构成平角"；

（11）选择∠1的顶点和B点，点击"编辑"—"操作类按钮"—"平移"得到"平移J→B"，选择∠3的顶点和A点，点击"编辑"—"操作类按钮"—"平移"得到"平移L→A"；

（12）选择点A和线段DE，点击"构造"—"以圆和半径绘圆"，选取线段AC，点击"构造"—"交点"，选择∠3的一边顶点和刚形成的交点，点击"编辑"—"操作类按钮"—"移动"；

（13）选择圆，点击"显示"—"隐藏"将辅助圆A隐藏；

（14）依次选取后面所作的三个按钮，点击"编辑"—"操作类按钮"—"系列"将其标签改为"复原"，如图10.1-15所示.

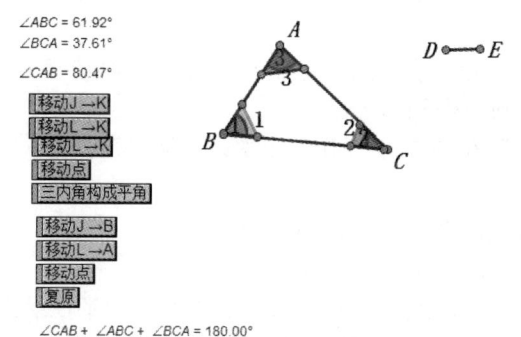

图 10.1-15　三角形内角和为平角的分与合

**例 10.1-8**　等腰三角形三线合一.

操作步骤：

（1）选择线段工具"╱"在绘图区任作一个三角形ABC；

（2）用箭头工具"▸"选择点A和线段BC，点击"构造"—"垂线"（此时垂线被选定），选择线段BC，点击"构造"—"交点"得到交点D，选择垂线AD，点击"显示"—"隐藏垂线"，选取点A, D，点击"构造"—"线段"得到垂线段AD；

（3）选择文本工具"╱"将鼠标指向点D拖出一个直角形状；

（4）用箭头工具"▸"选择线段BC，点击"构造"—"中点"得到中点E，选择点A和E，点击"构造"—"线段"得到中线AE；

（5）依次选取点 $B,A,C$，点击"构造"—"角平分线"，再选取线段 $BC$，点击"构造"—"交点"，得到交点 $F$，选择角平分线，点击"显示"—"隐藏"将其隐藏．选取点 $A$ 和 $F$，点击"构造"—"线段"得到角平分线 $AF$；

（6）选择点 $A$ 和 $B$，点击"以圆心和圆上的点绘制圆"得到圆 $G$，选择线段 $BC$，点击"构造"—"交点"得到交点 $G$；

（7）依次选择点 $C$ 和点 $G$，点击"编辑"—"操作类按钮"—"移动"将其标签改为"等腰三角形"；

（8）在点 $C$ 的附近任作一点 $H$，依次选择点 $C$ 和点 $H$，点击"编辑"—"操作类按钮"—"移动"将其标签改为"还原"，效果如图 10.1-16 所示．

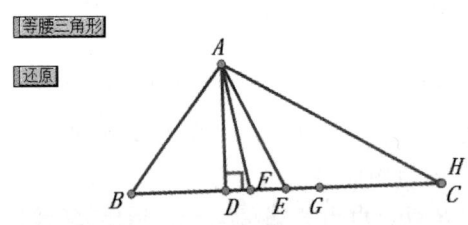

图 10.1-16　等腰三角形三线合一

**例 10.1-9**　验证三角形面积公式.

**基本原理**：利用平行四边的面积公式推导三角形的面积公式.

**操作步骤**：

（1）作全等三角形.

（1.1）选择线段工具" "在绘图区任作一个三角形 $ABC$，依次选取点 $A,B,C$，点击"度量"—"角度"，再点击"变换"—"标记角度"；

（1.2）选择点工具" "在绘图区任作一点 $D$，用箭头工具选择 $D$ 点和线段 $BC$，点击"构造"—"以圆心和半径绘圆"得到圆 $D$；

（1.3）选择点工具" "在圆 $D$ 上任作一点 $E$，用箭头工具" "依次选取点 $E$ 和 $D$，点击"构造"—"射线"；

（1.4）双击点 $E$（作为旋转中心），选取射线 $ED$，点击"变换"—"旋转"，在出现的对话框中选择"标记角度"，点击"旋转"；

（1.5）选取点 $E$ 和线段 $AB$，点击"构造"—"以圆心和半径绘圆"，选择第一个圆，点击"构造"—"交点"得到交点 $F$；（将圆 $E$ 和射线 $EF,ED$ 隐藏），选取点 $D,E,F$，点击"构造"—"线段"得到全等三角形 $DEF$；

（2）作全等三角形的重合.

（2.1）选择点 $D$ 和线段 $BC$，点击"构造"—"平行线"，再选取圆 $D$，点击"构造"—"交点"得到两交点 $G,H$，

（2.2）选取三点 $A,B,C$，点击"构造"—"三角形内部"，同理作三角形 $DEF$ 的内部；

（2.3）依次选择点 $E,G$，点击"编辑"—"操作类按钮"—"移动"—"确定"；

（2.4）成对依次选择点 $E,B$ 和 $D,C$，点击"编辑"—"操作类按钮"—"移动"—"确定"；

（2.5）依次选择两按钮，点击"编辑"—"操作类按钮"—"系列"将其标签改为"复原"—"确定"；

（3）作全等三角形的拼图.

（3.1）依次选择点 $E,H$，点击"编辑"—"操作类按钮"—"移动"—"确定"；

（3.2）依次选择点 $D,A$，点击"编辑"—"操作类按钮"—"移动"—"确定"；

（3.3）依次选择两按钮，点击"编辑"—"操作类按钮"—"移动"—"确定"，将其标签改为"拼合"，确定. 将不用的直线和点隐藏，如图 10.1-17 所示.

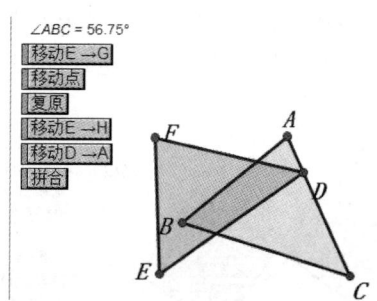

图 10.1-17　三角形面积公式推导

**例 10.1-10**　证明勾股定理.

操作步骤：

（1）用线段工具" ╱ "在绘图区任作一条线段 $AB$，改用箭头工具" ▸ "选择线段 $AB$，点击"构造"—"中点"得到中点 $C$，依次选择点 $C$ 和点 $A$，点击"构造"—"以圆心和圆周上的点绘圆"得到圆 $C$；

（2）用点工具"·"在圆 $C$ 上任作一点 $D$，用箭头工具" ▸ "选择点 $A,D,B$，点击"构造"—"线段"得到直角三角形 $ABD$，改用文本工具" ╱ "将角 $D$ 标记出直角符号；

（3）以线段 $AD$ 为边向外作一正方形：用箭头工具" ▸ "双击点 $A$，选择线段 $AD$ 和点 $D$，点击"变换"—"旋转"—"90"得到点 $F$，再双击点 $D$，选择线段 $AD$ 和点 $A$，点击"变换"—"旋转"—"-90"得到点 $E$，连接点 $EF$ 得到正方形 $ADEF$. 同理作出正方形 $ABGH,BDIJ$；

（4）依次选择点 $A,D,E,F$，点击"构造"—"四边形内部"，将鼠标指向其内部按左键选择"面积"得到四边形 $ADEF$ 的面积. 同理作出四边形 $ABGH,BDIJ$ 的内部并得到其面积，如图 10.1-18 所示；

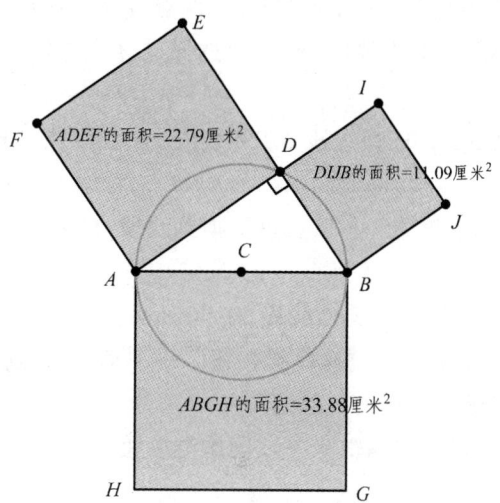

图 10.1-18　直角三角形三边所成的正方形

（5）选择线段 AD，点击"度量"—"长度"得到线段 AD 的长，同理得到线段 AB 和 BD 的长；

（6）点击"数据"—"计算"计算出 $AB^2$，$BD^2$，$AD^2$ 及 $AD^2+DB^2$；

（7）选择点 D，点击"编辑"—"动画"—"确定"得到动画按钮.

按动按钮观察① $AB^2$ 与 $AD^2+DB^2$ 的数量关系；② $ADEF$ 的面积与 $AD^2$，$ABGH$ 的面积与 $AB^2$，$DIJB$ 的面积与 $DB^2$ 的数量关系，从而体验勾股定理的成立，如图 10.1-19 所示.

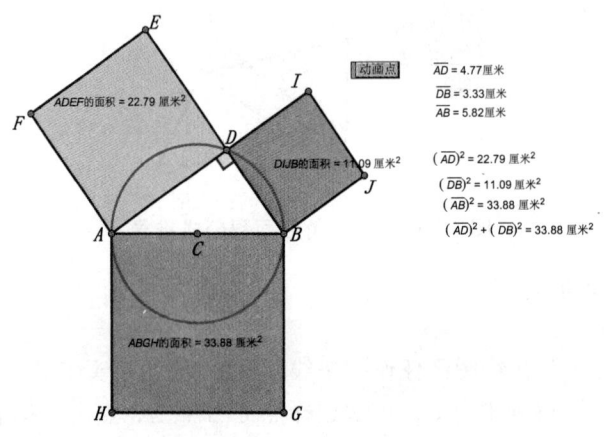

图 10.1-19　验证勾股定理

**例 10.1-11**　路径最短问题.

已知在一铁路线的一侧有两个货站 $A, B$，要求在铁路上修建一个站点，使到两货站的距离之和最短，应如何选址？

问题分析：若两个货站在铁路两侧，其选址为两货站连线与铁路线交点处. 那么此题如何将同侧的两货站变换到铁路两侧呢？——将一货站关于铁路作对称变换.

操作步骤：

（1）选择线段工具"╱"同时按住"shift"键在绘图区绘制一条水平线段 $MN$；

（2）选择点工具"·"在线段 $MN$ 的同侧任作两点 $A, B$，在线段 $MN$ 上任一点 $P$；

（3）选择箭头工具"▶"，双击线段 $MN$，再选择点 $A$，点击"变换"—"反射"得到点 $A$ 关于线段 $MN$ 的对称点 $A'$；

（4）连接线段 $AP, BP, BA'$，选择线段 $BA'$ 和线段 $MN$，点击"构造"—"交点"得到交点 $C$；

（5）选择线段 $AP$，点击"度量"—"长度"得到线段 $AP$ 的长度. 同理得到线段 $BP, BA'$ 的长度；

（6）点击"数据"—"计算"计算出线段 $AP$ 与 $BP$ 之和；

（7）选择点 $P$，点击"编辑"—"操作类按钮"—"动画"，在出现的对话框中"方向"选择"双向"，速度选择"慢速"点击"确定"；

（8）依次选择点 $P, C$，点击"编辑"—"操作类按钮"—"移动"得到移动按钮，效果如图 10.1-20 所示.

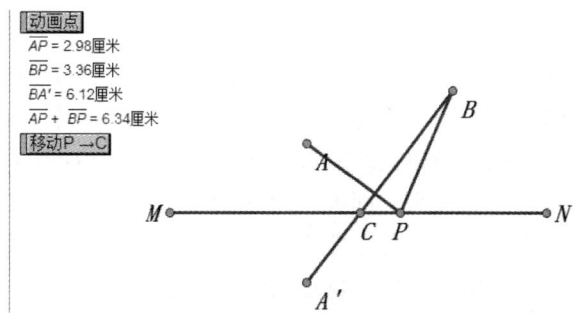

图 10.1-20 路径最短问题

特别说明：点击按钮"动画点"观察线段 $AP+BP$ 与 $BA'$ 长度之间的关系．另外，点击按钮"移动 $P>C$"观察 $AP+BP$ 与 $BA'$ 长度之间的关系．

**例 10.1-12** 平面几何的三线八角问题．

在平面几何中，若两直线平行，则同位角、内错角、对顶角相等，同旁内角互补．但若两条直线平行，则以上结论就不一定成立．

操作步骤：

（1）选择线段工具"╱"在绘图区任作两条线段 $AB,CD$，再任作一条线段 $EF$ 与前两条线段相交，其交点为 $G,H$；

（2）选择点工具"·"在绘图区任作两点 $G',H'$，选择箭头工具"▶"依次选择点 $G,B$，点击"变换"—"标记向量"，再选择点 $G'$，点击"变换"—"平移"得到点 $B'$，同理得到点 $E$ 的对应点 $E'$，将点 $E',G',B'$ 构造成一个角．同理作出角 $G'H'D'$．用同样的方法可作出内错角、同旁内角，如图 10.1-21 所示．

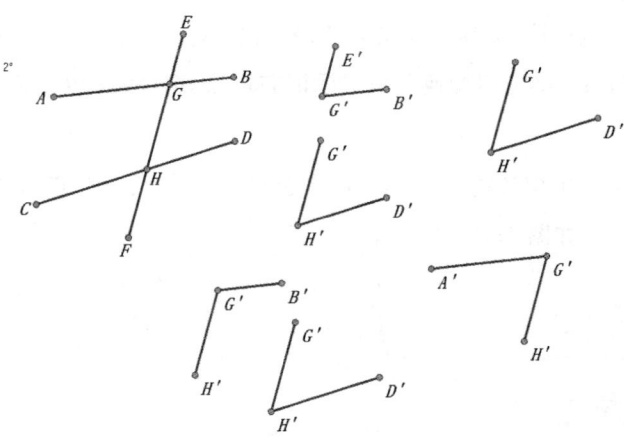

图 10.1-21 同位角、内错角、同旁内角

（3）依次选择点 $E,G,B$，点击"度量"—"角度"得到 $\angle EGB$ 的度数，同理得到 $\angle GHD$，$\angle BGH$，$\angle AGH$ 的度数；

（4）点击"数据"—"计算"计算出 $\angle B'G'H'+\angle G'H'D'$；

（5）选择 $\angle E'G'B'$ 与 $\angle G'H'D'$，点击"显示"—"颜色"—"黄色"，同理将 $\angle G'H'D'$ 与

∠A'G'H'为"绿色",∠B'G'H'与∠G'H'D'为蓝色;

（6）成对选择黄色点 G' 与 G，H' 与 H，点击"编辑"—"操作类按钮"—"移动"将其标签改为"同位角初始化";同理选择绿色点 H' 与 H，G' 与 G，点击"编辑"—"操作类按钮"—"移动"将其标签改为"内错角初始化";选择蓝色点 H' 与 H，G' 与 G，点击"编辑"—"操作类按钮"—"移动"将其标签改为"同旁内角初始化";

（7）选择点工具，在绘制的六个角近处绘制六个点：$N_1$, $O_1$, $P_1$, $Q_1$, $R_1$, $S_1$;

（8）选择箭头工具" "成对选择黄色点 G' 与 $N_1$，H' 与 $O_1$，点击"编辑"—"操作类按钮"—"移动"将其标签改为"同位角". 同理作出"内错角""同旁内角"，如图 10.1-22 所示.

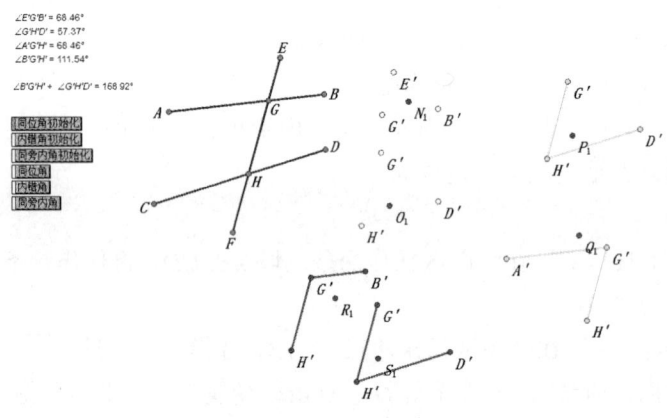

图 10.1-22　八角按钮

（9）依次选择按钮"同位角初始化""内错角初始化""同旁内角初始化"，点击"编辑"—"操作类按钮"—"系列"将其标签改为"初始化";

（10）选择点 C 与 A，点击"变换"—"标记向量"，选择线段 CD 及点 D，点击"变换"—"平移";

（11）选择点工具在点 D' 旁边作点 $T_1$，依次选择点 D' 与点 $T_1$，点击"变换"—"移动"，将其标签改为"回位"，如图 10.1-23 所示.

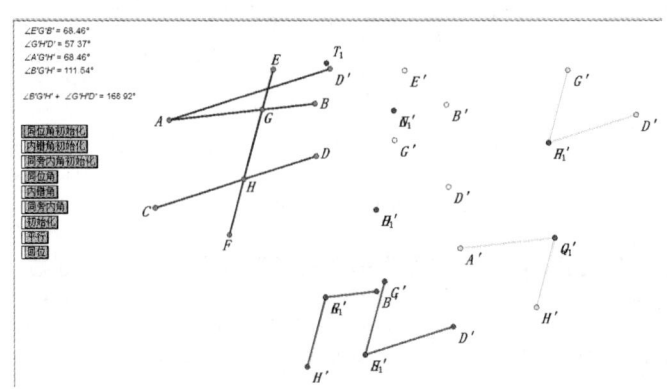

图 10.1-23　八角度数对比按钮

（12）点击按钮"初始化"后将出现的点隐藏.

特别说明：

（1）点击"同位角"等按钮，观察角之间度数的大小；

（2）点击"平行"观察各种角之间的大小关系.

**例 10.1-13** 三角形成中心对称图形.

操作步骤：

（1）选择自定义工具"✎"—"三角形"在绘图区任作一个三角形 $ABC$，选择点工具"·"在三角形旁边任作一点 $D$；

（2）选择箭头工具"▶"依次选取点 $D,B$，点击"构造"—"以圆心和圆周上的点绘圆"得到第一个圆 $D$，再选择点工具在圆周上任取一点 $P$，连接线段 $DP$，选取圆弧和线段 $DP$，点击"显示"—"线型"—"虚线"；

（3）依次选取点 $B,D,P$，点击"变换"—"标记角度"将 $\angle BDP$ 标记为标记角度；

（4）依次选取点 $D$ 和点 $A$，点击"构造""以圆心和圆周上的点绘圆"得到第二个圆 $D$，依次选择点 $D$ 和点 $C$，点击"构造""以圆心和圆周上的点绘圆"得到第三个圆 $D$；

（5）选取点 $A$ 和 $B$，点击"变换"—"旋转"在出现的对话框中选择"以标记角度"旋转，得到 $A$ 和 $B$ 的对应点 $Q$ 和 $R$. 选择点 $P,Q,R$，点击"构造"—"线段"得到旋转时所用的三角形. 连接线段 $DQ$ 和 $DR$；

（6）选择第二个圆和第三个圆，点击"显示"—"隐藏"，再依次选择点 $A,Q,A'$，点击"构造"—"过三点的弧". 同理得到第三条弧；

（7）选择点工具"·"在第一条圆弧上任作一点 $P'$ 使点 $P'$ 在点 $P$ 与 $B$ 之间；

（8）选择箭头工具"▶"依次选取点 $P$ 和点 $P'$，点击"编辑"—"操作类按钮"—"移动"，再依次选取点 $P$ 和点 $B$，点击"编辑"—"操作类按钮"—"移动"，依次选取第一个和第二个按钮，点击"编辑"—"系列"将其标签改为"向右"，在出现的对话框中选择"依次执行"；

（9）同（8）作出"向左"的动画按钮，如图 10.1-24 所示.

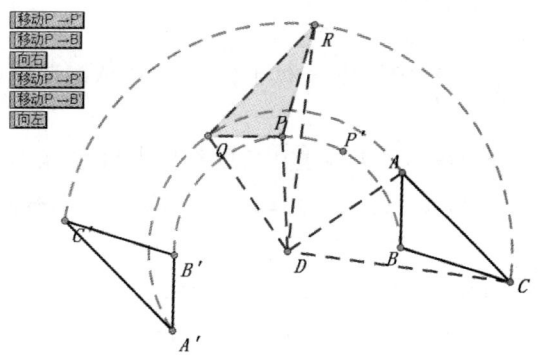

图 10.1-24　中心对称图形

特别说明：为了美观，可将不要的四个前期按钮隐藏.

**例 10.1-14** 相似三角形.

在初中阶段相似三角形可分为 A 型 X 型两大类，其中 A 型又分为平行型和斜截型，X

型也分为这样两类,再加上旋转型共计五种情况.

操作步骤:

(1)选择线段工具"／"在绘图区任作两条相交线段,交点为 $A$,下方两端点为 $B,C$,用箭头工具"▶"连接线段 $BC$,依次选择点 $C,A,B$,点击"变换"—"标记角度";

(2)选择点工具"•"在线段 $AB$ 的上、下各取一点 $D,E$,选取点 $D,E$ 和线段 $BC$,点击"构造"—"平行线"并作出平行线与前两相交线段的交点 $F,G$,选择平行线,点击"显示"—"隐藏",再选择点 $A,D,F$,点击"构造"—"三角形内部";

(3)再选取点 $D,G$,双击线段 $AC$,点击"变换"—"反射"得到反射后的三角形. 双击点 $A$,点击"变换"—"旋转"在出现的对话框中选择"按标记角度"得到斜三角形,依次选择点 $D,E$,点击"编辑"—"操作类按钮"—"移动"将其标签改为"斜 A/X 型";

(4)依次选择点 $D,E$,点击"编辑"—"操作类按钮"—"移动"将其标签改为"X 型";

(5)依次选择点 $D,H$,点击"编辑"—"操作类按钮"—"移动"将其标签改为"A 型". 将不用的点、线段、按钮隐藏,如图 10.1-25 所示.

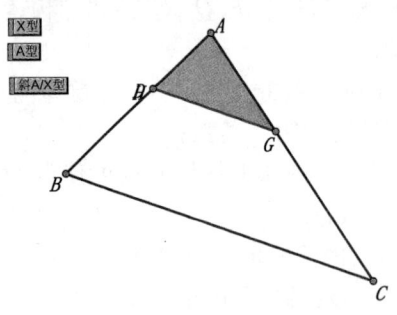

图 10.1-25 相似三角形

**例 10.1-15** 角平分线性质定理.

操作步骤:

(1)选择线段工具"／"在绘图区作一个角 $\angle ABC$,再依次选择点 $A,B,C$,点击"构造"—"角平分线";

(2)选择点工具"•"分别在角平分线上和角内部任作两点 $M,D$,选择角平分线点击"显示"—"隐藏",再选择点 $B$ 和 $M$,点击"构造"—"线段",选择点工具"•"在 $BM$ 上任取一点 $E$;

(3)选取点 $D$ 和线段 $AB$,点击"构造"—"垂线",再选取线段 $AB$,点击"构造"—"交点",得到交点 $F$,选取垂线,点击"显示"—"隐藏垂线"将垂线隐藏,再选取点 $D$ 和 $F$,点击"构造"—"线段"得到垂线段. 同理作出另外一条垂线段 $DG$;

(4)同(3)作出过点 $E$ 到角的两边的垂线段 $EH,EI$;

(5)选择垂线段 $DF,DG,EH,EI$,点击"度量"—"长度";

(6)选择点 $E$ 点击"编辑"—"操作类按钮"—"动画",效果如图 10.1-26 所示.

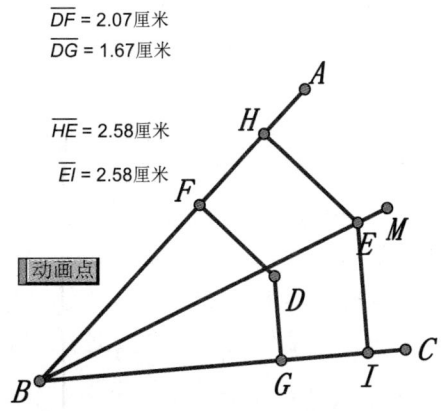

图 10.1-26　角平分线性质定理

特别说明：

（1）点击"动画点"按钮，观察线段 EH, EI 的长度关系；

（2）拖动点 D 观察线段 DF, DG 长度之间的关系.

例 10.1-16　三角形全等的判定.

定义：能完全重合的两个三角形称为全等三角形.

从定义可以看出：若两三角形全等，则其对应边相等、对应角相等.

判定定理有：（ⅰ）SSS；（ⅱ）ASA；（ⅲ）SAS；（ⅳ）AAS；（ⅴ）HL.

问题分析：

当我们将上面五种定理作为条件能画出唯一的三角形时就可以认为两三角形全等. 若要进一步验证其全等性，还可以验证其边和角对应相等.

操作步骤：

（1）SSS 判定定理的验证.

（1.1）点击"文件"—"文档选项"在出现的对话框中选择"增加页"，一共增加 5 页，将其名称分别设为（ⅰ）SSS；（ⅱ）ASA；（ⅲ）SAS；（ⅳ）AAS；（ⅴ）HL. 点击"确定"，如图 10.1-27 所示.

图 10.1-27　文档设置

（1.2）点击左下角的第页（SSS）．选择线段工具"╱"在绘图区任作一个三角形 $ABC$；

（1.3）选择点工具"·"在空白处任作一点 $B'$，依次选择点 $B$，$C$，点击"变换"—"标记向量"，选择点 $B'$，点击"变换"—"平移"得到点 $C'$；

（1.4）选择点 $B'$ 和线段 $AB$，点击"构造"—"以圆心和半径绘圆"．同理选择点 $C'$ 和线段 $AC$，点击"以圆心和半径绘圆"，两圆交于两点 $A_1$ 和 $A_2$；

（1.5）选择点 $A_1$，$B'$，$C'$，点击"构造"—"线段"得到三角形 $A_1B'C'$；选择点 $A_2$，$B'$，$C'$，点击"构造"—"线段"得到三角形 $A_2B'C'$；选择两圆点击"显示"—"隐藏"；

（1.6）选择线段 $AB$，$BC$，$CA$ 和线段 $A_1B'$，$B'C'$，$C'A_1$，点击"度量"—"长度"．分别选择线段 $AB$ 与 $A_1B'$，点击"数据"—"制表"得到一个数据表．同理作出另外两个线段的数据表，如图 10.1-28 所示．

| $\overline{AB}$ | $\overline{A_1B'}$ |
|---|---|
| 5.71厘米 | 5.71厘米 |

| $\overline{CA}$ | $\overline{C'A_1}$ |
|---|---|
| 8.32厘米 | 8.32厘米 |

| $\overline{BC}$ | $\overline{B'C'}$ |
|---|---|
| 4.41厘米 | 4.41厘米 |

图 10.1-28　线段数据表

（1.7）依次选择点 $B$，$A$，$C$，点击"度量"—"角度"得到 $\angle BAC$ 的角度．同理度量出 $\angle B'A_1C'$ 的度数，选择这两个角点击"数据"—"制表"得到一个角度表．同理作出其他两个表，如图 10.1-29 所示．

| $\angle BAC$ | $\angle B'A_1C'$ |
|---|---|
| 29.96° | 29.96° |

| $\angle ABC$ | $\angle A_1B'C'$ |
|---|---|
| 109.77° | 109.77° |

| $\angle BCA$ | $\angle B'C'A_1$ |
|---|---|
| 40.27° | 40.27° |

图 10.1-29　角度表

（1.8）选取线段 $A_2B'$，$A_2C'$，点击"显示"—"隐藏"，同时将度量的数值全部隐藏．

（1.9）拖动点 $A$ 或 $B$ 或 $C$，观察两三角形的边长与角度大小之间的关系．

（1.10）同理就三角形 $A_2B'C'$ 与三角形 $ABC$ 之间的边长与角度大小进行对比．

（2）ASA 判定定理的验证．

（2.1）点击左下角的第页（ASA）．选择线段工具"╱"在绘图区任作一个三角形 ABC；

（2.2）选择点工具"·"在空白处任作一点 B'，依次选择点 B, C，点击"变换"—"标记向量"，选择点 B'，点击"变换"—"平移"得到点 C'；连接线段 B'C'；

（2.3）依次选择点 A, B, C，点击"度量"—"角度"得到∠ABC 的角度大小，同理得到∠BCA 的大小；选择∠ABC，点击"变换"—"标记角度"，同理标记角度∠BCA；

（2.4）双击点 B'，再选择线段 B'C'和点 C'，点击"变换"—"旋转"，在出现的对话框中选"按标记角"点击"确定"；

（2.5）双击点 C'，再选择线段 B'C'和点 B'，点击"变换"—"旋转"，在出现的对话框中选"按标记角"，点击"确定"．双击线段 B'C'，选择刚旋转所得线段，再点击"变换"—"反射"得到线段 C'B"；

（2.6）依次选取点 C'和 B"，点击"构造"—"射线"，设射线与线段 B'C"相交于点 A'；

（2.7）选取射线、线段 C'B"及不用的点，点击"显示"—"隐藏"．再选取点 A', B', C'，点击"构造"—"线段"得到三角形 A'B'C'；

（2.8）依次度量出角：∠ABC, ∠BCA, ∠CAB, ∠A'B'C', ∠B'C'A', ∠C'A'B'；线段长：AB, BC, CA 与 A'B', B'C', C'A'；

（2.9）依次选择∠ABC 与∠A'B'C'，点击"数据"—"制表"．同理作出另外两个角度表；

（2.10）依次选择线段 AB 与 A'B'，点击"数据"—"制表"．同理作出另外两个线段长度表，如图 10.1-30 所示．

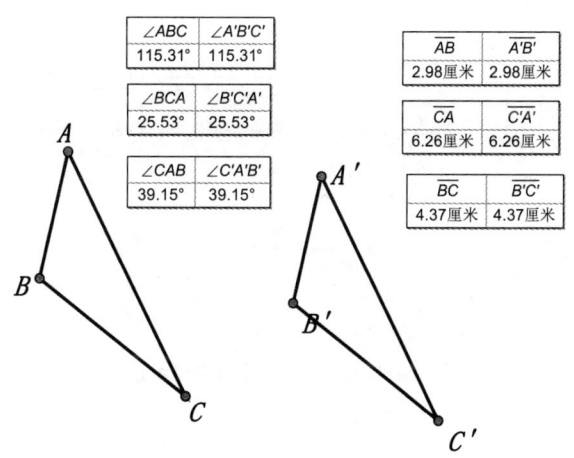

图 10.1-30　ASA 定理的验证

特别说明：拖动点 A 或 B 或 C，观察六个表中数据之间的关系，从而说明定理是否成立．

（3）SAS 定理的验证．

（3.1）选择线段工具"╱"任作一个三角形 ABC，依次选择点 A, B, C，点击"度量"—"角度"，再点击"变换"—"标记角度"；

（3.2）选择射线工具"╱"在绘图区任作一射线，顶点为 B'，双击点 B'，点击"变换"—"旋转"，在出现的对话框中选择按"标记角度"，点击"确定"；

（3.3）选取线段 $AB, BC$，点击"度量"—"长度"得到两线段的长，依次选取点 $B'$ 和线段 $AB$ 的长，点击"构造"—"以圆心和半径绘圆"，圆交左边射线于 $A'$；同理以点 $B'$ 和线段 $BC$ 的长绘圆，圆与右边射线相交于点 $C'$；

（3.4）选择两条射线、两圆，点击"显示"—"隐藏"．选取点 $A', B', C'$，点击"构造"—"线段"得到三角形 $A'B'C'$；

（3.5）依次选取点 $B, C, A$，点击"度量"—"角度"，同理度量出 $\angle CAB, \angle A'B'C', \angle B'C'A', \angle C'A'B'$；

（3.6）选取线段 $AB, BC, CA, A'B', B'C', C'A'$，点击"度量"—"长度"；

（3.7）分别选取角 $\angle ABC, \angle A'B'C'$，点击"数据"—"制表"，同理制作出另外两个角的表及三个线段的表，如图 10.1-31 所示．

| $\angle ABC$ | $\angle A'B'C'$ |
|---|---|
| 109.70° | 109.70° |

| $\overline{AB}$ | $\overline{A'B'}$ |
|---|---|
| 3.86厘米 | 3.86厘米 |

| $\angle BCA$ | $\angle B'C'A'$ |
|---|---|
| 38.49° | 38.49° |

| $\overline{BC}$ | $\overline{C'B'}$ |
|---|---|
| 3.27厘米 | 3.27厘米 |

| $\angle CAB$ | $\angle C'A'B'$ |
|---|---|
| 31.82° | 31.82° |

| $\overline{CA}$ | $\overline{A'C'}$ |
|---|---|
| 5.84厘米 | 5.84厘米 |

图 10.1-31 角与线段数据表

（3.8）拖动三角形的任意一点，观察六个表中成对数据之间的关系，将不用的度量数据隐藏，如图 10.1-32 所示．

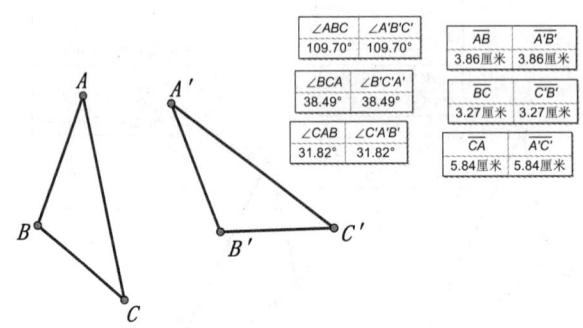

图 10.1-32 ASA 定理的验证

（4）AAS 定理的判定．

（4.1）选择线段工具"╱"任作一个三角形 $ABC$，依次选择点 $A, B, C$，点击"度量"—"角度"，再点击"变换"—"标记角度"；

（4.2）用点工具任作一点 $D$，选择射线工具过 $D$ 点作一射线 $DM$，选择点工具在射线上任作一点 $F$；

（4.3）双击 $D$，选择射线，点击"变换"—"旋转"，在出现的对话框中选择"标记角度"，点击"确定"得到一射线；

（4.4）选取点 $D$ 和线段 $AB$，点击"以圆心和半径绘圆"，圆与左边射线相交于点 $A'$；

（4.5）依次选取点 $A, C, B$，点击"变换"—"标记向量"．双击点 $F$，选取点 $D$，点击"变换"—"旋转"得到点 $G$（若 $G$ 不与 $A'$ 同在射线 $DM$ 的同侧，则双击射线 $DM$，选取刚旋转得到的点，点击"变换"—"反射"得到 $G$ 点）；

（4.6）依次选取点 $F, G$，点击"构造"—"射线"，与角 $D$ 的左边相交于点 $H$；

（4.7）选择点 $A'$ 和射线 $FG$，点击"构造"—"平行线"，与角 $D$ 的右边相交于点 $C'$；

（4.8）选择不用的圆、线、点等，只留下点 $A', D, C'$，点击"显示"—"隐藏"；

（4.9）依次选择点 $A', D, C'$，点击"构造"—"线段"得到三角形 $A'DC'$.

（4.10）依次选取点 $B, C, A$，点击"度量"—"角度"，同理度量出 $\angle CAB, \angle A'DC', \angle DC'A', \angle C'A'D$；

（4.11）选取线段 $AB, BC, CA, A'D, DC', C'A'$，点击"度量"—"长度"；

（4.12）分别选取角 $\angle ABC, \angle A'DC'$，点击"数据"—"制表"，同理制作出另外两个角的表及三个线段的表，如图 10.1-33 所示.

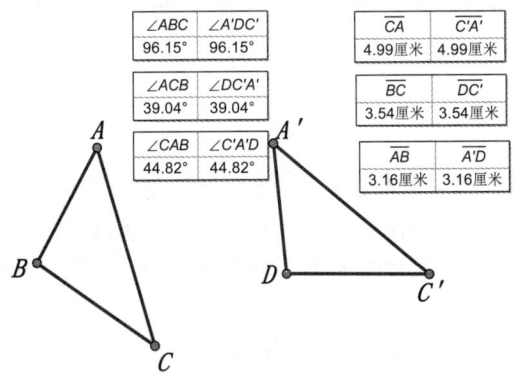

图 10.1-33　AAS 定理的验证

特别说明：

拖动点 $A$ 或 $B$ 或 $C$，观察六个表中数据之间的关系，从而说明定理是否成立.

（5）验证 HL 定理.

操作步骤：

（5.1）点击自定义工具" ▶ "—"直角三角形"在绘图区任作一个直角三角形 $ABC$，选取线段 $AB, AC$，点击"度量"—"长度"得到两线段的长度；

（5.2）选择直线工具同时按住"shift"键作一条水平直线 $C'M$，选取点 $C'$ 和直线 $C'M$，点击"构造"—"垂线"；

（5.3）选取点 $C'$ 和线段 $AC$，点击"构造"—"以圆心和半径绘圆"与垂线相交于点 $A'$；

（5.4）选取点 $A'$ 和线段 $AB$，点击"以圆心和半径绘圆"与水平直线相交于点 $B'$；

（5.5）选择不用的圆、线、点等，点击"显示"—"隐藏"；

（5.6）依次选取点 $A', B', C'$，点击"构造"—"线段"得到三角形 $A'B'C'$；

（5.7）依次选取点 $B, C, A$，点击"度量"—"角度"，同理度量出 $\angle CAB, \angle A'B'C', \angle B'C'A', \angle C'A'B'$；

（5.8）选取线段 $AB, BC, CA, A'B', B'C', C'A'$，点击"度量"—"长度"；

（5.9）分别选取 $\angle ABC, \angle A'B'C'$，点击"数据"—"制表"，同理制作出另外两个角的表及三个线段的表；将不用的度量数据隐藏，如图 10.1-34 所示.

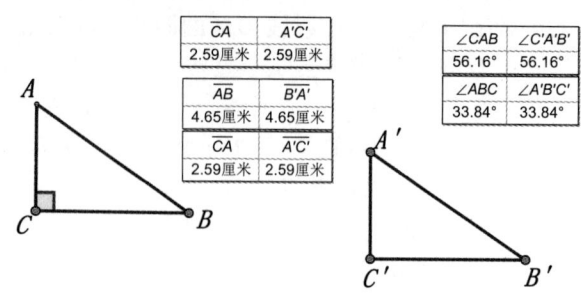

图 10.1-34　HL 定理的验证

### 10.1.4　矩形的折叠

进行矩形的一个角的折叠可以探究三角形全等和角平分线性质.

#### 1）按对角线对折

（1）绘制矩形 $ABCD$.

操作步骤：

（1.1）选择线段工具"╱"同时按住"shift"键绘制一条水平线段 $AB$；

（1.2）选择两点 $A,B$ 和线段 $AB$，点击"构造"—"垂线"；

（1.3）选择点工具"·"在左边的垂线上任取一点 $D$，过 $D$ 点作线段 $AB$ 的平行线交另一条垂线于 $C$ 点；

（1.4）选取三条直线，点击"显示"—"隐藏".

（2）按对角线对折.

（2.1）依次选取点 $C,D$，点击"编辑"—"以圆心和圆周上的点绘圆"，选择点工具在圆上任作一点 $E$，依次选取点 $A,E,C$，点击"构造"—"三角形内部"；

（2.2）双击线段 $AC$，选取线段 $AD,CD$ 和点 $D$，点击"变换"—"反射"得到三角形 $ACD'$；

（2.3）依次选择点 $E,D'$，点击"编辑"—"移动"将其标签改为"折叠"，依次选择点 $E$ 和 $D$，点击"编辑"—"移动"将其标签改为"还原"．将辅助圆隐藏，将线段 $AD',CD'$ 设为虚线，效果如图 10.1-35 所示．

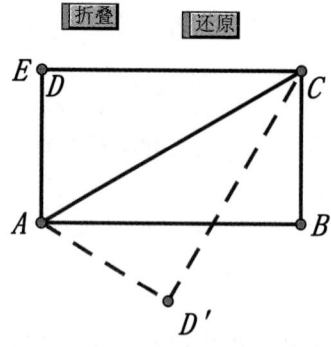

图 10.1-35　按对角线折叠

#### 2）按任意直线折叠

操作步骤：

（1）同上作出矩形 $ABCD$；

（2）选择线段工具"╱"在矩形上任作一条与上下两边相交的线段，其交点为 $E, F$；

（3）双击线段 $EF$，选取点 $C, B$，点击"变换"—"反射"得到反射点 $C', B'$；

（4）依次选取点 $E, C$，点击"构造"—"以圆心和圆周上的点绘圆"，再选择点工具"·"圆上任作一点 $G$；

（5）依次选取点 $F, B$，点击"构造"—"以圆心和圆周上的点绘圆"，再选择点工具"·"圆上任作一点 $H$；

（6）依次选择点 $E, G, B, H$，点击"构造"—"四边形内部"；

（7）成对依次选取点 $G$ 与 $C'$，$H$ 与 $B'$，点击"编辑"—"操作类按钮"—"移动"将其标签改为"折叠"，同理得到"还原"按钮.

（8）将不用的圆、线、点隐藏，效果如图 10.1-36 所示.

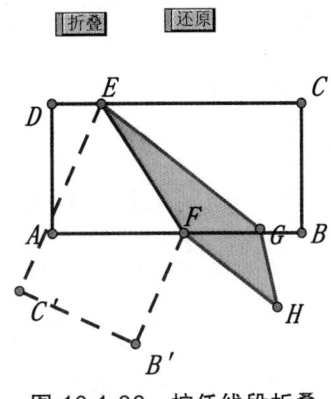

图 10.1-36　按任线段折叠

## 10.2　四边形

### 10.2.1　四边形面积公式推导

操作步骤：

（1）选择线段工具"╱"同时按下"shift"键作一条水平直线，再用箭头工具"▶"选择直线上的两个点，点击"显示"—"隐藏"将两点隐藏；

（2）选择点工具"·"在绘图区任作一点 $C$，再选取水平直线，点击"构造"—"平行线"；

（3）选择点工具"·"分别在两条平行线上作一点 $D, E$，连接 $DE$；

（4）用箭头工具"▶"依次选择点 $D, E$，点击"变换"—"标记向量"，用点工具在第一条直线上任取一点 $F$，点击"变换"—"平移"得到点 $F'$，再选择直线 $DF$，点击"构造"—"垂线"．选择直线 $DF$，点击"构造"—"交点"$G$；

（5）依次选取点 $F, F', G$，点击"构造"—"线段"，再重新选择点 $F, F', G$. 点击"构造"—"三角形内部"；

（6）用点工具"·"在直线 $DF$ 上任作一点 $H$，点击"变换"—"平移"得到点 $H'$，再选择直线 $DF$，点击"构造"—"垂线"，再点击"构造"—"交点"得到垂足 $I$；

（7）依次选择点 $D, E, H', I$，点击"构造"—"四边形内部"；

（8）将不用的直线和点隐藏，依次选择点 $F,H$，点击"编辑"—"移动"将其标签改为"还原"；依次选择点 $F,D$，点击"编辑"—"移动"将其标签改为"平移"，效果如图 10.2-1 所示．

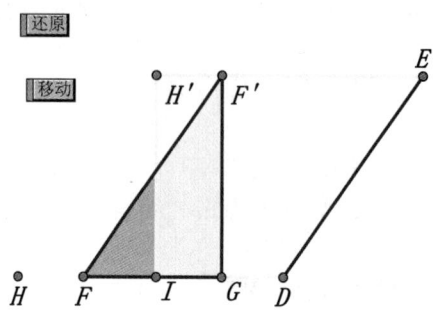

图 10.2-1　平行四边形面积公式推导

### 10.2.2　三角形内接矩形面积探究

操作步骤：

（1）用箭头工具" "点击"绘图"—"定义坐标系"将其原点设为"$A$"，用点工具"·"在绘图区任作一点 $B$，在轴上任作一点 $C$，依次选择点 $A,B,C$，点击"构造"—"线段"得到三角形 $ABC$；

（2）选择线段 $AC$，点击"构造"—"线段上的点"得到点 $D$，再选择 $AC$，点击"构造"—"垂线"，选取线段 $AB$，点击"构造"—"交点"得到交点 $E$；选取线段 $AC$，点击"构造"—"平行线"，再选取线段 $BC$，点击"构造"—"交点"得到交点 $F$；再选择线段 $AC$，点击"构造"—"垂线"，再点击"构造"—"交点"得到交点 $G$；

（3）用箭头工具" "选取三条直线，点击"显示"—"隐藏"，再依次选择点 $D,E,F,G$，点击"构造"—"线段"得到矩形 $DEFG$；再依次选择点 $D,E,F,G$，点击"构造"—"四边形内部"，点击"度量"—"面积"得到四边形面积；

（4）依次选择点 $A,D$，点击"度量"得到线段 $AD$ 的长度，依次选择 $AD$ 的长和四边形 $DEFG$ 的面积，点击"数据"—"制表"，将鼠标指向表，按右键在出现的对话框中选择"属性"，将"在最后一行中跟踪变化中的值"取消，点击"确定"，如图 10.2-2 所示．

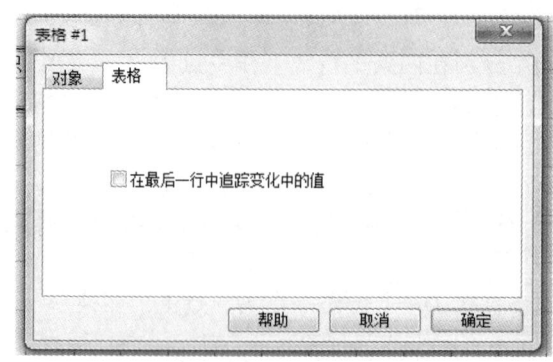

图 10.2-2　表属性设置

（5）拖动点 $D$ 双击表，得到一行新数值. 再拖动点 $D$ 双击表又得到一个新数据. 多做几行数据；

（6）将鼠标指向表，按右键，在出现的对话框中选择"绘制表中数据"，将 $AD$ 长作为横坐标，四边形 $DEFG$ 面积作为纵坐标，如图 10.2-3 所示.

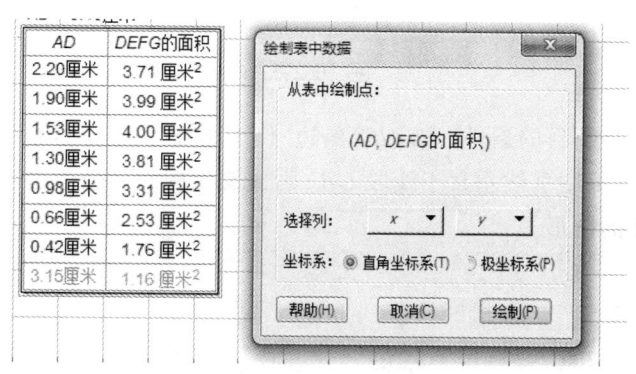

图 10.2-3　绘制表中数据对话框

（7）再次选择 $AD$ 的长和四边形 $DEFG$ 面积的第一组数据，点击"绘图"—"绘制点 $(x, y)(P)$"得到一点，再选取点 $D$，点击"构造"—"轨迹"得到图像，如图 10.2-4 所示.

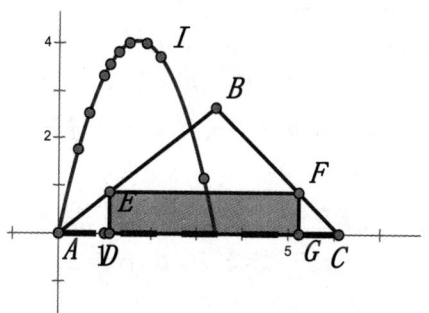

图 10.2-4　三角形内接矩形面积图像

**例 10.2-1**　如图 10.2-5，已知△$ABC$ 是等腰三角形，点 $O$ 是 $AC$ 的中点，$OB=12$，动点 $P$ 在线段 $AB$ 上从点 $A$ 向点 $B$ 以每秒 $\sqrt{3}$ 个单位的速度运动，设运动时间为 $t$ 秒. 以点 $P$ 为顶点作等边△$PMN$，点 $M, N$ 在直线 $OB$ 上，取 $OB$ 的中点 $D$，以 $OD$ 为边在△$AOB$ 内部作如图所示的矩形 $ODEF$，点 $E$ 在线段 $AB$ 上.

（1）求当等边△$PMN$ 的顶点 $M$ 运动到与点 $O$ 重合时的 $t$ 值；

（2）求等边△$PMN$ 的边长（含 $t$ 的表达式）；

（3）设等边△$PMN$ 和矩形 $ODEF$ 重叠部分的面积为 $S$，请直接写出 $S$ 与 $t$ 的函数关系式及自变量 $t$ 的取值范围；

（4）点 $P$ 在运动过程中，是否存在点 $M$，使△$EFM$ 是等腰三角形？若存在，求出对应的 $t$ 值；若不存在，请说明理由.

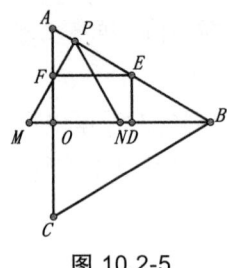

图 10.2-5

问题分析：要满足题目的条件，△ABC 的边 AC 应画成垂直于水平面，点 O 为 AC 的中点，△PMN 中过 P 点的中垂线垂直于线段 OB. 因此要先按此思想作出初始图形.

（1）作满足条件的图形.

操作步骤：

（1.1）选择线段工具"╱"同时按住"shift"键在绘图区作一条垂线段 AC，改用箭头工具"▸"双击点 A，选取点 C，点击"变换"—"旋转"，在出现的对话框中"角度"设为"60"，点"确定"将三点依次选取，点击"构造"—"线段"得到等边三角形 ABC；

（1.2）选择线段 AC，点击"构造"—"中点"得到中点 O，选择点 O 和 B，点击"构造"—"直线"，选择点工具"·"在线段 AB 上任作一点 P，选择点 P 和线段 BC，点击"构造"—"垂线"，再选择线段 BC，点击"构造"—"交点"得到交点 S. 双击点 P，选择点 S，点击"变换"—"旋转"，在出现的对话框的角度中选择"30"得到一点，再依次选择点 P 和旋转所得点，点击"构造"—"射线"交线段 OB 于 N 点，再双击点 P，选择点 N，点击"变换"—"旋转"，在出现的对话框中的角度中选"-60"得到点 M. 依次选择点 P, M, N，点击"构造"—"线段"得到正三角形 PMN；

（1.3）选择点 O, B，点击"构造"—"线段"，点击"构造"—"中点"得到中点 D，再选择线段 OB，点击"构造"—"垂线"交线段 AB 于点 E，再选择线段 AC，点击"构造"—"垂线"，点击"构造"—"交点"得到点 F；

（1.4）选择不要的线、点等，点击"显示"—"隐藏"，效果如图 10.2-5 所示.

（2）制作问题（1）中的动画.

依次选择点 M 与 O，点击"度量"—"长度"得到线段 OM 的长. 依次选择点 P 与 A，点击"编辑"—"操作类按钮"将其标签改为"初始化"，"速度"为"慢"，依次选择点 P 与 E，点击"编辑"—"操作类按钮"，"速度"为"慢"，如图 10.2-6 所示.

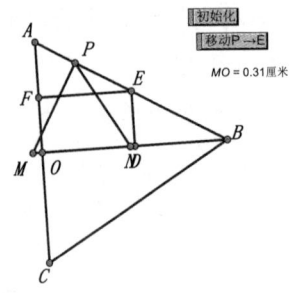

图 10.2-6 动态演示点 P 的位置

特别说明：点击这两个按钮，观察线段 OM 的长度变化，当其值为"0"时图形的情况.
（3）问题（3）.
（3.1）依次选择点 P, M, N，点击"构造"—"三角形内部"，同理构造四边形内部；
（3.2）依次选择点 P 与 B，点击"编辑"—"操作类按钮"，速度为"慢"，如图 10.2-7 所示.

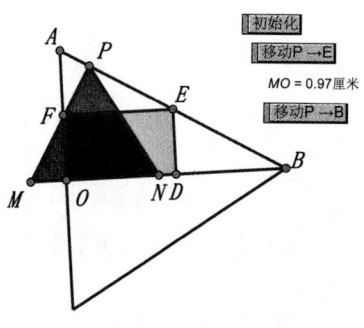

图 10.2-7　重叠面积动画

特别说明：分别点击按钮"初始化""移动 P→E""移动 P→B"，可以看出，三角形 PMN 与矩形 DEFO 重叠部分的不同，从而得出不同的面积公式.

## 10.2.3　多边形沿直线滚动

操作步骤：
（1）制作控制点.
（1.1）选择线段工具"╱"任作一条线段 AB. 点击"数据"—"新建参数"建立参数"$n=5$"（用于多边形边数的控制），点击"数据"—"计算"计算出"$\dfrac{1}{n}$"；

（1.2）用箭头工具"▸"分别选择线段 AB 和 $\dfrac{1}{n}$，点击"绘图"—"在线段上绘制点"（图 10.2-8）得到点 C；选择线段 AB，点击"构造"—"线段上的点"得到点 D；

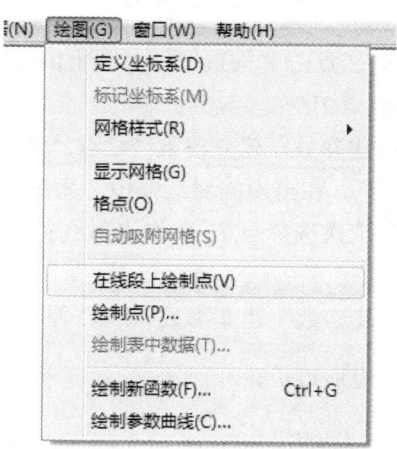

图 10.2-8　在线段上绘制点菜单

（1.3）依次选择点 $A, C, D$，点击"度量"—"比" $\left(\dfrac{AD}{AC}\right)$；

（2）制作滚动用直线．

（2.1）选择点工具"·"在线段 $AB$ 的右侧任作一点 $E$，点击"数据"—"新建参数"建立参数"t1=2 厘米"（在对话框中的"单位"选"距离"）（图 10.2-9）；

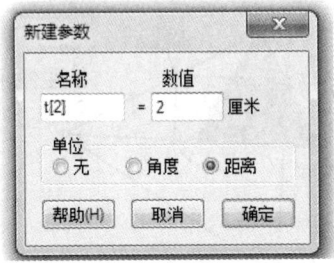

图 10.2-9 参数设置

（2.2）选取点 $E$，点击"变换"—"平移"，出现对话框后再点击参数"t1=2"（图 10.2-10），点击"平移"．再选取平移所得点，点击"变换"—"平移"得到第二个平移点；

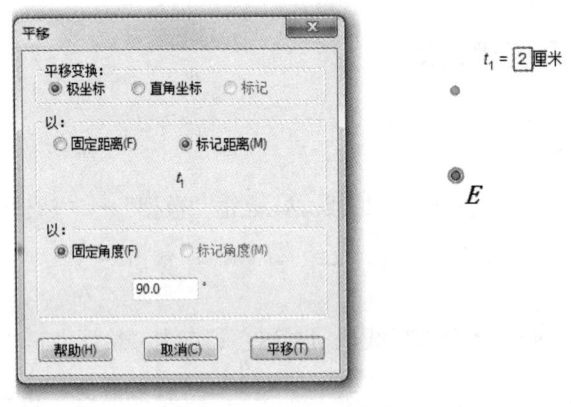

图 10.2-10 平移点

（2.3）依次选取点 $E', E, E''$，点击"构造"—"圆上的弧"得到半圆，选取该圆弧，点击"构造"—"弧上的点"得到点 $F$；

（2.4）点击"数据"—"新建参数"建立参数"t2=12 厘米"（方法同 t1=2 的作法），选取点 $E'$．点击"变换"—"平移"，在出现的对话框中"角度"设为"180"得到点 $E_2$；

（2.5）选择射线工具"⟋"依次选择点 $F, E_2$ 作出射线；

（3）制作多边形中心的轨迹．

（3.1）点击"数据"—"新建参数"建立参数"r = 2 厘米"，点击"数据"—"计算"计算出"$2r\sin\left(\dfrac{360°}{2n}\right)$"得到正多边形边长；

（3.2）依次选择点 $E_2$ 和 $2r\sin\left(\dfrac{360°}{2n}\right)$，点击"构造"—"以圆心和半径绘圆"，再选择射线，点击"构造"—"交点"得到点 $G$，将圆隐藏；

（3.3）点击"数据"—"计算"计算出取带函数"$\text{trunc}\left(\dfrac{AD}{AC}\right)$"（先点击函数,再点击比）;

（3.4）双击点 $E_2$，选取点 $G$，点击"变换"—"变换"—"缩放"（比例为 $\text{trunk}\left(\dfrac{AD}{AC}\right)$）得到一个点 $P$;

（3.5）依次选取点 $P$ 和线段 $r = 2$ 厘米，点击"构造"—"以圆心和半径绘圆"，再选择直线，点击"构造"—"交点"得到交点 $H$，将圆隐藏;

（3.6）点击"数据"—"计算"计算出"90度+180度/n"，双击点 $P$，选取点 $H$，点击"变换"—"旋转"，在出现的对话框时点击"90度+180度/n"得到点 $H'$;

（3.7）点击"数据"—"计算"计算出"$\dfrac{AD}{AC} - \text{trunc}\left(\dfrac{AD}{AC}\right)$"、$(-360° \div n)$、$\left(\dfrac{AD}{AC} - \text{trunc}\left(\dfrac{AD}{AC}\right)\right) \times (-360° \div n)$;

（3.8）双击点 $P$，选取点 $H'$，点击"变换"—"旋转"，得到点 $O$，依次选取点 $D$ 和旋转点 $O$，点击"构造"—"轨迹"，如图 10.2-11 所示. 将点 $H$ 隐藏.

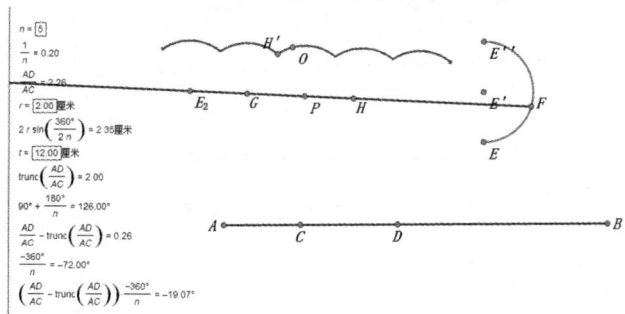

**图 10.2-11　运动多边形中心点的轨迹**

（4）制作多边形.

（4.1）选取点 $O, P$ 将其隐藏. 选取点 $D$，点击"度量"—"点的值". 选取点 $D$ 的值和轨迹，点击"绘图"—"在轨迹上绘制点（M）"得到点 $O$（图 10.2-12）;

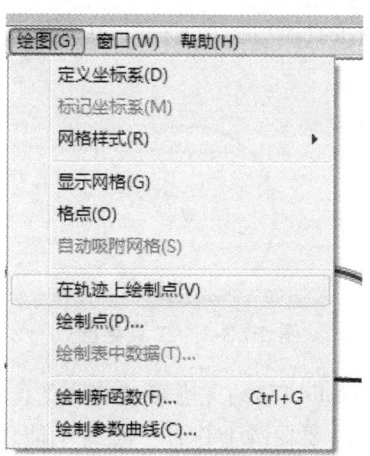

**图 10.2-12　在轨迹上绘制点**

（4.2）选择点工具"·"在直线 $E_2F$ 上任作两点 $K,L$，双击 $K$，选取 $L$，点击"变换"—"旋转"（按角 $90°+\dfrac{180°}{n}$）得到 $L'$，连接 $KL'$，再选取点 $O$，点击"构造"—"平行线"，依次选取点 $O$ 和线段 $r=2$，点击"构造"—"以圆心和半径绘圆"与平行线相交于点 $M$. 将不用的线、圆、点隐藏；

（4.3）点击"数据"—"计算"计算出 " $-\dfrac{360°}{n}\dfrac{AD}{AC}$ "，依次选取点 $O$ 和 $M'$，点击"构造"—"线段"；

（4.4）双击点 $O$，选择点 $M'$，点击"变换"—"旋转"，在出现的对话框中再点击"(360°÷n)"得到一个点，再点击"变换"—"旋转"，出现四个点时就停止；

（4.5）依次选取五个点，点击"构造"—"线段"得到正五边形；

（4.6）选取点 $D$，点击"编辑"—"操作类按钮"—"动画"，效果图如图 10.2-13 所示.

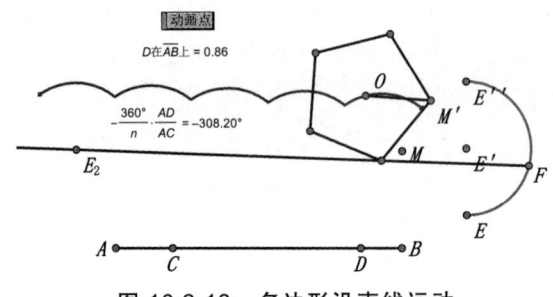

图 10.2-13　多边形沿直线运动

可将不用的数据、辅助线隐藏.

## 10.3　圆

### 10.3.1　圆的绘制

方法一：利用工具栏中圆工具绘圆.

用箭头工具点击工具栏中圆工具"○"，在绘图区按住左键拖动鼠标到一定距离放开就得到一个圆，如图 10.3-1 所示.

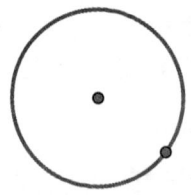

图 10.3-1　工具绘圆

特别说明：此圆的中心点是圆心，移动此点可改变圆的位置，圆周上的点决定圆的大小，移动此点，可改变圆的大小. 但是要在圆上作任一点时不能用此点. 比如，若选择此点，再点击"编辑"—"动画"，在出现的对话框中会出现"点#2 自由地在平面上以中速运动"，如

图 10.3-2 所示，从而使圆也在平面上移动. 若要在圆周上取点使之能在圆周上作圆周运动，先要在圆周上作一点，再按运动按钮. 其动画按钮对话框如图 10.3-3 所示.

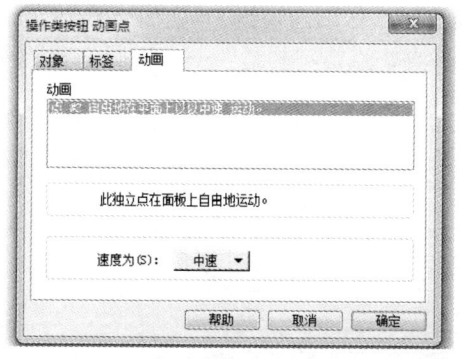

图 10.3-2　错误选择圆周上点的动画属性

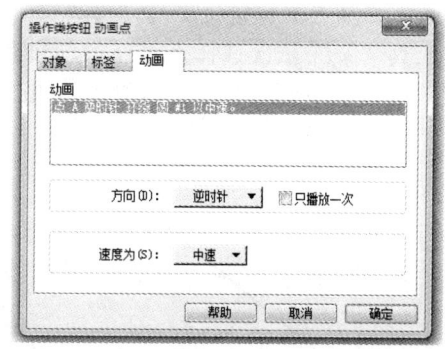

图 10.3-3　圆周上点作圆周运动属性

方法二：过两点作圆.

用点工具"·"在绘图区任作两点 $A, B$，依次选择点 $A, B$，点击"构造"—"以圆心和圆周上的点绘圆".

此方法已明确说明第一个点为圆心，第二个点为圆周上的点.

方法三：以线段为基础绘圆.

选择线段工具"╱"在绘图区任作一条线段 $AB$，再依次选择点 $A, B$，点击"构造"—"以圆心和圆周上的点绘圆"得到一个圆.

方法四：以一点和一线段绘圆.

用点工具"·"在绘制区任作一点 $A$，再选择线段工具"╱"任作一线段 $BC$，选择箭头工具"▸"依次选取点 $A$ 和线段 $BC$，点击"构造"—"以圆心和圆周上的点绘圆"得到一个圆.

方法五：利用自定义工具"▸┋"绘制圆.

在自定义工具中有许多绘制圆及与圆有关的工具，如图 10.3-4 所示.

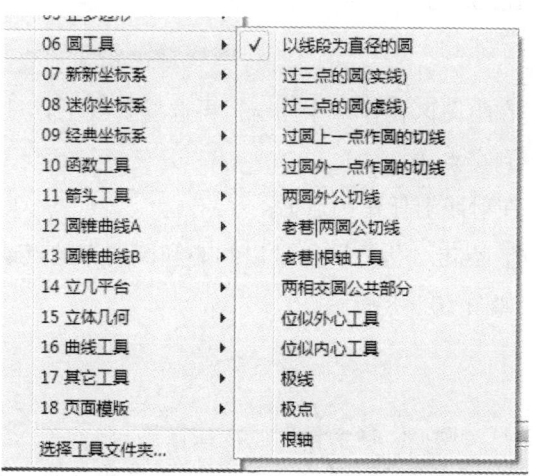

图 10.3-4　自定义工具—圆工具

### 10.3.2 圆的切线绘制

方法一：自定义工具法．

用箭头工具点击自定义工具"▶︎"—"过圆上一点作圆的切线"，如图 10.3-5 所示．再用箭头工具"▶︎"依次选择直线外一点和直线上一点，点击"构造"—"以圆心和圆周上的点绘圆"得到过圆上一点作圆的切线，如图 10.3-6 所示．

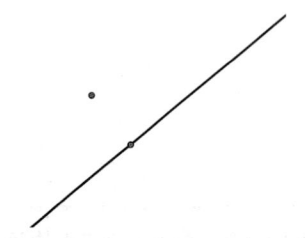 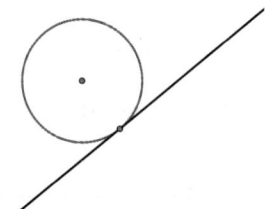

图 10.3-5　自定义工具绘圆的切线　　图 10.3-6　自定义工具作圆及切线

方法二：利用圆和直线绘切线．

（1）用圆工具"⊙"在绘图区任作一个圆 $A$；

（2）用点工具"·"在圆 $A$ 上任作一点 $B$；

（3）用箭头工具"▶︎"选择点 $A,B$，点击"构造"—"线段"；

（4）依次选取点 $B$ 和线段 $AB$，点击"构造"—"垂线"得到切线，如图 10.3-7 所示．

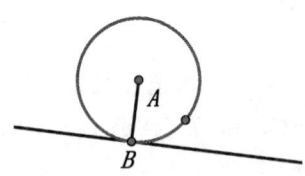

图 10.3-7　圆的切线

### 10.3.3 两圆外切的绘制

操作步骤：

（1）用圆工具"⊙"在绘图区任作一个圆 $A$，再选择射线工具过 $A$ 点作射线，选择圆点击"构造"—"交点"得到交点 $B$；

（2）用点工具"·"在射线上任作一点 $C$；

（3）依次选择点 $C,B$，点击"构造"—"以圆心和圆周上的点绘圆"得到圆 $C$．此时两圆相外切，将射线隐藏，如图 10.3-8 所示．

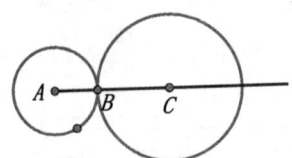

图 10.3-8　两圆外切

### 10.3.4 过圆外一点作圆的切线

下面介绍自定义工具法.

（1）用箭头工具选择自定义工具"▶："—"圆工具"—"过圆外一点作圆的切线"，在绘图区任意间断地按两下鼠标左键（两次之间的点要有一定的距离），再按一次左键出现如图 10.3-9 所示的效果（图中的左边点为第一个出现的点，是圆心点，右边的点为第二个出现的点，为圆上的点.两条切线上各有一点为切点）.

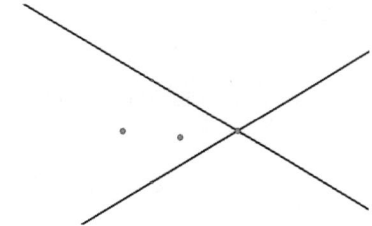

图 10.3-9　自定义工具绘过圆外一点的切线 1

（2）选择箭头工具"▶"，依次选择第一个点和切线上的一个点，点击"构造"—"以圆心和圆周上的点绘圆"，效果如图 10.3-10 所示.

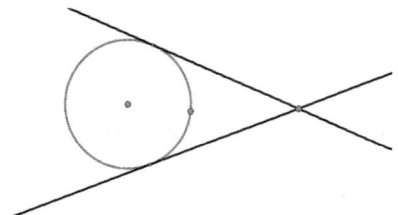

图 10.3-10　自定义工具绘过圆外一点的切线 2

### 10.3.5 两圆外公切线的绘制

方法一：自定义工具法.

操作步骤：

（1）用箭头工具选择自定义工具"▶："—"圆工具"—"两圆外公切线"；

（2）将鼠标移到绘图区先间断按两下鼠标左键（两点之间要有一定的距离）得到第一个圆，再移动鼠标到另一个位置，间断按两下鼠标左键，出现第二个圆，同时出现两圆的外公切线，如图 10.3-11 所示.

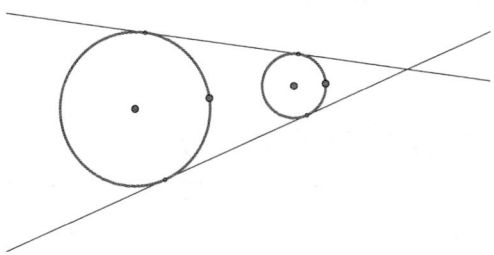

图 10.3-11　自定义工具绘圆的外公切线

特别说明：改变图 10.3.5-1 中两圆的圆心可改变两圆的位置，改变圆周上的点可改变圆的大小。

方法二：工具栏工具绘制圆外公切线。

操作步骤：

（1）选择圆工具"⊙"在绘图区任作两个圆 A、圆 B，用箭头工具依次选取两圆上的两点，点击"度量"—"距离"得到两圆的半径；

（2）点击"数据"—"计算"计算出两圆大、小半径之差，依次选取大圆的圆心 A 和两半径之差，点击"构造"—"以圆心和半径绘圆"；

（3）依次选择两圆的圆心，点击"构造"—"中点"，依次选择中点和一个圆心，点击"构造"—"以圆心和圆周上的点绘圆"，再选取两圆半径之差为半径的圆，点击"构造"—"交点"得到交点 E,F；

（4）依次选取点 A,E，点击"构造"—"射线"，再选取圆 A（第一个圆），点击"构造"—"交点"得到切点 G；

（5）依次选择点 B 和线段 AE，点击"构造"—"平行线"，再选取圆 B（第二圆），点击"构造"—"交点"得到第二个切点 H；

（6）依次选择点 G,H，点击"构造"—"直线"得到一条切线。同理作出第二条切线，如图 10.3-12 所示。

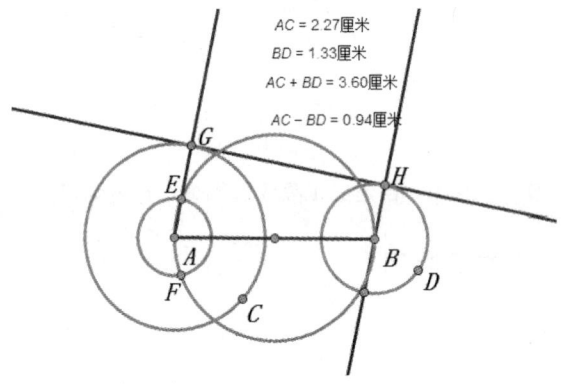

图 10.3-12　两圆外公切线

特别说明：为了美观，可将不用的圆、直线、点隐藏。

## 10.3.6　两圆内公切线的绘制

方法一：自定义工具法。

操作步骤：

（1）选择圆工具"⊙"先在绘图区任作两圆 A,B；

（2）选择自定义工具"▶"—"圆工具"—"老巷丨两圆公切线"，再点击（1）中的两圆即得到两圆切线（若不要外公切线，可将其隐藏），如图 10.3-13 所示。

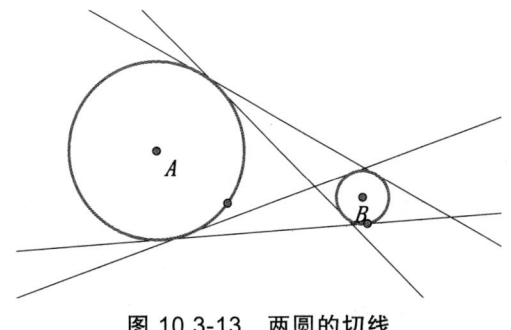

图 10.3-13　两圆的切线

方法二：工具栏工具绘制内公切线.

操作步骤：

（1）选择线段工具"╱"在绘图区任作两条线段 $AB$, $CD$，再选择点工具"·"绘制两点 $E$, $F$，依次选择点 $E$ 和线段 $AB$，点击"构造"—"以圆心和半径绘圆"得到圆 $E$，同理得到圆 $F$；

（2）点击"数据"—"计算"计算出线段 $AB$ 与 $CD$ 之和，依次选择点 $E$ 和线段之和，点击"构造"—"以圆心和半径绘圆"得到圆 $E$（同心圆）；

（3）选择两圆 $E$, $F$，点击"构造"—"线段"，再点击"构造"—"中点"得到中点 $O$，依次选择点 $O$ 和 $E$，点击"构造"—"以圆心和圆周上的点绘圆"得到圆 $O$，再选择第三个大圆（半径为两圆半径之和的圆），点击"构造"—"交点"得到交点 $G$；

（4）依次选择点 $G$, $F$，点击"构造"—"直线"得到直线 $FG$，再选择 $F$ 点，点击"构造"—"垂线"，再选择圆 $F$，点击"构造"—"交点"得到交点 $H$；

（5）依次选择点 $H$ 和直线 $FG$，点击"构造"—"平行线"交圆 $E$（第一个圆）于点 $I$. 直线 $HI$ 为一条内公切线. 同理可作出另一条内公切线，如图 10.3-14 所示.

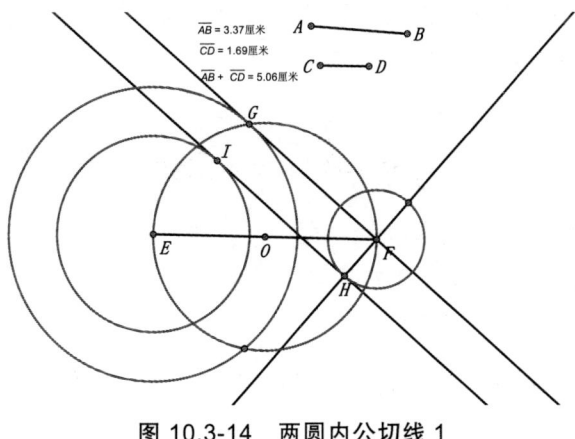

图 10.3-14　两圆内公切线 1

特别说明：按上述方法可作出另外一条内公切线. 将不用的直线、圆滑、点隐藏，效果如图 10.3-15 所示.

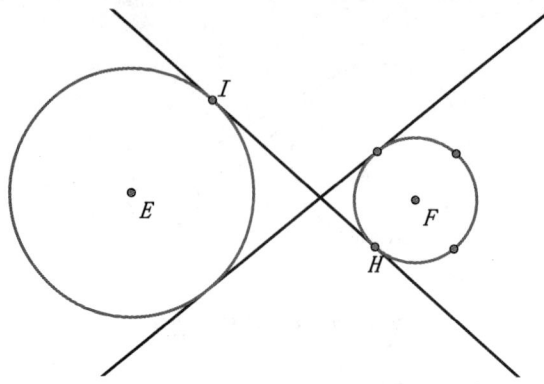

图 10.3-15　两圆内公切线 2

### 10.3.7　两圆相交部分内部填充颜色

操作步骤：

（1）选择圆工具"⊙"在绘图区任作两⊙$A$，⊙$B$，相交，交点为 $C,D$，如图 10.3-16 所示.

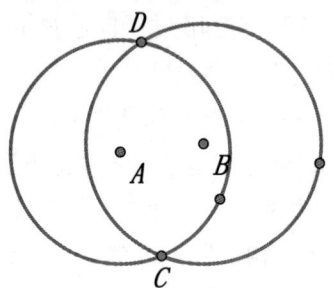

图 10.3-16　两圆相交

（2）在⊙$A$ 上依次点击点 $C$、圆 $A$、点 $D$，点击"构造"—"圆上的弧"，如图 10.3-17 所示（若要绘制⊙$A$ 左边的弧，选择点的顺序为 $D$、圆 $A$、$C$），同理绘制圆 $B$ 的左边的弧.

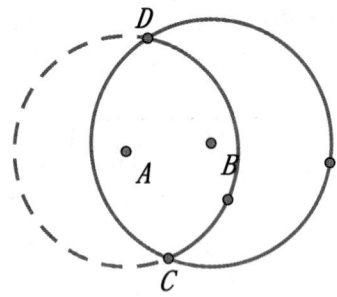

图 10.3-17　构造圆上的弧

（3）将鼠标分别指向两条弧双击，将弧选定，点击"构造"—"弧内部"—"弓形内部"，如图 10.3-18 所示.

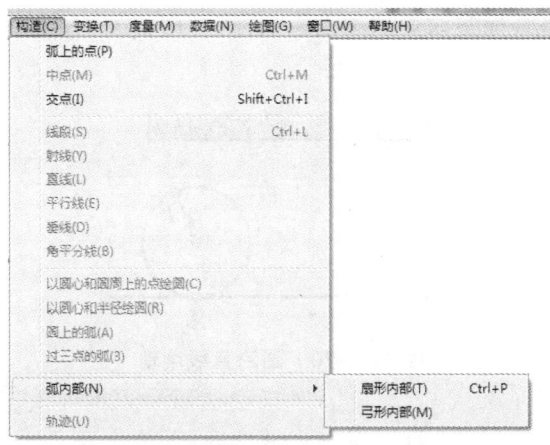

图 10.3-18  绘制弓形内部菜单

（4）将鼠标指向弓形内部按右键"属性"—"颜色"将两部分的颜色改为同一颜色，如图 10.3-19 所示.

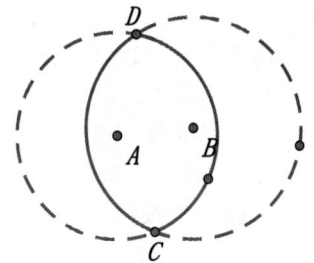

图 10.3-19  两圆相交公共部分

### 10.3.8  圆的滚动

#### 1）圆沿直线滚动

操作步骤：

（1）选择线段工具"╱"同时按住"shift"键绘制一条水平直线，将直线上的两点隐藏，任作一条线段 $CD$；

（2）选择点工具"·"在直线上任作一点 $A$，选取点 $A$ 和直线，再依次选取点 $A$ 和线段 $CD$，点击"构造"—"以圆心和半径绘圆"，再选取垂线，点击"构造"—"交点"得到交点 $B$. 选取垂线，点击"隐藏"—"隐藏垂线"；

（3）依次选取点 $B$ 和 $A$，点击"构造"—"以圆心和圆周上的点绘圆"得到圆 $B$，选择点工具在圆 $B$ 上任作一点 $E$，连接 $BE$；

（4）选择点 $B$ 和直线，点击"构造"—"平行线"；

（5）选取点 $B$，点击"编辑"—"操作类按钮"—"动画"，在出现的对话框中"方向"选择"向前"；选择点 $E$，点击"编辑"—"操作类按钮"—"动画"，在出现的对话框中"方向"选择"顺时针"；

（6）依次选择两个按钮，点击"编辑"—"操作类按钮"—"系列"，在出现的对话框中选择"同时执行",并将其标签改为"滚动",再将不用的第二条直线和线段 CD 隐藏,如图 10.3-20 所示.

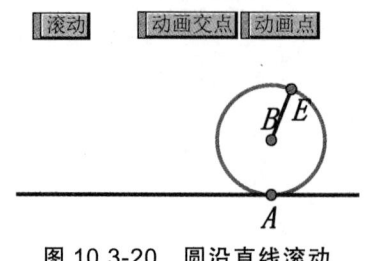

图 10.3-20　圆沿直线滚动

**2)圆在圆内滚动**

操作步骤:

(1)选择圆工具"⊙"在绘图区任作一个较大的圆 A,连接 A 与圆周上的点 B,得到线段 AB. 选择线段工具"╱"绘制线段 CD;

(2)依次选取点 B 和线段 CD,点击"以圆和半径绘圆",再选择线段 AB,点击"构造"—"交点"得到点 E. 将小圆隐藏;

(3)依次选择点 A 和 E,点击"构造"—"以圆和圆周的点绘圆",点击"构造"—"圆上的点"得到点 F;

(4)依次选取点 F 和线段 CD,点击"构造"—"以圆和半径绘圆",再选择"构造"—"圆上的点"得到点 G,连接线段 FG;

(5)选取点 F,点击"编辑"—"操作类按钮"—"动画",在出现的对话框中"方向"选"逆时针". 选取点 G,点击"编辑"—"操作类按钮"—"动画",在出现的对话框中"方向"选"逆时针";

(6)选取两按钮,点击"编辑"—"系列",在出现的对话框中选择"同时执行". 如图 10.3-21 所示,将不用的圆线段隐藏.

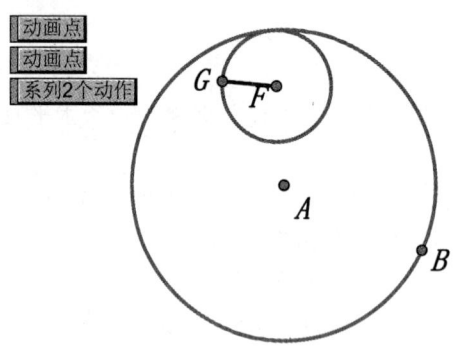

图 10.3-21　圆在圆内滚动

### 10.3.9　与圆相关的定理演示

**1)同圆或等圆上相等的弧所对的圆周角相等**

操作步骤:

（1）选择圆工具"⊙"在绘图区任作一圆$A$，选择点工具"·"在圆$A$上任作三点$B,C,D$，依次选取点$B$、圆$A$、点$D$，点击"构造"—"圆上的弧"；

（2）依次选取点$B,C$，点击"构造"—"线段"得到线段$BC$，同理构造线段$CD$. 依次选取点$B,C,D$，点击"度量"—"角度"得到$\angle BCD$的度数；

（3）双击弧$BCD$将弧$BCD$选定，点击"构造"—"弧上的点"得到点$E$，同（2）度量出$\angle BED$的度数；

（4）选择点$E$，点击"编辑"—"操作类按钮"—"动画". 点击按钮，观察两角大小有无变化，如图10.3-22所示.

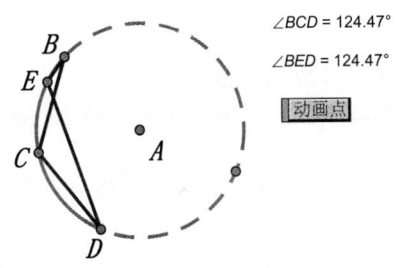

图 10.3-22　圆周角

**2）垂径定理**

操作步骤：

（1）选择线段工具" ╱ "同时按住"shift"键在绘图区作一条垂直线段$AB$，选取线段$AB$，点击"构造"—"中点"得中点$C$，依次选取点$C,A$，点击"构造"—"以圆心和圆周上的点绘制圆"得到圆$C$；

（2）在$AC$上任取一点$G$，依次选取点$E,G,F$，点击"构造"—"过三点的弧"，选取弧，点击"构造"—"弧上的点"得到点$H$；

（3）依次选择点$A,H,B$，点击"构造"—"过三点的弧"；

（4）用点工具在弧$AHB$和线段$AB$上尽可能多的绘制点，再用箭头工具依次选取这些点，点击"构造"—"多边形内部"得到半圆的有色图，将辅助点隐藏；

（5）依次选取点$A$、圆$C$、点$B$，点击"构造"—"过三点的弧"，双击该弧，再点击"显示"—"隐藏"，将弧$EHF$隐藏；

（6）依次选取点$H,F$，点击"编辑"—"操作类按钮"—"移动"将其标签改为"对折"；依次选取点$H,E$，点击"编辑"—"操作类按钮"—"移动"将其标签改为"还原"，如图10.3-23所示.

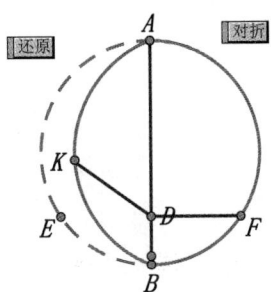

图 10.3-23　垂径定理

（7）点击动画按钮观察线段能否重合，从而证明定理成立.

### 3）切割线定理

操作步骤：

（1）选择自定义工具"▶⁞"—"圆工具"—"过圆外一点作圆的切线"，在绘图区间断地作两点，再移动鼠标按左键绘制出两条切线，选择箭头工具依次选取第一个点和切线上的点，点击"构造"—"以圆心和圆周上的点绘圆"得到圆 $A$. 切点为 $C$，圆外点为 $B$；

（2）选择线段工具"╱"，选取点 $B$ 作一条直线与圆 $A$ 相交于点 $D, E$；

（3）选择箭头工具"▶"依次选择点 $B, C$，点击"度量"—"距离"得到线段 $BC$ 的长. 同理度量出线段 $BD, BE$ 的长；

（4）点击"数据"—"计算"计算出线段 $BC$ 的平方、线段 $BD$ 与 $BE$ 的积；

（5）拖动圆外点 $B$，观察线段 $BC$ 的平方、线段 $BD$ 与 $BE$ 的积是否相等，如图 10.3-24 所示.

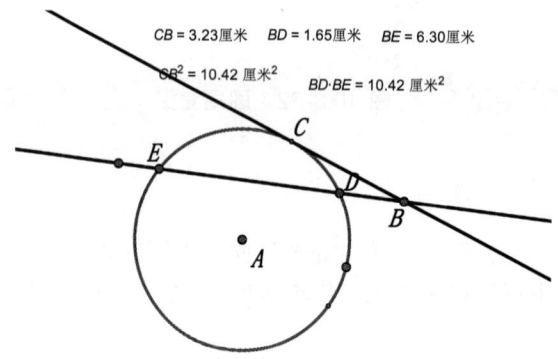

图 10.3-24  切割线定理

# 第 11 章　立体几何课件制作

## 11.1　立体图形制作

方法一：利用几何画板自定义工具中的"立体几何"获得.

操作步骤：用箭头工具点击自定义工具" ▶ "—"立体几何"，出现如下菜单（图 11.1-1），再按要求选择立体图绘制即可.

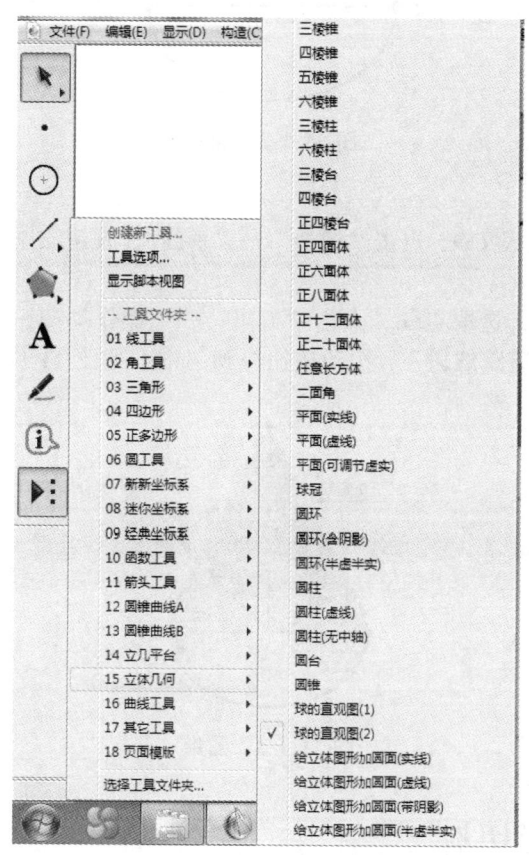

图 11.1-1　自定义绘制立体图

方法二：利用工具菜单绘制.

**例 11.1-1**　圆锥的绘制.

操作步骤：

（1）绘制圆锥底面的椭圆.

（1.1）用线段工具" ╱ "绘制一条线段 $AB$，用点工具" • "绘制一个点 $O$. 依次选择点 $O$ 和线段 $AB$，点击"构造"—"以圆心和半径绘圆"得到圆 $O$；

（1.2）选择线段工具，再选取点 O，同时按住"shift"键作一线段，选取圆 O，点击"构造"—"交点"得到两交点 C,D，将直线隐藏，连接线段 CD；

（1.3）选择点工具在圆 O 上任作一点 E，选择线段 CD，点击"构造"—""垂线"，选取点 O 和 E，点击"构造"—"线段"，再点击"构造"—"线段上的点"得到点 F；

（1.4）选取点 F 和垂线，点击"构造"—"垂线"，再选取前一条垂线，点击"构造"—"交点"得到交点 G；

（1.5）依次选取点 E 和 G，点击"构造"—"轨迹"得到椭圆，如图 11.1-2 所示（将不要的线、点等隐藏）.

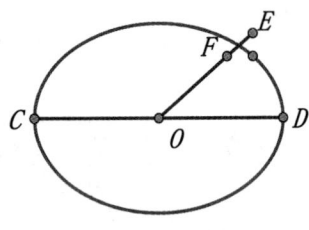

图 11.1-2　椭圆

（2）绘制圆锥.

（2.1）选取点 O 和线段 CD，点击"构造"—"垂线"，改用点工具在垂线上任作一点 H，将垂线隐藏，连接线段 HO；

（2.2）连接线段 HG，选取点 E，点击"编辑"—"操作类按钮"—"动画"，选取线段 HG，点击"显示"—"追踪线段". 按动按钮得到圆锥，如图 11.1-3 所示.

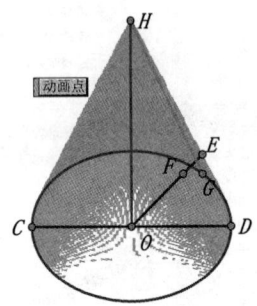

图 11.1-3　圆锥

## 11.2　立体图形切割

**例 11.2-1**　切割长方体的一角.

操作步骤：

（1）绘制长方体.

（1.1）选择线段工具"╱"，同时按住"shift"键绘制一条水平线段 AB，用箭头工具"▸"双击点 A，选择线段 AB，点击"变换"—"旋转"（角度为 90）得到一垂线段，再用点工具"·"在旋转所得线段上取一点 $A_1$；

（1.2）用箭头工具"▶"双击点 $A$，选择线段 $AB$，点击"变换"—"旋转"（角度为 45°）得到一垂线段，点击"构造"—"中点"得到点 $D$；隐藏两条旋转所得线段，再连接线段 $AA_1, AD$；

（1.3）依次选取点 $A, D$，点击"变换"—"标记向量"，再选择线段 $AB$ 和点 $B$，点击"变换"—"平移"得到线段 $DC$，连接 $BC$ 得到平行四边形 $ABCD$；

（1.4）依次选择点 $A, A_1$，点击"变换"—"标记向量"，再选取四边形 $ABCD$ 的边和点，点击"变换"—"平移"得到四边形 $A_1B_1C_1D_1$，连接线段 $BB_1, CC_1, DD_1$，得到长方体 $ABCD\text{-}A_1B_1C_1D_1$；如图 11.2-1 所示.

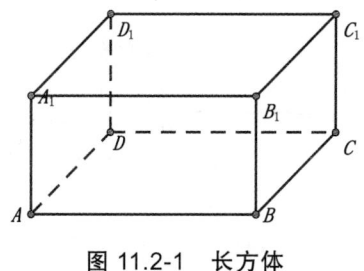

图 11.2-1　长方体

（2）切割长方体的一角.

（2.1）选择点工具"·"在线段 $C_1D_1, B_1C_1, CC_1$ 上任作一点 $E, F, G$，将线段 $C_1D_1, B_1C_1, CC_1$ 隐藏；

（2.2）选择箭头工具"▶"将线段 $D_1E, EF, B_1F, FG, GC, EG$（$EG$ 为虚线）连接，同理连接线段 $EC_1, FC_1, GC_1$；

（2.3）选择线段工具"╱"绘制一条线段 $HI$，选择三棱锥 $C_1\text{-}EFG$，点击"变换"—"平移"，再选择三棱锥 $C_1'\text{-}E'F'G'$，点击"编辑"—"操作类按钮"—"隐藏/显示"将其标签改为"隐藏角"；

（2.4）选择长方体上的截面三顶点 $EFG$，点击"构造"—"三角形内部"，同理构造平移后的截面三角形内部，如图 11.2-2 所示.

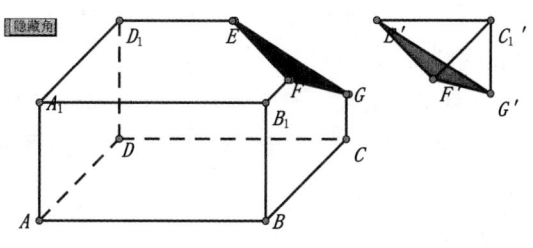

图 11.2-2　切割长方体一角

特别说明：若是用平面对圆锥进行切割，则要用到第 12 章中圆锥曲线绘制的方法.

## 11.3　立体图形展开

例 11.3-1　展开圆柱体的侧面.

操作步骤：

（1）绘制圆柱体底面的椭圆（方法同例 11.1-1），如图 11.3-1 所示．

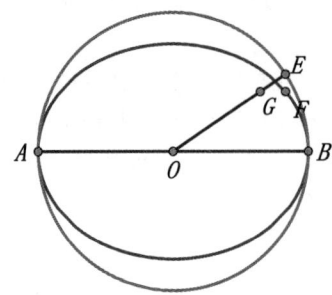

图 11.3-1　底面的椭圆

（2）绘制圆柱体．

（2.1）选择点 $O$ 和线段 $AB$，点击"构造"——"垂线"，选择点工具在垂线上作一点 $O'$，将垂线隐藏，连接线段 $OO'$；

（2.2）用箭头工具依次选取点 $O$ 和 $O'$，点击"变换"——"标记向量"，再选取点 $A, B, F$，点击"变换"——"平移"得到点 $A', B', F'$；

（2.3）依次选取点 $E$ 和 $F'$，点击"构造"——"轨迹"得到圆柱上底椭圆，连接线段 $AA', BB'$；依次选取点 $A, A', B', B$，点击"构造"——"线段"得到四边形 $AA'B'B$；

（2.4）选取线段 $OO'$，点击"度量"——"距离"得到线段 $OO'$ 的度量，将点 $E, G, F, F'$ 和线段 $OE$ 隐藏；

（2.5）选择线段工具" ╱ "，同时按住"shift"键作一条水平线段 $HI$，在其上任作一点 $J$，点击"度量"——"点的值"得到点 $J$ 在线段 $HI$ 上的比值，将其标签改为"t"，点击"计算"计算出" $t*2\pi$ "（弧度），点击"变换"——"标记向量"；

（2.6）依次选取点 $J, H$，点击"编辑"——"操作类按钮"——"移动"将其标签改为"还原"；

（2.7）双击点 $O$，选择点 $B$，点击"变换"——"旋转"（按标记角）得到点 $P$，连接 $OP$．选取点 $P$ 和线段 $AB$，点击"构造"——"垂线"，在 $OP$ 上取一点 $Q$，作垂线的垂线，两者交于点 $R$（移动点 $Q$ 使点 $R$ 落在椭圆上）；

（2.8）依次选择点 $O, O'$，点击"变换"——"标记向量"，再选取点 $R$，点击"变换"——"平移"得到点 $R'$，依次选择点 $O, O', R', R$，点击"构造"——"四边形内部"；

（2.9）连接线段 $BP$，作其中垂线交弧 $PAB$ 于点 $T$．依次选取点 $B$、圆周、点 $P$，点击"构造"——"过三点的弧"，再点击"构造"——"弧上的点"得到点 $T$；

（2.10）作点 $T$ 到线段 $AB$ 的距离中点的轨迹（选择点 $T$ 和线段 $AB$，点击"构造"——"平行线"，再选择线段 $AB$，点击"构造"——"交点"，选取交点和点 $T$，点击"构造"——"中点"．依次选取点 $T$ 和中点，点击"构造"——"轨迹"）；

（2.11）选择上面所作轨迹，点击"构造"——"轨迹上的点"得到点 $M$，依次选取点 $O$ 和 $O'$，点击"变换"——"标记向量"，再选取点 $M, B, A, O$，点击"变换"——"平移"（按标记向量）得到点 $M', B', A', O'$；

（2.12）依次选取点 $M$ 和 $M'$，点击"构造"——"轨迹"；

（3）展开圆柱体.

（3.1）点击"数据"—"计算"计算出"$t*2*\pi$、$t*2*\pi*r$",将 $t*2*\pi*r$ 标记为"标记距离"（点击"变换"—"标记距离"），依次选取点 $B, B'$ 及线段 $BB'$，点击"变换"—"平移"（在出现的对话框中"平移变换"选择"极坐标""标记距离""固定角度"）得到点 $B''$, $B'$，如图 11.3-2 所示. 连接依次选取的点 $B, B', B'', B'$，点击"构造"—"四边形内部". 初始效果如图 11.3-3 所示.

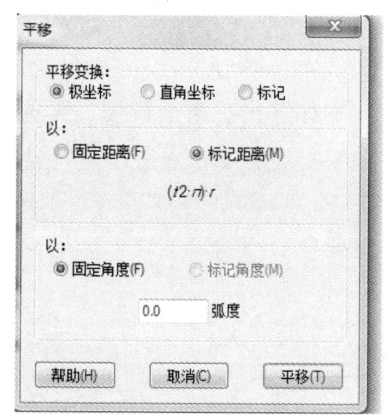

图 11.3-2　平移设置

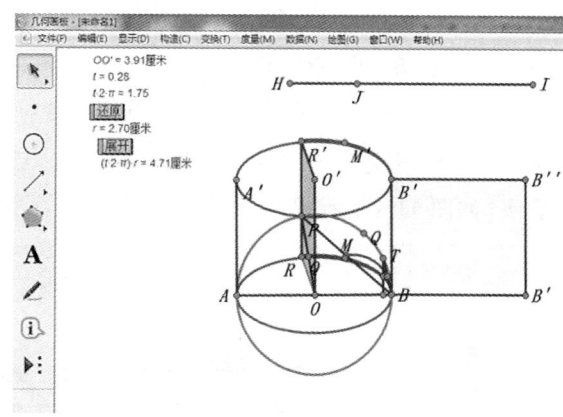

图 11.3-3　初始图

（3.2）将不用的圆、点、线隐藏，如图 11.3-4 所示.

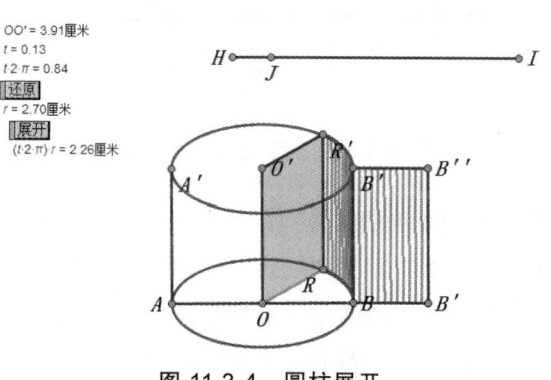

图 11.3-4　圆柱展开

## 11.4　立体图形旋转

例 11.4　三棱锥的旋转.

操作步骤：

（1）选择点工具"•"任作两点 $O, A$，依次选取点 $O$ 和 $A$，点击"构造"—"以圆心和圆周上的点绘圆"得到圆 $O$，点击"构造"—"圆上的点"得到点 $B$，连接 $OB$；

（2）选择箭头工具"▶"连接线段 $OA$，点击"构造"—"线段上的点"得到点 $C$；

（3）选择点工具"•"再作任一点 $O'$，用箭头工具依次选取点 $O, B$，点击"变换"—"标记向量"，再选取点 $O'$，点击"变换"—"平移"（按标记向量）两次，得到点 $B'$；

（4）依次选择点 $O'$, $B'$，点击"构造"—"以圆心和圆周上的点绘圆"得到圆 $O'$；

（5）选取点 $O, C$，点击"度量"—"距离"得到线段 $OC$ 的长，点击"数据"—"计算"计算出 $2OC$ 的长，依次选取点 $O'$ 和线段 $2OC$ 的长，点击"构造"—"以圆心和半径绘圆"得到圆交 $O'B'$ 于 $C'$；

（6）双击点 $O'$，选取点 $B'$, $C'$，点击"旋转"，在出现的对话框中以固定角"120"旋转两次，得到相应点 $B''$, $C''$, $B'''$, $C'''$；

（7）选择点 $C'$, $C''$, $C'''$ 和线段 $OA$，点击"变换"—"平移"得三条平行线，再选取点 $B'$, $B''$, $B'''$，点击"构造"—"垂线"得三条垂线，与前三条平行线相交于点 $E, F, G$（注意交点的位置），如图 11.4-1 所示.

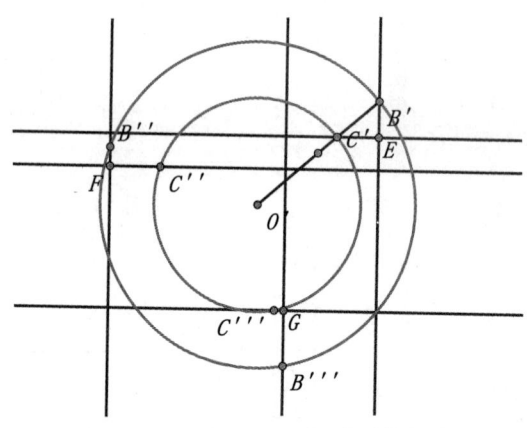

图 11.4-1　三平行线与三垂线相交

（8）连接 $EFG$，将平行线和垂线隐藏；

（9）依次选择点 $O'$ 和线段 $OA$，点击"构造"—"垂线"，在垂线上取一点 $H$，隐藏垂线，构造线段 $HE, HF, HG$ 得到三棱锥 $H\text{-}EFG$；隐藏不用的点、线、圆等.

（10）选择点 $B$，点击"编辑"—"操作类按钮"—"动画"，将其标签改为"旋转". 效果如图 11.4-2 所示.

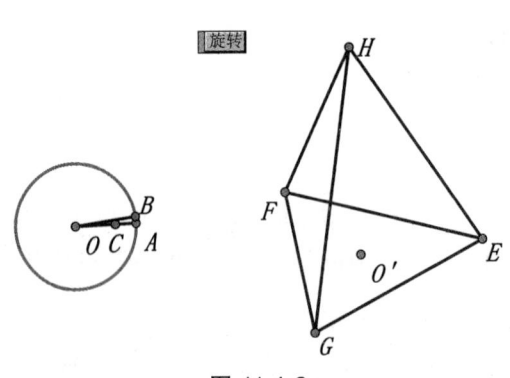

图 11.4-2

## 11.5 3D 几何画板

### 11.5.1 3D 几何画板工具的获得及安装

几何画板 5.06 中 3D 几何画板工具可在网址 http://www.greenxf.com/soft/18943.html 中获得. 从网址中下载三个文件：[3d]基本工具.gsp、[3d]旋转.gsp、[3d]着色.gsp. 将这三个文件复制粘贴到几何画板目录下的 tool folder 目录下即可，如图 11.5-1 所示.

图 11.5-1　复制粘贴三个 3D 文件

### 11.5.2 基本工具用法

（1）建立坐标系. 进入目录打开"[3d]基本工具.gsp"，点击自定义工具"▶"—"建立三维坐标系"，如图 11.5-2 所示. 将鼠标移到绘图区后按一下左键出现三维坐标系界面，再将鼠标移到箭头工具"▶"上按一下左键，得到一个坐标系控制图. 最后将鼠标移到空白处按一下鼠标左键，点击一下左边按钮中的"初始化"，如图 11.5-3 所示.

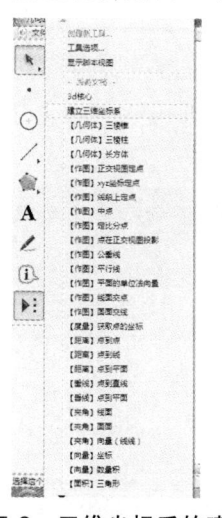

图 11.5-2　三维坐标系的建立 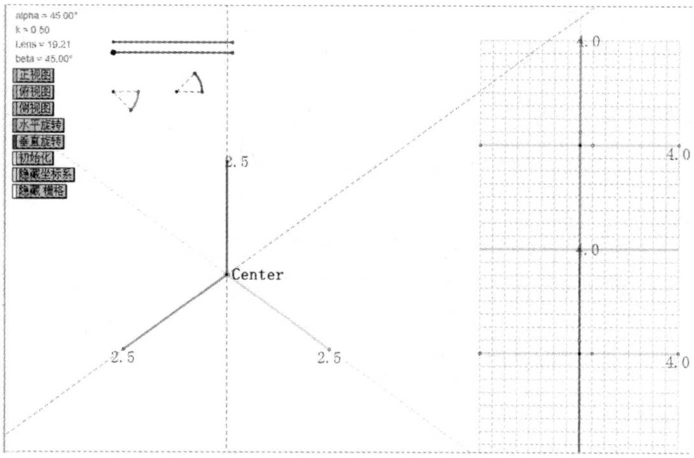　　　　图 11.5-3　三维坐标系界面

图 11.5-3 的几点说明：
① alpha——水平面上与 $X$ 轴正半轴所成的角；
② Beta——铅直面上与 $Y$ 轴正半轴所成的角；

③ k——中间两条水平线段控杆中第一条线段控杆对应的放缩比例；
④ lens——中间两条水平线段控杆中第二条线段控杆控制立体图形的扭曲程度；
⑤ 第一个红色的弧形控杆——水平旋转控制；
⑥ 第二个蓝色的弧形控杆——垂直旋转控制；
⑦ 右边的上半部分为仰视图区；
⑧ 右边的下半部分为侧视图区；
（2）基本工具的基本操作.
略.

### 11.5.3 三棱柱的绘制

操作步骤：
（1）将鼠标指向自定义工具"▶:"按住3s后出现菜单，选择"建立三维坐标系"得到三维坐标系；
（2）再将鼠标指向自定义工具"▶:"按住3s后出现菜单，选择"基本工具"—"[几何体]三棱柱"；
（3）将鼠标移到右上边的仰视图区顺次点击出三个点（第三个点击两次）得到一个三角形，再将鼠标移到右下边的侧视图区按一下鼠标左键，得到连体矩形框（控制其高），之后点击箭头工具一次. 效果如图11.5-4所示.

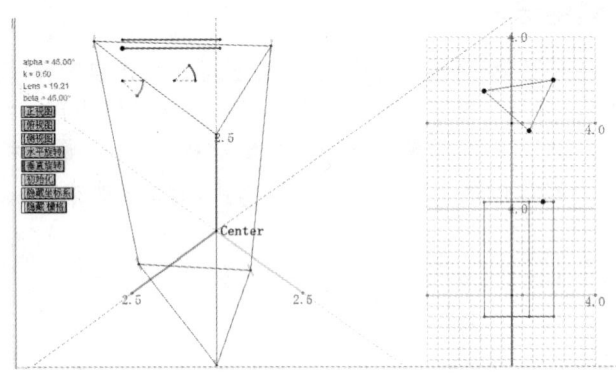

图11.5-4　三棱柱

特别说明：
（1）按动左边的按钮可得到相应的动作；
（2）直接拖动两个圆弧控杆或水平控杆也能观察其变动情况.

### 11.5.4 三棱锥的绘制

操作步骤：
（1）将鼠标指向自定义工具"▶:"按住3s后出现菜单，选择"建立三维坐标系"得到三维坐标系，点击"初始化"；
（2）再将鼠标指向自定义工具"▶:"按住3s后出现菜单，选择"基本工具"—"[几何体]三棱锥"；
（3）将鼠标移到右上边的仰视图区顺次点击出三个点（第三个点击两次）得到一个三角

形，再将鼠标移到右下边的侧视图区按一下鼠标左键，得到连体三角形（控制其高），之后点击箭头工具一次，效果如图 11.5-5 所示. 将不用的线等隐藏.

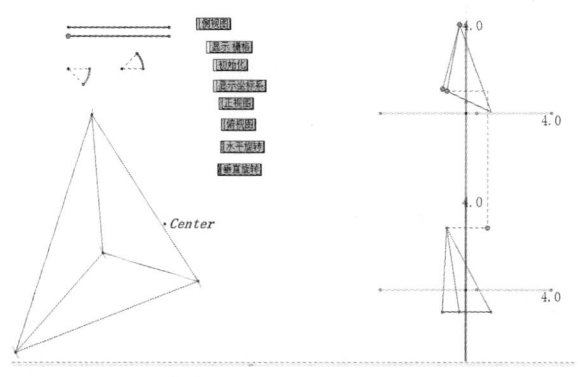

图 11.5-5 三棱锥

### 11.5.5 长方体

操作步骤：

（1）将鼠标指向自定义工具"▶："按住 3 s 后出现菜单，选择"建立三维坐标系"得到三维坐标系，点击"初始化"；

（2）点击"数据"—"新建参数"得到三个参数：$t_1 = 1$，$t_2 = 2$，$t_3 = 3$；

（3）将鼠标指向自定义工具"▶："按住 3 s 后出现菜单，选择"基本工具"—"[几何体]长方体"，依次点击三个参数即可得到长方体，再点击"初始化"，如图 11.5-6 所示.

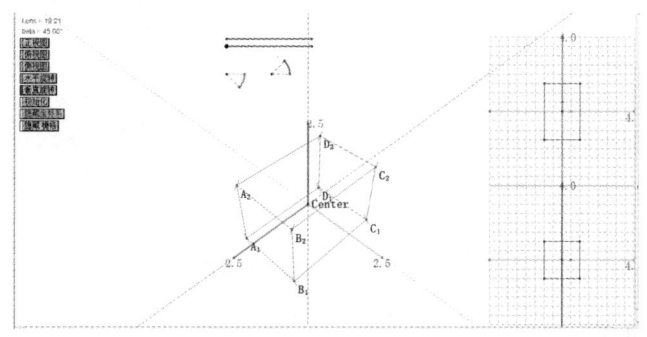

图 11.5-6 长方体

### 11.5.6 正交视图定点

利用这个工具可以在右边的上（仰视图区）、下（侧视图区）中绘制点的位置.

基本操作：

（1）将鼠标指向自定义工具"▶："按住 3 s 后出现菜单，选择"建立三维坐标系"得到三维坐标系，点击"初始化"；

（2）将鼠标指向自定义工具"▶："按住 3 s 后出现菜单，选择"基本工具"—"[作图]正交视图定点"；

（3）将鼠标移向右上边按一下左键得到一点确定点的位置，再将鼠标移向右下边按一下左键得到另一点确定点的高度，如图 11.5-7 所示.

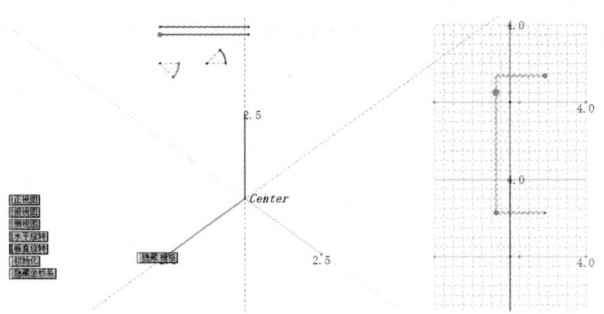

图 11.5-7　正交视图定点

### 11.5.7　xyz 坐标定点

操作步骤：

（1）将鼠标指向自定义工具"▶："按住 3 s 后出现菜单，选择"建立三维坐标系"得到三维坐标系，点击"初始化"；

（2）点击"数据"—"新建参数"建立三个新参数：$x=1$，$y=2$，$z=3$；

（3）将鼠标指向自定义工具"▶："按住 3 s 后出现菜单，选择"基本工具"—"[作图]xyz 坐标定点"；

（4）依次点击三个参数：$x=1$，$y=2$，$z=3$，即得到点 $H$，如图 11.5-8 所示.

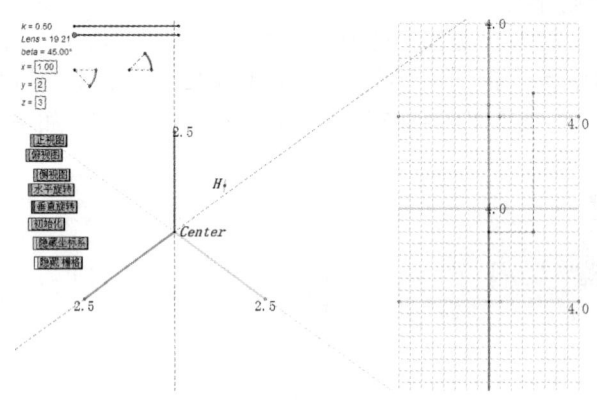

图 11.5-8　xyz 坐标定点

### 11.5.8　点的匹配

点的匹配是匹配点所带的线段而不是匹配该点（每个点都带有一条小线段如 ）. 当该点被匹配后，鼠标靠近它时颜色就变为"蓝色".

操作方法：用鼠标点击点所带的线段.

### 11.5.9　线段上定点

思想：先作出两点，再选择相应工具，点击线段的两端点.

操作步骤：

（1）将鼠标指向自定义工具"▶："按住 3 s 后出现菜单，选择"建立三维坐标系"得到三维坐标系，点击"初始化"；

（2）点击"数据"—"新参数"建立六个参数：$x=1$，$y=2$，$z=3$；$x_1=2$，$y_1=3$，$z_1=4$；

（3）点击自定义工具"▶:"—"[3d]基本工具"—"xyz坐标定点"，再依次点击$x=1$，$y=2$，$z=3$得到一个点$H$，同理得到第二个点$B$；

（4）依次选择点$H$和$B$，点击"构造"—"线段"，连接点$H$和$B$；

（5）点击自定义工具"▶:"—"[3d]基本工具"—"线段上定点"，依次点击点$H$和$B$上的小线段（点被选取时小线段变为红色）。可以看到在线段$HB$的方向上有一个新点$J$，如图11.5-9所示.

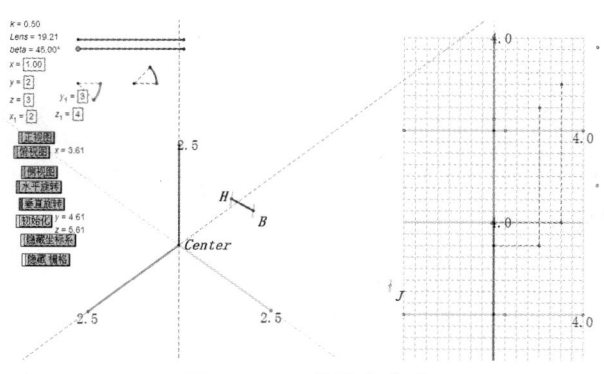

图 11.5-9　线段上定点

## 11.5.10　绘制两线段的公垂线

操作步骤：

（1）接着11.5.9作出的线段$HB$，用同样方法再作出一条线段$CD$，将线段改为直线；

（2）点击自定义工具"▶:"—"[3d]基本工具"—"公垂线"，再依次点击线段$HB$的两端点的小线段，进一步点击线段$CD$的两端点的小线段. 出现公垂线段$Y_1Z_1$；

（3）将两直线设置不同的颜色，公垂线为另一颜色，如图11.5-10所示.

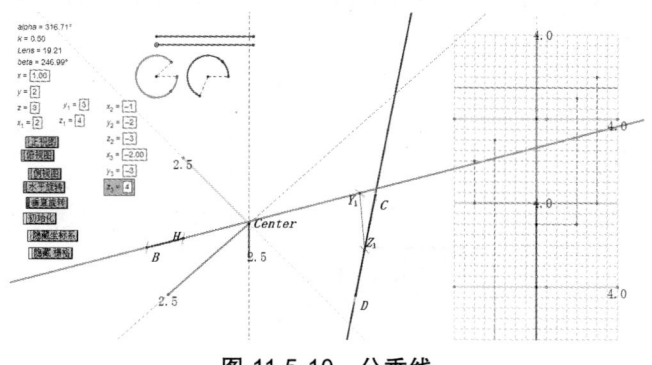

图 11.5-10　公垂线

## 11.5.11　过直线外一点作平行线

操作步骤：

（1）将鼠标指向自定义工具"▶:"按住3 s后出现菜单，选择"建立三维坐标系"得到三维坐标系，点击"初始化"；

（2）点击"数据"—"新参数"建立九个参数：$x_1=1$，$y_1=2$，$z_1=3$；$x_2=2$，$y_2=3$，$z_2=4$；$x_3=3$，$y_3=4$，$z_3=6$；

（3）点击自定义工具"▶"—"[3d]基本工具"—"xyz坐标定点"，再依次点击 $x=1$，$y=2$，$z=3$ 得到一个点 $A$，同理得到第二个点 $B,C$；

（4）点击自定义工具"▶"—"[3d]基本工具"—"平行线"，再依次选取点 $B,C,A$ 上的小线段，得到线段 $BC$ 的平行线，如图 11.5-11 所示（连接线段 $BC$）.

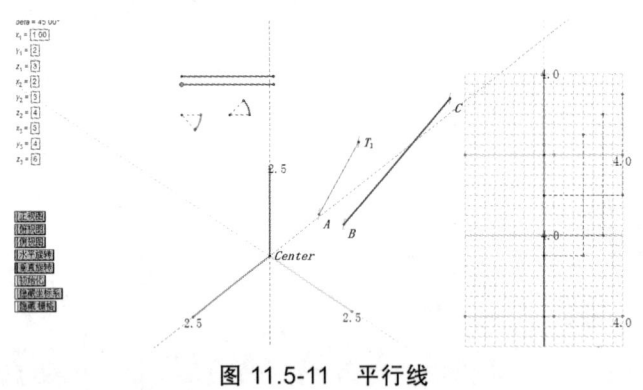

图 11.5-11　平行线

### 11.5.12　平面的单位法向量

操作步骤：

（1）将鼠标指向自定义工具"▶"按住 3 s 后出现菜单，选择"建立三维坐标系"得到三维坐标系，点击"初始化"；

（2）点击"数据"—"新参数"建立九个参数：$x_1=1$，$y_1=2$，$z_1=0$；$x_2=1$，$y_2=-1$，$z_2=0$；$x_3=2$，$y_3=-2$，$z_3=0$；

（3）点击自定义工具"▶"—"xyz坐标定点"，再点击"x1=1，y1=2，z1=0"得到一个点 $X$，同理得到另外两个点 $Y,Z$；

（4）点击自定义工具"▶"—"平面的单位法向量"，再依次点击上述三个点 $X,Y,Z$，得到法向量，如图 11.5-12 所示.

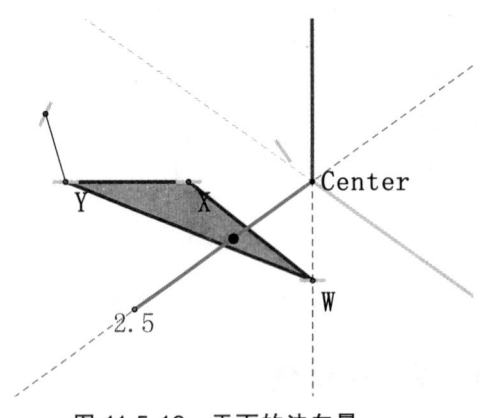

图 11.5-12　平面的法向量

# 第 12 章 解析几何课件制作

解析几何是高中阶段非常重要的一门数学课程. 学生在掌握其中的公式、性质时总会或多或少地用特殊代替一般, 对图形的变式也不能很好地把握, 而教师在教学中由于学时的原因也只能列举一二再作归纳推导, 这样就导致学生不能真正地掌握其实质. 几何画板可以用动态的形式来展示解析几何中的曲线图形及其相互关系, 从而搞清楚曲线之间的本质.

## 12.1 椭 圆

椭圆主要研究其图形、方程、焦点、离心率等. 其定义有第一定义和统一定义两种. 通过几何画板能动态地展示其图形的形成, 进而掌握其实质.

定义: 一动点到两定点距离之和为定长的点的轨迹称为椭圆.

第一定义法绘图.

操作步骤:

（1）选择箭头工具"▶", 点击"绘图"—"自定义坐标"并将其原点标签改为"$O$", 隐藏单位点和网格；

（2）选择点工具"·", 在 $X$ 轴左半轴上任作一点 $F_1$, 用箭头工具双击原点 $O$, 再选定点 $F_1$, 点击"变换"—"旋转"（角度为 180）得到点 $F_2$；

（3）选择线段工具"/"在绘图区作一条线段 $CD$, 且 $CD > F_1F_2$；

（4）用箭头工具"▶"依次选取点 $F_1$ 和线段 $CD$, 点击"构造"—"以圆心和半径绘圆"得到圆 $F_1$；

（5）用点工具"·"在圆 $F_1$ 上任作一点 $E$, 连接线段 $F_1E$ 和 $F_2E$；

（6）选取线段 $F_2E$, 点击"构造"—"中点", 再选取线段 $F_2E$, 点击"构造"—"垂线", 选取线段 $F_1E$, 点击"构造"—"交点"得到交点 $G$；

（7）依次选取点 $E, G$, 点击"构造"—"轨迹"得到轨迹, 再选择点 $E$, 点击"编辑"—"操作类按钮"—"动画"得到动画按钮, 如图 12.1-1 所示.

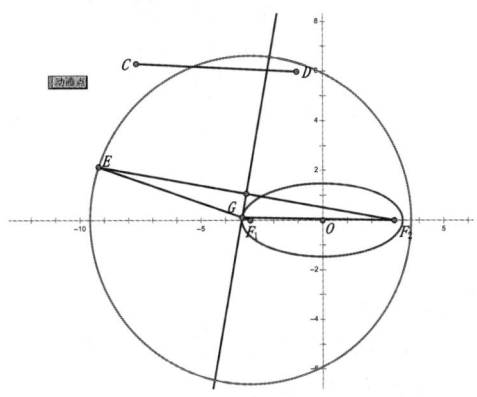

图 12.1-1 椭圆的第一定义

特别说明：

（1）按动按钮观察椭圆的形成过程；

（2）为了能更好地看出图形的形成，可选择点 $G$，点击"显示"—"跟踪交点"．再按动"动画点"按钮时就可以看到轨迹的形成过程．

## 12.2 双曲线

定义：一动点到两定点距离之差为定长的点的轨迹称为双曲线．

操作步骤：

（1）选择箭头工具"＂，点击"绘图"—"自定义坐标"并将其原点标签改为"$O$"，隐藏单位点和网格；

（2）选择点工具"·"，在 $X$ 轴左半轴上任作一点 $F_1$，用箭头工具双击原点 $O$，再选定点 $F_1$，点击"变换"—"旋转"（角度为 $180°$）得到点 $F_2$；

（3）选择线段工具" "，在绘图区作一条线段 $CD$，且 $CD < F_1F_2$；

（4）用箭头工具" "，依次选取点 $F_1$ 和线段 $CD$，点击"构造"—"以圆心和半径绘圆"得到圆 $F_1$；

（5）用点工具"·"，在圆 $F_1$ 上任作一点 $E$，作直线 $F_1E$ 和线段 $F_2E$；

（6）选取线段 $F_2E$，点击"构造"—"中点"，再选取线段 $F_2E$，点击"构造"—"垂线"，选取直线段 $F_1E$，点击"构造"—"交点"得到交点 $G$；

（7）依次选取点 $E,G$，点击"构造"—"轨迹"得到轨迹，再选择点 $E$，点击"编辑"—"操作类按钮"—"动画"得到动画按钮，如图 12.2-1 所示．

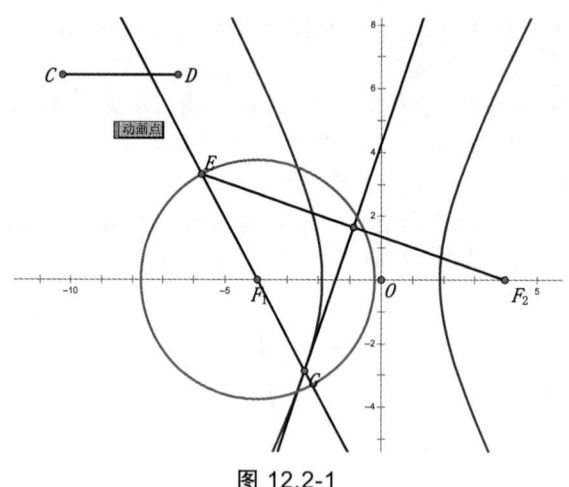

图 12.2-1

特别说明：

（1）按动按钮观察椭圆的形成过程；

（2）为了能更好地看出图形的形成，可选择点 $G$，点击"显示"—"跟踪交点"．再按动"动画点"按钮时就以可看到轨迹的形成过程．

## 12.3 抛物线

定义：一动点到定直线和定点的距离相等的点的轨迹称为抛物线．

操作步骤：

（1）选择箭头工具"↖"，点击"绘图"—"自定义坐标"并将其原点标签改为"O"，隐藏单位点和网格；

（2）选择点工具"·"，在 $Y$ 轴上半轴上任作一点 $F$，用箭头工具双击原点 $O$，再选定点 $F$，点击"变换"—"旋转"（角度为 $180°$）得到点 $K$；

（3）选择点 $K, F$ 和 $Y$ 轴，点击"构造"—"垂线"得到垂线 $l$；

（4）用点工具"·"在垂线 $l$ 上任作一点 $C$，再选择垂线 $l$，点击"构造"—"垂线"得到垂线 $l_2$；

（6）选取点 $C, F$，点击"构造"—"线段"，再点击"构造"—"中点"，再选取线段 $CF$，点击"构造"—"垂线"得到垂线 $l_3$；

（7）依次选取垂线 $l_2, l_3$，再点击"构造"—"交点"得到交点 $E$；

（8）依次选取点 $C, E$，点击"编辑"—"操作类按钮"—"动画"得到动画按钮，如图 12.3-1 所示．

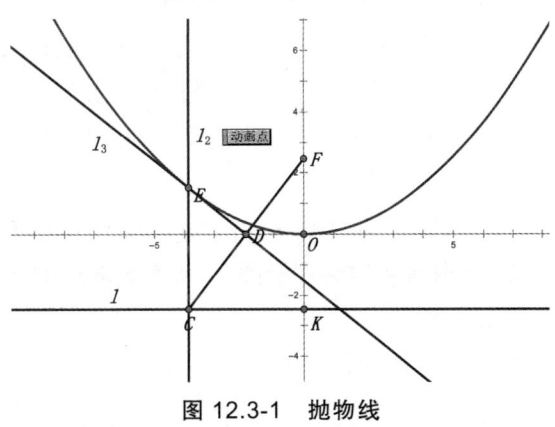

图 12.3-1　抛物线

## 12.4　圆锥曲线的统一定义

操作步骤：

（1）选择线段工具"╱"，同时按住"shift"键绘制一条水平线段 $BF$，依次选取点 $B$ 和线段 $BF$，点击"构造"—"垂线"，选择点工具"·"在线段 $BF$ 上任作一点 $C$；

（2）依次选取点 $C, F$，点击"度量"—"距离"得到线段 $CF$ 的长．同理得到线段 $CB$ 的长，依次选取线段 $CF$ 的长和线段 $CB$ 的长，点击"数据"—"计算"计算出 $\dfrac{CB}{CF}$，并将其标签改为"e"；

（3）选择点工具"·"在垂线上任作一点 $D$，再选取点 $B$，点击"度量"—"距离"得到

线段 $BD$ 的长，点击"数据"—"计算"计算出"1+BD*e"（$BD, e$ 均是度量值），并将其标签改为"t"；

（4）选择参数"t"，点击"变换"—"标记比值"，双击点 $F$，再选择点 $C$，点击"变换"—"缩放"（按"标记比"）得到点 $C'$. 依次选取点 $F$ 和点 $C'$，点击"构造"—"以圆心和圆周上的点绘圆"得到圆 $F$；

（5）双击点 $B$，再选择点 $C$，点击"变换"—"缩放"（按"标记比"）得到点 $C''$，过 $C''$ 作 $BD$ 的平行线，再选择圆 $F$，点击"构造"—"交点"得到两交点 $E, E'$；

（6）选择点 $E$ 和直线 $BD$，点击"构造"—"垂线"，再选择直线 $BD$，点击"构造"—"交点"，得到交点 $G$，选择直线 $EG$，点击"显示"—"隐藏"将直线 $EG$ 隐藏. 再依次选择点 $E, G$，点击"构造"—"线段"得到线段 $EG$，选择点 $E, F$，点击"构造"—"线段"得到线段 $EF\left(\dfrac{EG}{EF}=\dfrac{BC'}{C'F}\right)$；

（7）选择点 $E, E'$，点击"显示"—"追踪交点"，依次选择点 $D$ 和 $E$，点击"构造"—"轨迹"，同理依次选择点 $D$ 和 $E'$，点击"构造"—"轨迹"（若轨迹不完整，则将鼠标指向轨迹，按右键—选"属性"—"绘图"—"采样数量"中改为 2000）；

（8）选取线段 $BF$，点击"构造"—"中点"得到中点 $M$，依次选取点 $C, M$，点击"编辑"—"操作类按钮"—"移动"，将其标签改为"抛物线"；

（9）拖动点 $C$ 使"$e$">1（大于 2 更好），双击直线 $BD$，选择直线 $C''E$，点击"变换"—"反射"，再选取圆 $F$，点击"构造"—"交点"得到交点 $I, J$；

（10）依次选取点 $D$ 和 $I$，点击"构造"—"轨迹". 同理构造 $D$ 与 $J$ 的轨迹（若轨迹不完整，则将鼠标指向轨迹，按右键—选"属性"—"绘图"—"采样数量"中改为 2000）；

（11）选择点工具"·"在线段 $CF$ 间作点 $K$，在线段 $BC$ 间作点 $L$，依次选择点 $C, K$，点击"编辑"—"操作类按钮"将其标签改为"椭圆"，依次选取点 $C, L$，点击"编辑"—"操作类按钮"将其标签改为"双曲线"；

（12）将平用的圆、直线、点等隐藏，如图 12.4-1 所示.

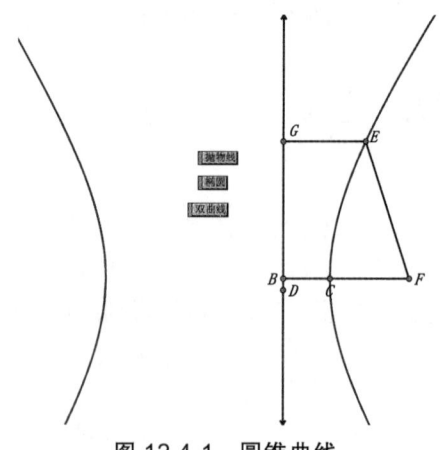

图 12.4-1　圆锥曲线

## 12.5 圆锥曲线的截面图

操作步骤：

（1）圆锥截面的控制图.

（1.1）选择线段工具"　"在绘图区任作一长一短线段 $AB, CD$；

（1.2）选择点工具"　"在空白处任作一点 $O$，再选取线段 $AB, CD$，点击"构造"—"以圆心和半径绘制圆"得到圆 $C_1, C_2$；

（1.3）选择点工具"　"在大圆 $C_1$ 上任作一点 $F$，再选取点 $O$，点击"构造"—"线段"，调整 $F$ 的位置，使 $OF$ 为水平；

（1.4）选择点工具"　"在大圆 $C_1$ 上任作一点 $G$，再选取点 $O$，点击"构造"—"线段"得线段 $OG$，再选圆 $C_2$，点击"构造"—"交点"得到交点 $H$；

（1.5）选取点 $G$ 和线段 $OF$，点击"构造"—"垂线"得垂线 $l$；

（1.6）选取点 $H$ 和直线 $l$，点击"构造"—"垂线"得垂线 $l_1$，再选取直线 $l$，点击"构造"—"交点"得交点 $I$；

（1.7）依次选取点 $G$ 和点 $I$，点击"构造"—"轨迹"得到椭圆，如图 12.5-1 所示.

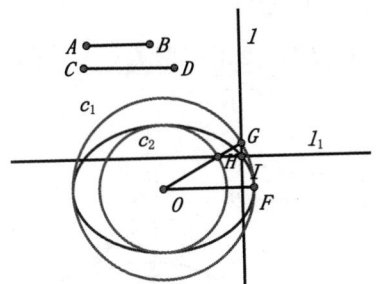

图 12.5-1　控制面的椭圆绘制

（1.8）将不要的直线、点、圆等隐藏，如图 12.5-2 所示.

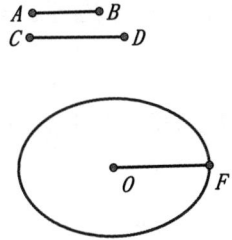

图 12.5-2　控制面的椭圆

（1.9）选择箭头工具"　"，选取点 $O$、线段 $OF$，点击"构造"—"垂线"得到垂线 $l_2$；

（1.10）选择点工具"　"在垂线 $l_2$ 上任作一点 $J$，再选取垂线 $l_2$，点击"隐藏"将垂线 $l_2$ 隐藏；

（1.11）选取点 $O$ 和 $J$，点击"构造"—"线段"得到线段 $OJ$；选取点 $J, F$，点击"构造"—"线段"；

（1.12）选择点工具"·"在线段 $OJ$ 和 $JF$ 上各作一点 $K,L$；

（1.13）依次选取点 $K$ 和 $L$，点击"构造"—"以圆心和圆周上的点绘圆"得到圆 $K$，如图 12.5-3 所示.

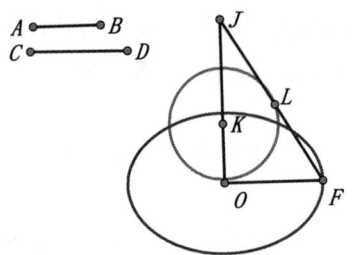

图 12.5-3　绘制圆 $K$

（1.14）选择点工具"·"在圆 $K$ 上任作一点 $M$，依次选取点 $M,K$，点击"变换"—"标记向量"，再选取点 $K$，点击"变换"—"平移"得到点 $M$ 的平移点 $M_1$；连接线段 $MM_1$；

（1.15）依次选择点 $K,L$，点击"变换"—"标记向量"，再选取点 $M,M_1$，点击"变换"—"平移"得到点 $M,M_1$ 的平移点 $M',M_1'$；

（1.16）依次选择点 $M,M_1,M_1',M'$，点击"构造"—"线段"，再重新选择这四点，点击"构造"—"四边形内部"，如图 12.5-4 所示.

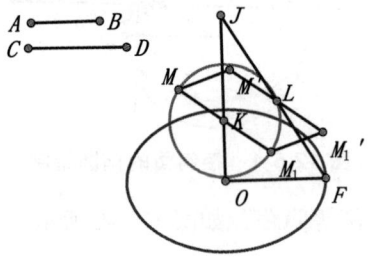

图 12.5-4　截面控制台

（2）绘制圆锥截面.

（2.1）同上述的（1.1）~（1.8）构造出一个大的椭圆（椭圆的长、半轴为前一椭圆的 2 倍），如图 12.5-5 所示.

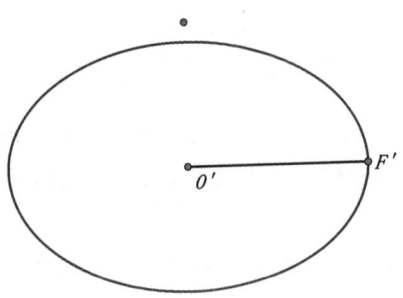

图 12.5-5　大椭圆

(2.2) 依次选择控制图上的点 $O, J$, 点击"变换"—"标记向量",再选取大椭圆上的点 $O'$, 点击"变换"—"平移"将点 $O'$ 平移两次得到点 $J'$, 连接线段 $O'J'$;

(2.3) 选择点工具 ". "在大椭圆上任作一点 $P$, 连接线段 $J'P$;

(2.4) 依次选取点 $P, J'$, 点击"变换"—"标记向量",再选择点 $J'$, 点击"变换"—"平移"得到点 $P$ 的平移点 $P'$, 连接线段 $PP'$;

(2.5) 依次选取点 $P, P'$, 点击"构造"—"轨迹";选择点 $P$, 点击"编辑"—"操作类按钮",再依次选取点 $P$ 和线段 $PP'$, 点击"构造"—"轨迹",得到圆锥的锥面,如图 12.5-6 所示.

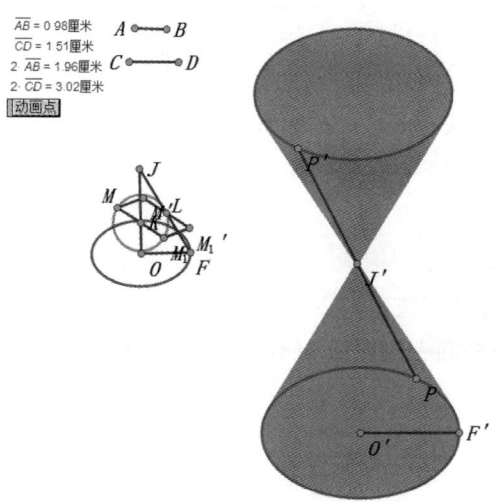

图 12.5-6　圆锥面

(2.6) 选择箭头工具 " ",选择点 $O', J'$, 点击"构造"—"线段",再选取点 $J', F'$, 点击"构造"—"线段";

(2.7) 依次选取点 $O$ 和 $K$, 点击"变换"—"标记向量",再选取点 $O'$, 点击"变换"—"平移"两次,得到点 $K'$;

(2.8) 选择点 $K'$、线段 $KL$, 点击"构造"—"平行线",得到平行线 $l_4$;

(2.9) 选择点工具 ". "在直线 $l_4$ 上任作一点 $U$, 选取点 $U$ 和 $K'$, 点击"变换"—"标记向量",再选取点 $K'$, 点击"变换"—"平移"得到平移点 $U'$;

(2.10) 选择点 $U$ 和线段 $MM_1$, 点击"构造"—"平行线"得到直线 $l_5$;

(2.11) 选择点工具 ". "在直线 $l_5$ 上任作一点 $V$, 依次选取点 $V, U$, 点击"变换"—"标记向量",再选取点 $U$, 点击"变换"—"平移"得到点 $V$ 的平移点 $V_1$;

(2.12) 依次选取点 $UU'$, 点击"变换"—"标记向量",再选择点 $V, V_1$, 点击"变换"—"平移"得到对应点 $V', V_1'$;

(2.13) 依次选择点 $V, V_1, V_1', V'$, 点击"构造"—"线段",再次选择这四点点击"构造"—"四边形内部",如图 12.5-7 所示.

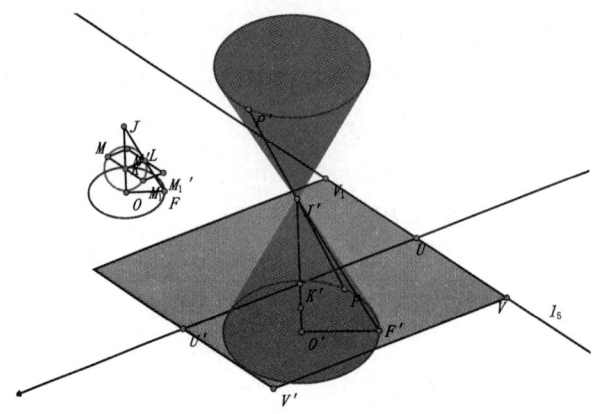

图 12.5-7　构造截平面

（2.14）连接线段 $O'F'$，选择线段 $J'F$ 和直线 $l_4$，点击"构造"—"交点"得到交点 $W$；

（2.15）选取点 $W$ 和线段 $O'F$，点击"构造"—"平行线"，再选取线段 $O'J'$，点击"构造"—"交点"得到交点 $O''$，将直线 $l_5$ 隐藏；

（2.16）选取点 $O'$ 和 $P$，点击"构造"—"线段"得到线段 $O'P$. 选择点 $O''$ 和线段 $O'P$ 点击"构造"—"平行线"得到直线 $l_6$，

（2.17）选择点 $W$ 和小椭圆上的线段 $MM_1'$，点击"构造"—"平行线"得到直线 $l_7$；

（2.18）选择直线 $l_6$ 和 $l_7$，点击"构造"—"交点"得到交点 $R$；

（2.19）选取点 $R$ 和 $K'$，点击"构造"—"直线"，再选取线段 $PP'$，点击"构造"—"交点"得到交点 $X$；

（2.20）选择点 $X$ 和点 $P$，点击"构造"—"轨迹"，如图 12.5-8 所示.

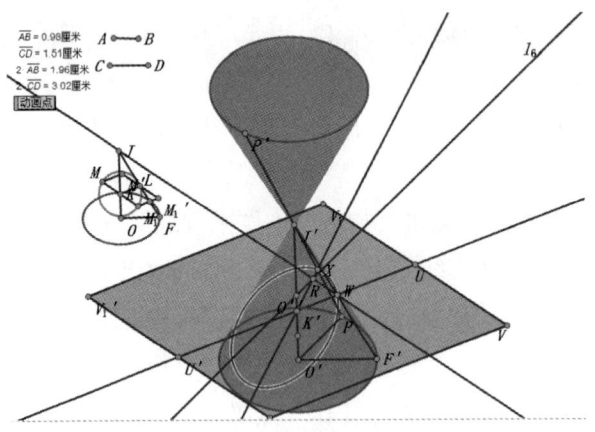

图 12.5-8　绘制截图轨迹

（2.21）选择箭头工具"　"将平用的直线、点等隐藏，如图 12.5-9 所示.

（2.22）选择小椭圆上的点 $M$，点击"编辑"—"操作类按钮"—"动画"将其标签改为"旋转"，如图 12.5-9 所示. 按动按钮可观察截面的图形.

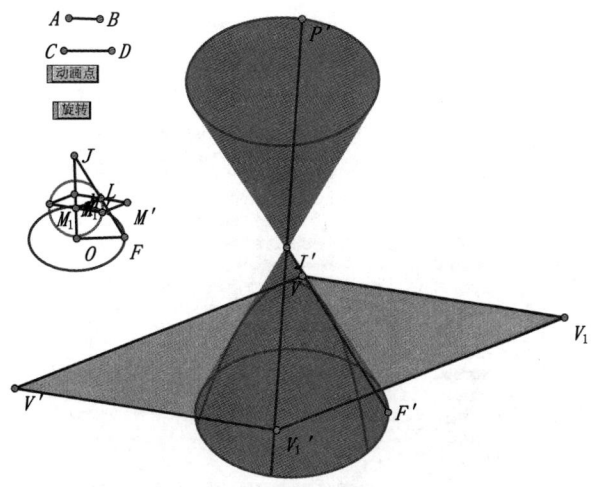

图 12.5-9 圆锥截面所得圆锥曲线

## 12.6 圆锥曲线的自定义法

几何画板 5.06 中自带有许多圆锥曲线工具，我们可直接利用这些工具作图．其操作界面有两种情况：（1）圆锥曲线 $A$；（2）圆锥曲线 $B$．界面如图 12.6-1 和图 12.6-2 所示．

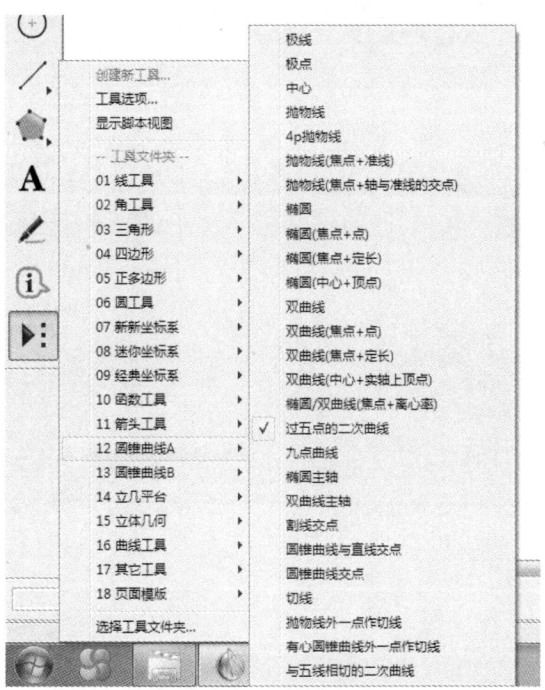

图 12.6-1 圆锥曲线 A

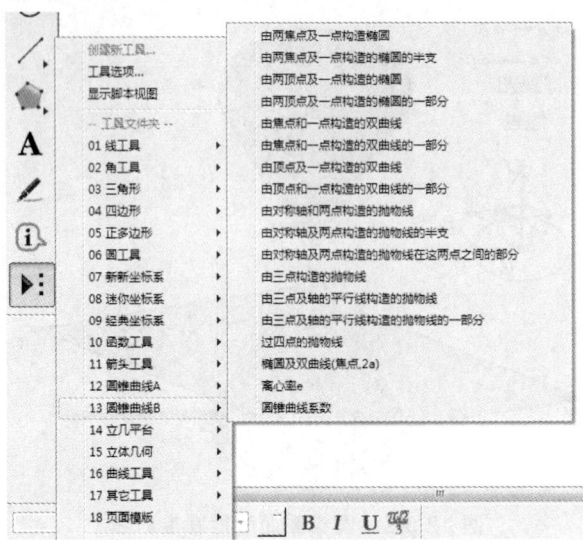

图 12.6-2　圆锥曲线 B

# 参考文献

[1] 方其桂，等. 几何画板 4 课件制作方法与技巧[M]. 北京：人民邮电出版社，2004.
[2] 唐家军. 几何画板使用手册版本 5.06[M]. 北京：电子工业出版社，2013.